Bertram Kircher ist aufgewachsen in einer Großstadt am Rhein. Aus Überzeugung Stadtmensch, pendelt er ständig zwischen Städten wie Hamburg, Paris, München, Prag, London, Köln, Amsterdam oder Wien hin und her. Nichtsdestotrotz lebt er als freier Schriftsteller in einem Dorf an der Weser.

Originalausgabe 1988

Umschlaggestaltung Adolf Bachmann
Umschlagfoto AKG, Berlin
Satz IBV Satz- und Datentechnik GmbH, Berlin
Druck und Bindung Ebner Ulm
Printed in Germany 5 4 3 2 1
ISBN 3-426-02059-9

Bertram Kircher (Hrsg.):
Ein Tag im alten Wien

Ein Stadt-Lesebuch

Dies ist ein Buch aus dem Literaturkontor Alte Schmiede. Wir danken allen Rechtsinhaber/inne/n für die freundliche Überlassung der Rechte. Leider war es nicht in allen Fällen möglich, diese festzustellen oder zu erreichen. Das Literaturkontor verpflichtet sich, rechtmäßige Ansprüche nach den üblichen Honorarsätzen zu vergüten. Unser besonderer Dank aber gilt der Niedersächsischen Staats- und Universitätsbibliothek, der Bibliothek des Seminars für Volkskunde und der Stadtbibliothek – alle in Göttingen – für die uneingeschränkte Hilfe bei der Beschaffung und Überlassung wertvollen Quellenmaterials.

Inhaltsverzeichnis

MOTTO

1. MORGENFROHES, STOLZES WIEN

2. ES WAR NOCH FRÜH AM VORMITTAG

3. ZUR MITTAGSZEIT AM WIENER RING

4.
ES WAR EIN SOMMERHELLER NACHMITTAG

5.

WIE SIEHT'S DENN AUF DEM ABEND AUS

6.

UND ES GING AUF MITTERNACHT ZU

ENDE

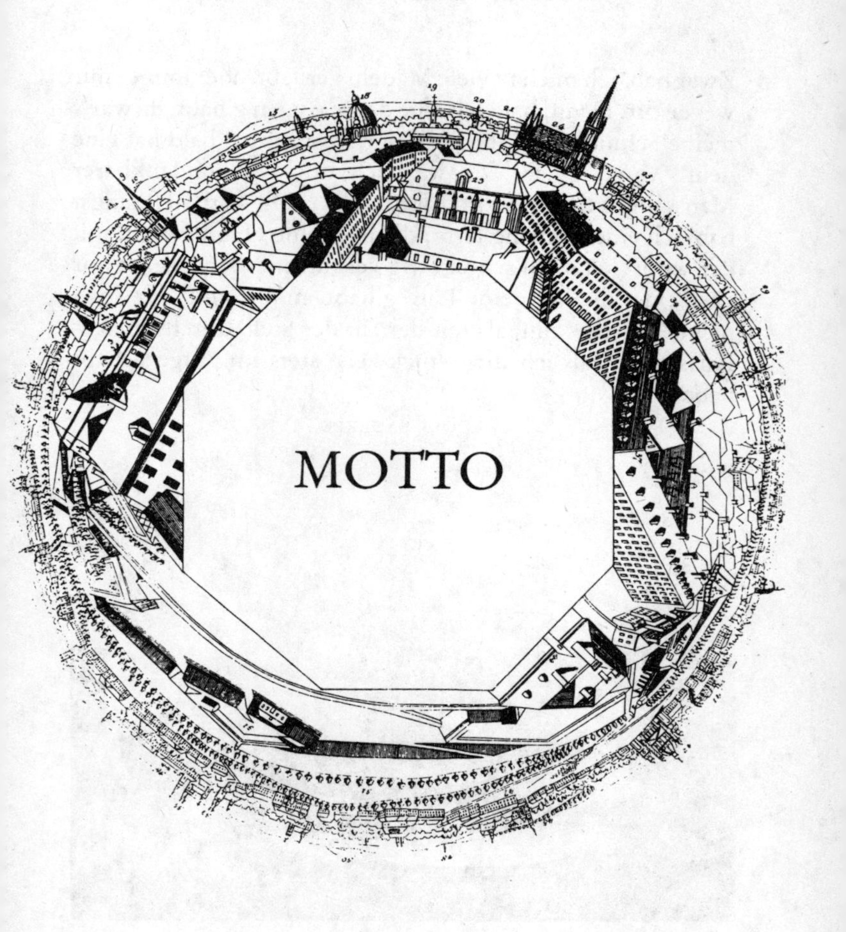

MOTTO

Wiener Liebeserklärung

Zwar hab' ich mich in viele Mädeln verliebt, aber immer nur wegen dir. Denn, bald hat eine deine Augen g'habt, da war's meine Schuldigkeit, ihr die Cour zu machen; bald hat eine dein' Mund g'habt, da wär' ich doch ein undankbarer Mensch g'west, wenn ich ihn nicht 'küßt hätt'! Unlängst hab' ich eine kenneng'lernt, die hat deine Hand g'habt, mit der wollt' ich mich schon ewig verbinden; da begegnet mir aber eine, die hat deine Füß' g'habt, nun konnt' ich doch nichts Besseres tun, als mit der auf der Stell' durchgehen. – Du siehst, daß ich dich stückweis' stets im Auge gehabt habe.

ADOLF BÄUERLE

Wien, vom Gloriette aus gesehen.

1.

MORGEN-
FROHES,
STOLZES
WIEN

Stadt der Freude, Stadt der Töne,
Morgenfrohes, stolzes Wien,
Dessen frühlingsheitre Söhne
Nun der Freiheit Rosen ziehn:
Ja, wir haben uns versündigt,
Als wir grollten deiner Lust,
Deinem Jauchzen, das verkündigt
Eine starke, tiefe Brust!

GOTTFRIED KELLER

Wien

Die Stadt sieht schön wie das Vergnügen aus. Wenn man bereits einen Begriff von Wien hat, so ist man überzeugt, daß diese Stadt hierher gehört. Es paßt alles zusammen, Wien kann nirgends anders stehen. Es ist an seinem Orte. Hier ist gut sein, hier muß man sich amüsieren.

Das Wort »unterhalten« ist für Wien erfunden. Die Wiener selbst sagen: »No, i hoff', daß S' Ihna guat unterholt'n.«

Ich hatte mir Wien so vorgestellt. Ein weites, behagliches Talbecken, rings mäßig hohe grüne Berge, überall frischer lichtgrüner Rasen, inmitten die bequem hinschlendernde Donau, blitzende weiße Häuserreihen, Bäume dazwischen und wieder Häuser und Bäume, bis in die Berge hinein. Man knöpft sich die Weste auf, um von der behaglichen Wiener Luft umspielt zu werden. Und ich hatte Glück, es war ein frischer, üppiger Morgen: die Sonne schien vortrefflich, ein warmer Nachtregen hatte alles erquickt, und unter mir blitzten tausend Fenster. »Na«, dachte ich, »hier wird es genug Vergnügen geben. Tausend Fenster, in die ich hineingucken kann, sind viel zuwenig gerechnet, und...«, ja, ich wußte nicht, was ich denken sollte, aber es war mir ganz scharmant zumute.

Die Hausknechte fegten die Straße, es war noch früh am Tage. Die Stubenmädel schlüpften an den Häusern hin. Sie gaben sich nicht viel unnütze Mühe, die blanken Schultern zu bedecken, das Tüchlein war doch zu schmal.

Die Backen waren rot geschlafen, die Pantoffel klapperten unter den weißen, glatten Strümpfen. Wenn man sie ansah, so lachten sie. Es war alles richtig, die Atmosphäre war amüsant. Man sah es den Häusern an, daß es hier lauter Vergnügen gebe. Sie haben so etwas Onkelartiges, etwas von einem guten alten Hausfreunde, der immer nur Vergnügen zu machen trachtet und niemals über schlechte Zeiten klagt.

Die meisten Städte haben wirklich ausdrucksvolle Physiognomien. Wer könnte zum Beispiel nach Berlin hineinfahren und den vornehmen Straßen das verständige Wesen und die protestantische Abgeschmacktheit nicht ansehen. Wer kommt nach Hannover und sieht nicht in den leeren Gassen das förmliche Adeltum in den blanken, gescheuerten Spuckkästchen und den blankgescheuerten Hirnkästchen. Jedes Haus in Wien sieht fidel aus und lächelt. Es ist allerdings jenes Lächeln älterer Personen, die sich noch gerne amüsieren. Es ist kein junges, modernes Lächeln, aber es ist behaglich. Sogar die versteckten Regierungsgebäude imponieren nicht etwa, sie zucken ein wenig die Achseln und meinen: »A Urdnung muaß holt sein«; aber sie lächeln auch.
Ich zappelte in meinem Kabriolett, mich unter die hin und her trippelnden Leute zu begeben und mitzufragen: »Wia unterholt'n wir uns heit'?« Bis der Wagen in die Stadtmitte kam, war alles lebendig geworden, und die alten, schmalen Gassen wimmelten von Menschen.
Ich war noch nicht in meinem Gasthofe angekommen und wußte schon, wie es mir hier ergehen werde. Die ganze Lage der Stadt ist nicht glänzend schön, aber malerisch, reizend und weich. Der wärmere Himmel, die kugelrunde Sprache, die fleischigen, saftigen Körper der Wiener, ihre Sitten und Gebräuche, alles liegt sich so selig in den Armen, daß man selbst die Arme öffnet. Und in Wien öffnet sie niemand umsonst. Wien ist sehr menschenfreundlich und entgegenkommend.
Ich werde niemals diesen Wiener Morgen vergessen. Wie wunderlich, wie töricht kam mir mein bisheriges Leben vor, mit seinen Wissenschaften, seinen Theorien, seinen rastlosen Gedanken und Freiheitsbestrebungen. Mein Gott, dachte ich damals, wozu alle diese verworrenen Dinge. Hier ist Griechenland, hier ist Klassik, der Augenblick gilt. Die Dinge sind so, wie sie aussehen. Sie sollen und wollen weiter

nichts bedeuten. Sie wollen genossen sein. Hier ist das echte Erdenglück, zieh dir den Samtrock und die weißen Beinkleider an, geh hinaus auf die Straße, küsse die Mädchen und iß Backhendl – was geht dich denn der Weltlauf an. Die Bücher ruinieren den Unterleib, die Gedanken stören den Schlaf und die Karriere. Ich stieg ins Bad, um den alten Menschen abzuwaschen. Dann setzte ich mich zum Frühstück. Nun, dachte ich, bist du wie Alexander in Babylon angekommen. Jetzt beginnt das Leben mit seinen Freuden.

Das Frühstück in Wien ist die Vorrede zu einem jener schönen Romane, deren wir so viele in der Jugend genossen haben. Man freut sich kindisch auf alle die Dinge, die der Tag bringen wird. Dann kommt der Barbier, eine wichtige Person in Österreich. Dies Geschäft wird in Norddeutschland mit sträflicher Oberflächlichkeit betrieben. Der Wiener Barbier verrichtet es mit Andacht und niemals ohne Supplementstriche. Wie manches gute Alte ist auch hier das epische Talent dieser Leute noch in Übung. Sie erzählen noch, was sich begeben hat und sich begeben könnte. Diese homeridische Tugend verschwindet in den sogenannten feinen Städten leider immer mehr. In Wien helfen die Barbiere den Staat konservieren.

Dann verfügte ich mich an die nächste Straßenecke. Dort schreien und jubeln rote, blaue und grüne Zettel und verkünden wie die alten lieben Marktschreier, was den Tag über in Wien geschehen solle.

Ich war ein Glückspilz: in feuerroten Buchstaben brannte es an der Rotenturmbastei: *»Sperl in floribus«*. *»Sperl in floribus«*, murmelte jeder Vorübergehende, und das Vergnügen sprang wie ein Gassenbube über die Gesichter. *»Sperl in floribus«*, lief es von Mund zu Munde, von Gasse zu Gasse. Wo zwei Leute miteinander sprachen, da drückten sie sich die Hände und sagten: »Heute ist *Sperl in floribus*.« Es war eine Vergnügungsemeute, die in diesen Worten neben mir herlief

von der Ferdinandbrücke bis hinauf auf die Wieden. Es gab in ganz Wien eine Illumination freudiger Gesichter.
Und ich lief hinterher über den Stephansplatz, die Kärntnerstraße hinauf bis hinaus in den Volksgarten, und von da wieder herein zur Bastion. Es ist hier im Volksgarten und auf dem nahen Walle ungemein sauber, weiß und schön. Ein ebenso weißes großes Gebäude steht dicht am nahen Walle. Es sieht aus wie glänzendes Kanzleipapier, beschrieben mit zierlichen Buchstaben. Das ist Metternichs Haus. Eine kleine Brücke führt auf den Wall, zehn Schritte davon ist die Burg. Von dort sieht man oft über diese Brücke den Fürsten einherschreiten mit dem Portefeuille der europäischen Konservation in der Hand.
Der Volksgarten ist, wunderlich genug, sehr nahe dabei. Ich mußte mir aber zugestehen, daß ich mit viel Glück sogleich die Hauptpersonen einer Stadt zu finden wußte. Nach Metternich ist Sperl der wichtigste Mann in Wien. Jener ist Minister des Auswärtigen, dieser Minister des Innern.
Bei den meisten deutschen Schriftstellern, die ihre Bücher nicht eben in der Kanzlei anfertigen, ist es eine hergebrachte Mode, bei dem Namen Metternich einige Verwünschungen auszustoßen und von Freiheit und Tyrannei zu sprechen. Metternich ist für mich von den Gewalthabern der neueren Zeit nach Napoleon der größte. Ich mäkle nie an der Größe. Ich bin ein Historiker, und Historie ohne Poesie ist ein Unding. Von einerlei Farbe ist nur die Langeweile.
Metternich ist ein Held und ein Halbgott, so gut wie Achill und Cäsar, Alexander und Napoleon Bonaparte. Die Geschichte wägt nicht bloß die Prinzipien, sondern auch die Taten nach ihrer spezifischen Schwere. Metternich hat den alten, schwer bedrohten Absolutismus unter allen Stürmen an der Regierung erhalten. Er hat ihn gegen die unbändige Republik Frankreich, gegen den unwiderstehlichen, glänzenden Usurpator Napoleon gewahrt. Er ist der jetzige

Georg Emanuel Opitz: Ankunft der Post in Wien.

Gott des Absolutismus. Vor Göttern muß man sich beugen, auch wenn man sie nicht liebt.
Wo man sein Bild in Wien erblickt, wird man genötigt, stehenzubleiben. Es ist der Kopf des olympischen Zeus, wie ihn Phidias geformt hat. Die Besorgnis jenes griechischen Kritikers hat mich dabei nicht einen Augenblick verlassen, daß dieser Zeus die Decke seines Tempels zerstoßen würde, wenn er sich einmal in seiner ganzen Länge aufrichtete. Es ist sehr möglich, daß Metternich einst das blaue Sternendach des Absolutismus zertrümmert, wenn er seine Glieder im Tode streckt.
Ich kenne nach Napoleons Antlitz keinen schöneren Männerkopf als den Metternichs. Wer es nicht weiß, daß er Österreich und halb Europa regiert, der braucht nur in einem Wiener Kunstladen oder auf dem Josefsplatze in die

Porzellanniederlage zu treten, er wird es erfahren. Und diese Abbildungen sind echt. Die hohe, weiche Stirne, die stolz gewölbten Augen, der vornehme Zug über der edlen Nase und dem schmalen, feinen Mund hinweg, alle diese Kennzeichen des Olympiers besitzt Metternich wirklich. Es war in dem glänzend erleuchteten Theater der alten Stadt Prag, wo ich ihn in die Loge treten sah, wo ich jene Bilder mit ihm vergleichen konnte.
Man erzählt mehrere Witzworte Napoleons über Metternich. Der schön gewachsene, die Damen suchende österreichische Kavalier schien ihm nicht gefährlich. Und Napoleon hatte außer dem Winter und der Freiheitslust der europäischen Völker keinen härteren Feind in Europa als den Fürsten Clemens Metternich. Nicht einmal die Brautmusik bei der Hochzeit der Tochter seines Kaisers, nicht der schöne König von Rom, den die Habsburgerin Napoleon gebar, nicht die natürlichsten Gefühle hielten ihn ab, seinem größeren Plane treu zu bleiben. Er glich den Kreuzrittern, die geschworen hatten, das Heilige Grab zu befreien.
Das Heilige Grab aber war für Metternich der Gedanke der Legitimität, den der korsische Abenteurer mit seinen Stiefeln getreten und den er mit Kot besudelt hatte. Mochten es auch die Stiefel eines Halbgottes und der Kot, der sich in den wunderbarsten Schlachten angesammelt hatte, sein, Napoleon mußte herunter vom Sitz des Heiligen Ludwig. Nicht die rohe Jakobinerfaust, sondern die zarte Hand Napoleons war dem Prinzip des unwandelbaren Rechtes gefährlich.
Und so trat denn jener Clemens Metternich, den Napoleon als junger Kaiser verspottet hatte, 1813 in Dresden am Schlusse des bedrohlichen Waffenstillstandes vor Napoleon. Es war derselbe Kavalier aus Österreich, der vor sieben Jahren in Paris vorgesprochen hatte, aber diesmal ließ er bekanntlich den kleinen Hut liegen, der dem Kaiser beim heftigen Aufundabgehen aus der Hand gefallen war.

Wenige Monate darauf, als der nächste Frühling kam, war Metternichs Schwur erfüllt und das Heilige Grab vom Renegaten befreit. Es kamen die Jahre, da kleine englische Mädchen den gelähmten Riesen auf St. Helena Whist spielen lehrten. Und die siegreichen Schlachten Metternichs begannen, die Schlachten zu Wien, Aachen, Troppau, Laibach, Verona, Münchengrätz und wiederum zu Wien, die Schlachten für das Staatsprinzip, wie es vor Luthers Zeit geherrscht hatte. Metternich ist vielleicht der einzige Mann in Europa, der weiß, daß das Christentum und jeder alte Glaube mit Luther zu Ende ging. Österreich und Metternich haben darum jede Art von Protestantismus bis aufs Blut bekämpft. Denn sie halten mit Recht eine halbe Religion und einen halben Absolutismus für ebenso schlimm wie Irreligiosität und Republik, sie fürchten eine chronische Krankheit ebenso wie eine akute.
Am meisten an dem System imponiert seine Geschlossenheit. Wer weiß übrigens, wieviel Systematik man Metternich unterlegt? Es ist das schöne Geschick großer Männer und der historische Ausdruck ihrer Bedeutung, daß die Hauptgedanken ihrer Zeit ihnen zugesprochen werden, sie mögen darauf Anspruch haben oder nicht. Übrigens interessiert sich Metternich sehr für alles Geschriebene. Er läßt sich jedes wichtige Buch vorlegen, er belauscht jedes leise Flüstern des Zeitgeistes. Ich weiß nicht, ob er an den absoluten Gedanken, für den er kämpft, selbst glaubt. Ob er fähig ist, selbst ein System zu erfinden. Aber die Fähigkeit, ein System zu erfinden und dafür zu kämpfen, erringt meine vollste Bewunderung, auch wenn ich dieses System niemals liebte.
Dieses System ist übrigens nicht so künstlich, wie man behauptet, aber es ist ganz, und das ist sein Vorzug. Das politische Geschehen ist nicht das Resultat tiefer gelehrter Studien, sondern das Ergebnis der Wochen und Monate, die

man ungestört kommen und gehen läßt, und des Bemühens, alle Änderungen zu vermeiden.
Mit dem ersten Gedanken der Reformation wurde jede frühere Weltanschauung erschüttert. Die unmittelbare »Verbindung mit dem Himmel« war aufgehoben, der Glaube und jede unbezweifelte Autorität waren dahin. Seit jener Zeit behilft man sich im Staatswesen und im religiösen Leben mit Surrogaten. Das hat man in Österreich von jeher geahnt, und Metternich weiß das. Um des Glaubens in jeder Beziehung willen hat Österreich viele Tausende von Menschen und Gulden im Dreißigjährigen Krieg und in den Kriegen mit Friedrich dem Großen und Napoleon geopfert. Sein Glaube, der älteste und umfassendste Restaurationsglaube, ist jetzt am stolzesten in Metternich verkörpert. Er ist der moderne Philopömen, jener gewaltige Grieche, der die alten Götter und Reiche vor den neuen Römern schützen wollte.
Ich glaube nicht an seinen Sieg. Er ist gezwungen, einen bloßen Verteidigungskampf zu führen. Ich glaube aber auch nicht an einen dauernden Sieg seiner Gegner, wenn sie nicht klügere Staatsformen erfinden.
Ich saß auf einer Bank an der schönen Terrasse unweit Metternichs Hause. Die Morgensonne schien warm und liebenswürdig, und ich ging ernstlich mit mir zu Rate, ob ich denn ganz verderbt und meinen Ideen vollständig untreu geworden sei. Ich will aufhören, sonst bringe ich es am Ende noch gar zu einem Orden.
Ich bin sehr neugierig, wie mein Urteil über Wien weiter ausfallen wird, über diese Stadt eines Paradieses ohne Feigenblatt, Schlange und Baum der Erkenntnis. Es ist zu befürchten, daß ich mich durchweg günstig darüber äußern werde, denn mein Magen war zu jener Zeit in vortrefflichem Zustande. Ich fürchte, ich werde Märtyrer, bleibe in Wien und setze Geist, Liberalismus und Havannazigarren aufs

Spiel, die in Wien nicht zu kaufen sind. Fremder Tabak ist hier nämlich nicht erlaubt. Darum ist Wien aber Wien, daß man nach einigen Wochen hier nichts Fremdes mehr braucht und vermißt.
Ist das der Einfluß einer hohen Kultur oder was sonst? Auf die Beantwortung dieser Frage allein kommt es an. Darauf beruht die Schilderung Wiens und unserer Zeit. Ich und der Staberl wollen unser Mögliches tun. Wir wollen auch nicht verraten, daß Metternich alt wird, so wie sein System, und auch sterben muß. Es ist schlimm für seinen Ruhm, wenn ihn der Tod lange warten läßt.

HEINRICH LAUBE

Hugo Bürkner: Heinrich Laube.

Römische Ruine

Es war erst vier Uhr; ich aber stand auf und dachte, ich wolle den Morgen im Freien genießen. Mein Weg führte mich in den Park von Schönbrunn, alle Zweige hingen voll Morgengetön der Vögel, und ganz fern über den Karpathen stand der sanftblaue Duft eines Morgengewitters, und die Luft versprach etwas mehr als einen gewöhnlich schönen Tag.

Du kennst den Obelisk im kaiserlichen Garten. Rechts vor dem Obelisk ist eine nachgeahmte römische Ruine um ein melancholisches Wasserbecken herum, in welchem allerlei bunte Thierchen und Wasserpflanzen schwimmen. Vor diesem Wasser sah ich zwei Menschen stehen, einen Mann und

Laurens Janscha: Römische Ruine.

eine Frau; sie standen mit dem Rücken gegen mich, als blickten sie ins Wasser; aber bald erkannte ich, daß sie miteinander sprachen.
Ich dachte, sie hätten wohl auch die Morgenstunden gewählt, wie ich, um einsam zu sein; deshalb wollte ich sie nicht stören, sondern schlug den Seitenpfad ein, der zur Brunnennymphe führt, um von dort in meine Wildnis hinaufzugelangen.

ADALBERT STIFTER

Der 1. Mai

Gestern war der 1. Mai, und wir hofften, Gelegenheit zu haben, Wien außerhalb seiner Tore zu erleben. Wenngleich es weder einen Maibaum noch Rauchfangkehrer gab, wurden wir nicht enttäuscht, denn es war der heiterste Maitag, an den ich mich erinnern kann.
Die Lustbarkeiten begannen mit einer Veranstaltung, an welcher die weibliche Bevölkerung nicht Anteil nahm. Einige Dutzend junger Leute, meist die Stallburschen wettlustiger Kavaliere, hielten bald nach Sonnenaufgang einen Wettlauf im Prater ab. Ich, die ich stets etwas später aufzustehen pflegte, begrüßte den Wiener 1. Mai erst, als ich durch das Geschwätz der vom Wettrennen heimkehrenden Menge an das Fenster gelockt wurde.
Man erzählte mir, daß die vornehmsten jungen Männer der Stadt auf dem Kampfplatz waren und daß um den ausgesetzten Preis mit großem Mut und großem Eifer gestritten wurde. Der Wert desselben, er möge groß oder klein sein,

wird von diesen *coureurs des seigneurs,* wie sie genannt werden, den Armen überlassen.
Das nächste Schauspiel war eine Parade der ganzen Garnison vor dem Kaiser auf dem Glacis. Von nirgendwo läßt sich diese Art farbenfroher militärischer Pracht besser überblikken als von den hohen Basteien der Stadt. Erzherzog Albrecht hatte mir am Geburtstagsball beim französischen Gesandten von dieser Parade erzählt, sonst hätten wir dieses einzigartige Schauspiel versäumt. Wie alles, was uns Wien bisher gezeigt hat, war auch dies *bien monté,* glänzend und vollkommen, wenn auch keine Heerschau in großem Maßstabe. Was die Uniformen und was das Sattelzeug betrifft, war es nur ein kleines *champ du drap d'or.* Nur wenige Männer nehmen sich zu Pferd so stattlich aus wie die Adeligen dieses wirklich malerischen, ritterlichen Reiches. Es war ein wunderbares Bild.
In den Mittagsstunden waren alle Equipagen unterwegs zum Augarten, und die große Hauptallee dieses prachtvollen Gartens war bald von der vornehmen Welt Wiens vollgedrängt. Solch vollendet elegante Aufmachung sah ich bestimmt noch nie, und selbst in England wüßte ich keine Gelegenheit, bei der so viele schöne Frauen auf einmal zu sehen sind. Im Prater aber, wohin sich nachmittags ganz Wien begab, sind die vielen einladenden Kaffeehäuser und Gartenschenken, welche im Sommer jeden Abend gedrängt voll sind, am 1. Mai von einer nicht unbedeutenden Zahl der *crème de la crème,* die hier zu dinieren pflegt, besucht.
Da uns aber so viel Unruhe und Lärm nicht zusagt, begnügten wir uns, erst um fünf Uhr in den Prater zu fahren. Dort bot sich uns ein Anblick, weit belebter als im Hydepark, wenngleich die Equipagen lange nicht mit den englischen zu vergleichen sind. In größerem Maßstabe gesehen, ist das Treiben dank seiner Buntheit am ehesten mit dem Gartenfest von Longchamps zu vergleichen, wo sich die Aristokra-

Johann Ziegler: Aussicht vom Prater gegen die Stadt.

tie nur an diesem Tage des Jahres in London in der Masse zeigt. In den entlegeneren Teilen dieses schönen, großartigen Naturparks gibt es zahlreiche Schenken, wohin Tausende und Zehntausende aus dem Volke strömen, deren lustiger Chor lachender Stimmen uns oft erreichte, wenn die Wagenreihe, in der wir langsam fuhren, zum völligen Stillstand kam, was nicht selten geschah.

FRANCES TROLLOPE

Die Pandorabüchse

Die Gasse hat noch ihre Morgentoilette an. Vor dem Achter-Haus steht der Milchwagen mit dem alten träumerischen Hans, dem Braunen; die Straßenkehrer »frisieren« den ihnen anvertrauten Teil der Gasse, so gut es geht; Dienstmädchen mit Einkaufskörben, Greißler mit Handwägelchen, vor welchem der treue Karo bellt, Zeitungsausträger, Briefträger, Rauchfangkehrer und Bäckerjungen geben dem Straßenbilde die bezeichnende Physiognomie der frühen Morgenstunde.
Vor den Toren der Häuser sind eine Anzahl merkwürdiger Gefäße aufgestapelt, welche dazu dienen, den angesammelten Kehricht und Abfall an den langsam von Haus zu Haus fahrenden Sammelwagen abzuführen. Der allgemeine Name »Misttrücherl« ist wohl keine erschöpfende Bezeichnung für diese mannigfach geformten Gefäße, unter denen die »Butte«, die »Kiste«, das »Schwingerl«, das »Körbl«, das »Simperl«, das »Schaffel« in allen Arten und Abarten vertreten ist.
Noch ist der Kehricht-Sammelwagen, allgemein »Mistbauer« genannt, nicht in Sicht, und schon sammeln sich die Inhaber der einzelnen Gefäße vor dem Haustore, weniger um den kostbaren Inhalt derselben zu überwachen, als um einen Vorwand zu einem kleinen Tratsch zu haben.
Nicht jeder gibt so vertrauensselig den Inhalt seines »Misttrücherls« der schonungslosen Kritik seiner Nachbarn preis, wie die »has'rige Marie«, welche ihren wichtigen Posten verlassen hat, um mit der Drechsler-Kathi einige kraftvolle Bemerkungen über die »aufdunnerte Nocken« zu wechseln, welche in weißer Morgentoilette an einem Fenster des gegenüberliegenden Hauses sichtbar wird.
»Da, schau'n S' es nur an, wia s' ausschaut«, zischelt die Ma-

rie; »dös G'sicht schaut ja aus wie unser braun's Speiskastltürl, wo die Lackfarb von der Sunn tausend Sprüng kriagt hat. Nachmittag, wann s' g'farbelt is' und die Wuckerln aufdraht san und die Maschinerie ihr' Schuldigkeit tut, steigt s' daher, als ob s' amal jung g'wesen wär!«
Die Madam' Poschin, des Hauses redliche Hüterin, hat indessen mit Argusaugen den Inhalt der einzelnen Kehrichtgefäße geprüft. Jeder Harmlose wird denken: Was gibt es da zu prüfen? Mist ist Mist! Die Madam' Poschin könnte ihn eines Besseren belehren. Ihre Kombinationsgabe geht so weit, daß sie mit Recht behaupten kann: »Zeig mir dein Misttrücherl, und ich sage dir, wer du bist.«
Die Knöchel-Leopoldin', ein klapperdürres Frauenzimmer, das seine hustenfreien Augenblicke zum Lästern seiner Nebenmenschen benützt, leistete der Frau Poschin bei diesem Haruspicium getreue Mesnerdienste.
»Was sagen S' denn dazu?« fragte die Hausmeisterin die Leopoldin', »jetzt haben s' an neuchen Mistwagen baut! Die Leut' wissen nimmer, was s' vor Übermut treiben soll'n. ›Kehricht-Sammelwagen‹ haßt er, der neue Mistwagen, daß i net lach! Da muaß ma nacher zum Mistbauer-Michl Herr ›Kehrichtsammelbauer‹ sagen, daß er no stolzer wird, der Michl, als er schon is. Und wann's so weitergeht, wird der Kutscher und der Mistbauer a Livree kriag'n, daß ma glaubt, es kummt der Fürst Bamsti. Dös is alles nur für die reichen Leut'. Unseraner traut si ja nacher mit sein' armseligen Mist gar net z'kumma. Da wär's ja nachdem notwendig, ma leget jedesmal an silbernen Löffel dazua, damit der ausg'staffierte Bediente auf'n Gala-Mistwagen ka Schnoferl macht.«
»Recht haben S' schon, Madam' Poschin«, bekräftigte die Knöchel-Leopoldin', »dös is halt all's nur für die reichen Leut'. Die armen Leut' därfen nur Steuern zahln, aber ihnern Mist können s' in Strohsack einnah'n.«
Frau Poschin hatte inzwischen das nächststehende »Mist-

trücherl« inspiziert, und ein höhnisches Lächeln umspielte ihre Züge, als sie mit Hilfe des »Bartwisches« eine interessante Entdeckung machte: »Da schaun S' her, Leopoldin', i bitt Ihna, schauen S' her, die Schneiderbagasch ißt jetzt schon unter der Wochen Hendln. Da bleibt am aber do der Verstand stehn! Wie s' einzog'n san, haben s' alle mitanand nur a Bettg'wand g'habt, und 's Holz ham s' kreuzerweis beim Greißler 'kauft. Und jetzt fressen s' an an Wochentag Hendln. Schauen S' nur her, dös haklige G'sindel, net amal urdntli abg'nagt san die Baner – is's net a Sünd und a Schand, daß so a edles Tier, wie a Hendl, weg'n so aner Schneidergas sei Leben lassen muaß?«

»Na, vielleicht hat si's G'schäft so g'hoben«, bemerkte die Leopoldin' mit einem bissigen Lächeln.

»Ja, vielleicht, aber zu den Punkt wir i Ihna was anders derzähln: Glauben S' ma, die Schneider-Mali geht net umsonst ins Musik-Observatorium.«

»Gengan S'«, zischelte die Leopoldin', und ein paar grellrote Flecken wurden auf ihren hektischen Wangen sichtbar. »Kann ma seg'n, was die Leut' für a Glück haben.«

»Glück, sagen S'? A Schand und a Spott is's«, zeterte die Poschin, »aber wann i no amal jung wir', mir soll na an's kumma und sag'n: Ehrlich währt am längsten, den jaget i mit'n nassen Fetzen außi. I hätt' in mein Leben gnua Hendln essen kinna, wann i net so a dumme Nocken g'west wär'.«

»O Gott na«, sagte die Leopoldin' mit einem frommen Augenaufschlag, »da geh i scho' liaba in d' Volkskuchl und bleib anständig. Dös is schon a a G'fühl, wann ma das G'fühl hat, daß ma sich mit den G'fühl schlafen legen kann: dir kann niemand nix nachsag'n, net, was schwarz untern Nagel geht.« Stolz reckte sie ihr Knochengerüst empor, daß es klapperte, und labte sich an dem Gedanken, daß sie den Riesenkampf der Tugend bis nun siegreich gekämpft hatte. Da hörte sie zu ihrem Schrecken hinter sich eine wohlbe-

Josef Engelhart: Resche Wiener Blumenmädchen.

kannte Stimme: »Sie haben alles g'hört, has'rige Marie, Sie müassen mir als Zeugin diena; i geh zu G'richt, i wer do seg'n, ob ma dera Bißgurn, der alten Wetterhex, net 's Handwerk legen kann. Wer kann meiner Mali nur soviel nachsag'n? Dös werden S' beweisen müassen, Sö alte Trud', daß die Hendln unanständig war'n.«
»Aber Frau von Hafner«, sagte die Poschin kleinlaut, denn sie fürchtete sich vor dem Bezirksgericht mehr als vorm Jüngsten Gericht.

»Der Teufel is Ihna Frau von Hafner! Glauben S', Sö werden mi mit der ›Frau von‹ einfadeln?« schrie die Schneiderin. »Wer erlaubt Ihna denn, in mein Misttrücherl umz'stiern?!«
»No, mein Gott, bei an Misttrücherl is ja ka Briefgeheimnis dabei«, wagte die Knöchel-Leopoldin' einzuwenden.
»Sie san ganz stad, Sie kummen a vors G'richt. I wir do seg'n, wer mir verbiatn kann, an an' Wochentag Hendln z'essen.«
»Schöne Hendln müassen dös g'wesen sein!« sagte die Poschin, um der Beleidigten etwas Angenehmes zu sagen. »Dös sieht ma an die Baner. Das san kane hiesigen, da möcht' i wetten.«
»Na alsdann, wann S' dös wissen, warum reden S' dann so dalkert daher?« grollte die Schneiderin. »Und i dummer Patsch heb' Ihna no an Bügel auf!«
»Na, wie mi dös g'freut«, sagte die Poschin und versuchte, die Hand der Gegnerin zu fassen.
»Ah, jetzt kriag'n S' es nimmer, da gib i's eher in Millimann Blaßl.«
Die Poschin gab sich schon für verloren, da kam ihr aber noch rechtzeitig ein rettender Gedanke.
»Merkwürdi, weil S' grad vom Millimann Blaßl reden«, sagte sie, »wie oft a Tram in die Wirklichkeit einispielt. Mir tramt heut nacht, daß der Millimann Blaßl an Knochen g'schlickt hat; aber es war, scheint mir, ka Hendlknochen, sondern a Ganselknochen.«
»B'sinnen S' Ihna nur urndlich«, sagte die Schneiderin, die allen Groll vergessen hatte, als sie von dem Traum hörte, der, wie jeder Traum, die Möglichkeit in sich barg, im kleinen Lotto zu einem Gewinn zu kommen. »Vielleicht warn's do Hendlknochen; denn Ganselknochen haben ein höchers Nummero.«
»Vielleicht fallt's mir später ein. Kurzum, dem Blaßl bleibt

so a Knochen im Hals stecken, und er war' a derstickt, wann net der Hansl, mei Rab', mit sein langen Schnabel in Rach'n einig'fahrn wär' –«

In diesem Augenblick fuhr der Kehrichtwagen vor, und die Schneiderin leerte die Pandorabüchse aus und ging, mit ihrer Gegnerin versöhnt, in die Wohnung der letzteren, um dort den merkwürdigen Traum in spielreife Nummern umzusetzen.

VINCENZ CHIAVACCI

Sankt Stephan

Es war einer jener goldenen Wiener Morgen, da die Sonne wie ein mutwilliges Lächeln über die Dächer der hohen Häuser läuft, das stündlich größer, wärmer und gefährlicher wird. O Wien, ich werde dich mit deinen hohen Häusern und engen Straßen und deinem Morgen nie vergessen. Die Donau dampft, auf den Bastionen liegt die Frühsonne weiß wie Schnee, blauer Nebel fällt wie Schmelz auf die hereinragenden Berge. Durch die Straßen, durch die Tore, über die Brücken strömen lächelnd und geschäftig die Menschen. An den Straßenecken werden große Vergnügungszettel angeklebt, das Tor der Welt öffnet sich knarrend, alle Herrlichkeiten warten des Fremden, der aus den Fenstern seines Gasthofes in diese lachende, nahe Zukunft blickt.

Ich wohnte in der Vorstadt und übersah das alles: Wasser und Stadt, Berge und Brücken, Zettelträger und Mädchen. Unter mir floß die Donau nach Ungarn. Neben mir arbeiteten in der Leopoldstadt die Riemer, Sattler und Wagenbauer.

Aus den vielen Worten meines Freundes gestern abend hatte ich behalten, daß ihm die schöne Dame für diesen Morgen ein Rendezvous im Stephansdom zugesagt hatte. Das und den Stephan selbst wollte ich sehen. Der Stephansturm ist eine steinerne Pyramide, die ohne abzusetzen, ohne zu ruhen, in die Wolken steigt, leicht und ohne Beschwerden, als ob sich eine Hand zum Himmel hebe.
Aus Stein ziseliert, wie der Metallarbeiter ein zierliches Modell ausfeilt für einen Meister, der zugleich Vater einer geliebten, schönen Tochter ist. Heiliger Stephan, wodurch hast du eine solche Arbeit, solch einen Sieg über Stoff und Stein verdient, was hast du getan? Ich weiß es nicht und brauche es nicht zu wissen. Sicherlich bist du über Verdienst belohnt, denn ein solches Werk ziemt den Göttern, nicht den Heiligen. Heilige sind Parvenüs, Götter und Helden stammen aus Jovis' Lenden.
Steinerner, gemeißelter Stephansturm, du hast mich oft an die Sage von unterirdischen Riesen erinnert, den Nachkommen der alten bezwungenen Titanen, die unter uns arbeiten im Schoße der Erde. Einst spielten die Titanenbuben Krieg. Sie splitterten sich dazu Türme aus dem Felsen. Einer der übermütigsten Jungen warf sein Türmchen zu weit in die Höhe, da ist es bei der Geroldschen Buchhandlung in Wien aus der Erde gefahren.
In jener Buchhandlung am Stephansplatz habe ich mir den Turm am fleißigsten betrachtet. Wenn man ihn lange unverrückt ansieht, so hüpfen am Ende die vielen Schnörkel, die sich regelmäßig pyramidenförmig aufbauen, zu einem lustigen Tanze durcheinander. Die Welt dünkt einem dann wie der lustige Spaß eines Konditors, St. Stephan wie eine Baumtorte aus Marzipan. Aber das kann nur passieren, wenn man bereits vom Büchertreiben im Geroldschen Laden verwirrt ist.
Dort gibt es nämlich eine ganz andere Literatur als bei uns.

Josef Gerstmeyer: Der Stephansdom.

Sämtliche Werke der Karoline Pichler, des Herrn von Kotzebue und Ifflands Schauspiele werden einmal über das andere verlangt. Herr Gerold mit seinem leutseligen schalkhaften Lächeln gibt links und rechts Befehle, die unsterblichen Werke dieser Heroen in dauerhaftes Packpapier zu emballieren. Ich habe nirgends soviel kaufen sehen wie dort, und die Begeisterung, Schriftsteller zu sein, wäre ins Turmhohe gestiegen, wenn die in Leinen und Seide grün und braun gebundenen langen Reihen andere Devisen und Wappen getragen hätten.

Die allgemeine Lektüre in Österreich ist noch sehr altmodisch. Man lebt noch im Zeitalter der deutschen Klassiker. Karoline Pichler, Hofschauspieler Lemberg, der nebenbei ein sehr liebenswürdiger Mann ist, Braun von Braunthal, der Ritter, gehören alle zu den Klassikern. Holde Zeit der Klassiker, wo der Dichter noch zerstreut und ungezogen sein darf!

An jenem Morgen ging es bei Gerold sehr stürmisch her. Alles wollte Karoline Pichler besitzen. Ich saß über Bonapartes Briefen an Josephine, die eben angekommen waren. Über dem Lärmen und Napoleons Liebesversicherungen hätte ich beinahe überhört, wie es vom Stephan elf schlug; die Stunde des Rendezvous.

Mein Bekannter lehnte schon, seine Lorgnette lässig in der Hand haltend, an einem Pfeiler, als ich in die Kirche trat. Die großen, kühlen Kirchen der katholischen Christenheit scheinen wirklich nicht bloß zu kirchlichen Zwecken erbaut zu sein. Dieser bärtige, alte Student war auch nicht ihretwegen gekommen. Gott weiß, was er für eine Religion hatte. Im allgemeinen teilte er jene französischen, halb deistischen Ansichten, jene aufklärerischen Gedanken, die von Prosa und Unerquicklichkeit starren.

Die Gesetze des Abc, des Einmaleins, der Trivialität sind diesem Genre ein und alles. Der Herrgott wird berechnet wie der Transito, Ahnung und Poesie gelten ihnen als lässige Spielerei.

Manches Männlein und Fräulein war im Dome des heiligen Stephan zu sehen. Die fröhliche, skrupellose Sonne des Spätmorgens schaute lachend durch die hohen, schmalen Fenster und belebte diesen heiteren Katholizismus.

Ich wandelte von einem Altar zum anderen. Die kleinen Altäre sind ein liebenswürdiges Zugeständnis an die Sündhaftigkeit der Welt, die Einsamkeit zu zweien sucht. Der Protestantismus ist für die Ehe, der Katholizismus für die Liebe.

Eine hohe Dame im seidenen Gewande rauschte an mir vorüber nach dem Hochaltare. Sie war es. Eine herausfordernde, imponierende Gestalt. Blasser war sie als am Abend vorher. Aber das Auge war voller Freiheit und Leidenschaftlichkeit – durchaus nicht von gedankenloser Leidenschaft, sondern wie jene großen, festschließenden Augen, die zuweilen plötzlich irre werden in ihrer stolzen Sicherheit, erweichen, voll Gedanken stillestehen und die runde, blasse Wange zu betrauern scheinen.
Beim Vorübergehen hatte sie mich mit ihrem herausfordernden Blicke gemessen und mich gezwungen, ihr vorauszugehen und mich umzublicken. Da sah ich, wie sich ihr Blick nach innen kehrte, als sie in der Nähe des Hochaltares niedersank. Dann zog sie einen Handschuh aus, um unter die schwarzen Locken zu fahren, die sich um die weiße Schläfe gelegt hatten. Die Hand war etwas zu groß, um für schön gelten zu können, aber sie war interessant. Aber ich irre mich, sie war verführerisch, und das ist etwas ganz anderes. Ihre gesättigten Formen waren mit jenem leichten Gelb überflogen, das zuweilen südliche Kraft und eine männliche Tüchtigkeit der Empfindung anzeigt.
Ihr Verehrer kam mit seinen Sporenstiefeln herangeschlurft, so leise als es sein schwerer Schritt gestattete. Aber Frauen erkennen am Tritt ihren Liebhaber, auch wenn sie ihn niemals gehen sahen. Sie blickte von Rosenkranz und Andacht auf, nickte mit dem Augenlide und betete weiter.
Sie erhob sich, lenkte meinen Freund mit dem Blicke und schritt durch die Kirche ins Freie.
Katholische Mädchen gehören dem Liebhaber und dem Herrgott zur gleichen Zeit einträchtig nebeneinander. Sie sind nicht so töricht, einem von ihnen Eifersucht zuzutrauen.

HEINRICH LAUBE

Am Leopoldsberg

Ich genoß des herrlichen Morgens und schlenderte unter den Bergen fort, fast bis Klosterneuburg, durch schöne Baumklumpen und Alleen, rechts die Donau mit ihren Inseln, die Thürme von Wien ferne mit dem Glockengetön, das wie Geisterstimmen aus der Tiefe empor zu klagen schien. Endlich wandte ich mich wieder, klomm allmählig zwischen den Weinbergen über Schluchten und Gräben empor, netzte meine heißen Knie an einem Quell, und so ging's rascher bergan, obgleich im adamschen Schweiß meines Angesichts. Aber auch der Lohn war groß, als ich auf dem Leopoldsberg stand und die schöne Welt mit ihrer Herrlichkeit unter mir liegen sah. Ich stieg oben auf die Burg, und Auge und Herz öffneten sich den Wundern, die in Kraft und Fülle nach allen Seiten ausgebreitet lagen. Welche Aussicht über den Strom und die herrliche Stadt hin! O nie auf meiner Reise fühlte ich das liebe Vaterland mir so nahe, und doch seine Aussichten, seine Ufer und Thürme sind schöner. Es hat kein Wien, aber die Donau ist auch kein unendliches Meer. Dieser Leopoldsberg liegt steil über der Donau, und ich war ihm schon vorbeygesegelt. Er ist nach drey Seiten mit Reben und gegen Westen mit Buchen bekränzt. Im Osten sieht man den mächtigen Strom, wie er mit blauen Armen liebliche Eylande umschlingt, die aus der Ferne mit seinen Wellen wegzuschwimmen scheinen. Auf dem einen weiden spielende Heerden, auf dem andern ist das ächzende Geklapper der hundert Mühlen im Strom, noch andre liegen still mit ihren gewaltigen Bäumen da und erwecken die Sehnsucht, einsam, die Welt vergessend und von ihr vergessen, in ihren Schatten sich anzusiedeln. Bald fließt der Strom breit und mächtig, wie ein See, bald verschwindet er in dünnen Streifen unter den Inseln, die er umschlingt, und den

Wäldern, die er säugt; endlich fernerhin sieht man ihn wieder ganz den stolzen Lauf ins reiche Ungerland lenken. Der Augarten und Prater mit ihren Inseln, Wassern und Häusern, die schönen Vorstädte, die er umfaßt, und endlich die Stadt selbst, mit ihren Zinnen und Thürmen, sich kühn und herrlich an seine Ufer lehnend, geben ein großes Gefühl. Fernhin im Norden, über den Strom hinaus, breitet sich eine weite blühende Ebene aus, von dämmernden Bergen umschlossen. Man sieht nichts als die schönsten Kornfelder, in denen die einzelnen Dörfer wie grüne Pünktchen mit ihren Büschen und Bäumen verschwinden. Alles war in Bewegung, und die arbeitenden Menschen gaben ein sehr anmuthiges Bild. Hier standen Hocken in langer Reihe, dort rührten sich die Schnitter, deren Jubeln und Tosen man selbst über den Strom hören könnte; hier wälzten sich schwere Wagen mit ihren Staubwolken fort, dort schnitt ein schneller Pflug das kaum abgeärndtete Feld in schwarzen Furchen durch. Ohne diese reizende Ebene wäre die ganze Aussicht nicht halb so schön. Im Nordwesten lehnt sich unter Weinbergen Korneuburg an den Strom und seine Inseln, und links liegt das schöne Klosterneuburg an der silbernen Fluth, mit dunkeln Bäumen und Alleen umschattet, und hoch empor mit einem grünen Kranz von Weinbergen umwunden, die, mit einzelnen weißen Kornfeldern durchstreift, endlich in Tannen und Buchen sich verlieren, sanfter im Westen, schroffer und steiler im Osten gegen den Leopold- und Kaltenberg. Im Süden unter diesen Bergen sieht man bis dicht an die Stadt hin, fast eine halbe Meile weit, nichts als Weinberge, in deren Schluchten einzelne Dörfer versteckt liegen. Die Stadt funkelnd und majestätisch vor einem mit ihren Pallästen und Thurmspitzen, und einem ist, als schlage das dunkle Getöse an das Ohr. Weiter hinten dämmern flaches Gefilde, schöne Wälder, Schlösser und sanftere Hügel. Seitwärts läuft der Kaltenberg mit seinen grünen Spitzen und Wäldern fort. Dieser Kaltenberg, den einige Kahlenberg nennen, und der durch eine Schlucht vom Leopoldsberg getrennt ist, und von ihm im Halbmond bis zum Gallizinberg südwestlich fortläuft, giebt fast dieselbe Aussicht, zum Theil schöner, zum Theil schlechter. Manche Gegenstände gewinnen offenbar durch das Dämmerlicht, worin die Entfernung sie zeigt; aber unbegränzter nach allen Seiten ist die vom Leopoldberg und seiner Burg, weil kein Wald noch vorliegender Berg sie hemmt. Hier sieht man die schöne Ebne nur zur Hälfte, und die freundliche Nordwestseite von Klosterneuburg und Korneuburg ist durch den Wald im Rücken abgeschnitten. Ich wanderte auf und am Rücken des Kaltenbergs fort durch das schöne Kobenzl mit seinen Gärten und Gefilden, durch die reizenden Berge über Siegfrieden (Sievering), und ging durch dieses Dorf wieder der Stadt zu. Die Weinberge unter und am Kaltenberge hält man mit für die besten und ergiebigsten in ganz Österreich. Der Wein soll viele Milde und Feuer haben. Ich habe davon die beste Art getrunken; sein Geschmack ist lieblich, aber Glut hat er nicht viel.

ERNST MORITZ ARNDT

Frühstück im Prater

...heute morgen um sechs Uhr frühstückten wir im Prater, rundumher unter gewaltigen Eichen lagerten Türken und Griechen, wie herrlich nehmen sich auf grünem Teppich diese anmutigen buntfarbigen Gruppen schöner Männer aus! welchen Einfluß mag auch die Kleidung auf die Seele haben, die mit leichter Energie die Eigentümlichkeit dieser fremden Nationen, hier in der frischen Frühlingsnatur zum Allgemeingültigen erhebt und die Einheimischen in ihrer farblosen Kleidung beschämt. Die Jugend, die Kindheit beschauen sich immer noch in den reifen Gestalten dieser Südländer! sie sind kühn und unternehmend, wie die Knaben rasch und listig, doch gutmütig.

BETTINA VON ARNIM
15. Mai 1810

Laurens Janscha: Kaffeehäuser im Prater.

Wien, den 26. Mai 1784

... Nun muß ich Ihnen aber etwas in Betreff der Schwemmer Loiserl sagen. Sie schrieb an ihre Mutter, und da ihre Adresse so beschaffen war, daß man den Brief auf der Post schwerlich angenommen haben würde, indem sie also lautete:

Dieser Brief zueku-
men meiner vilgeliebtisten
Frau Mutter in Salzburg
barbari schbemerin
abzugeben in der
Judengassen in Kauf
man eberl haus
im dritten Stock

so sagte ich ihr, ich wollte ihr eine andere Adresse darauf machen.
Aus Vorwitz und mehr um das schöne Konzept weiters zu lesen, als um auf Heimlichkeiten zu kommen, erbrach ich den Brief. – Sie beklagt sich darin, daß sie zu spät ins Bette und zu früh aufstehen müsse. – Ich glaube, von 11 Uhr bis 6 Uhr kann man sich genug schlafen, es sind doch 7 Stund. – Wir gehen erst um 12 Uhr ins Bett und stehen um halb 6, auch 5 Uhr auf, weil wir fast alle Tage in der Frühe in den Augarten gehen. – Ferner beklagt sie sich über die Kost, und zwar mit den impertinenten Ausdrücken: sie müsse verhungern, wir viere, als meine Frau, ich, die Köchin und sie, hätten nicht so viel zu essen, als die Mutter und sie zusammen gehabt hätten.
Sie wissen, daß ich dermalen dieses Mädel aus bloßem Mitleiden genommen habe, damit sie als eine fremde Person in Wien eine Unterstützung hat. – Wir haben ihr das Jahr 12 Gulden versprochen, womit sie ganz zufrieden war, obwohl

Johann Ziegler: Die Lindenallee im Augarten.

sie sich nun in ihrem Brief darüber beklagt. – Und was hat sie zu tun? – Den Tisch abzuputzen, das Essen herum- und hinauszutragen und meiner Frau ein Kleid an- und ausziehen zu helfen. – Übrigens ist sie außer ihrem Nähen die ungeschickteste und dümmste Person von der Welt. Sie kann nicht einmal Feuer anmachen, geschweige erst einen Kaffee machen. Und das soll doch eine Person, die ein Stubenmädl abgeben will, können. – Wir haben ihr einen Gulden gegeben; den andern Tag verlangte sie schon wieder Geld; sie mußte mir die Rechnung von ihrer Ausgabe machen, und da lief die meiste Ausgabe aufs Biertrinken hinaus.
Es ist ein gewisser Herr Johannes mit ihr hergereist, der darf sich aber nicht mehr bei mir blicken lassen. – Zweimal, als wir aus waren, kam er her. Ließ Wein bringen, und das Mädl, welches nicht gewohnt ist, Wein zu trinken, soff sich

so voll, daß sie nicht gehen konnte, sondern sich anhalten mußte, und das letztemal ihr Bett ganz anspie. – Welche Leute würden eine solche Person auf diese Art behalten? Ich würde mich mit der Predigt, so ich ihr darüber gemacht, begnügt und nichts davon geschrieben haben, allein ihre Impertinenz in dem Brief an ihre Mutter verleitete mich dazu. – Ich bitte Sie also, lassen Sie die Mutter kommen und sagen Sie ihr, daß ich sie noch einige Zeit bei uns gedulden will, sie soll aber machen, daß sie wo anders in Dienst kommt; wenn ich Leute unglücklich machen wollte, so könnte ich sie auf der Stelle weg tun. –
In ihrem Brief steht auch etwas von einem gewissen Herrn Antoni – vielleicht ein zukünftiger Herr Bräutigam...

WOLFGANG AMADEUS MOZART

Letzter Spaziergang auf den Basteien

3. Mai 1837

Heute morgen, vor dem Frühstück, habe ich meinen letzten Spaziergang auf den schönen Basteien gemacht. Ich dehnte ihn etwas weiter aus, über diese Mauern hinaus, und kam an einen Platz, wo die böhmischen Fuhrleute mit mehreren hundert Fuhren ihr schönes Glas und verschiedene andere Waren, die sie zu den Märkten bringen, und ihr bescheidenes Lager halten. Jung und alt lag auf Stroh umher, einige schliefen, andere rauchten müßig ihre Pfeife, aber alle sahen so roh, ja ich möchte sagen so verwildert aus, daß mir ihre Nähe bei einer Stadt wie Wien fast bedenklich vorkam.

Johannes Raulino: Die Burgbastei.

Nach dem Frühstück fuhren wir in die Vorstadt Rennweg in den Schwarzenberg-Park, um dort im Gewächshause die Blumenausstellung der neugegründeten Gartenbauausstellung zu sehen. Baron Hügel ist Präsident und Baron Jaquin ist Sekretär dieser Gesellschaft. Unser berühmter Landsmann, der Botaniker Bentham, war als Preisrichter bestellt worden; eine nicht leichte Aufgabe in meinen Augen, da viele Schaustücke Schönheit und Vollkommenheit im höchsten Grade vereinigten.
Erzherzog Rainer, Vizekönig von Italien, und seine Gemahlin mit ihren beiden Töchtern waren auch Gäste dieser herrlichen Blumenschau. Im Vergleiche zu London mit seinen großen Gartenausstellungen war diese freilich nur klein, die Qualität dagegen war vortrefflich.
Nach dieser Besichtigung machten wir mehrere Abschiedsbesuche. Abends dinierten wir bei Fürst Metternich, und dann haben wir das schmerzliche Vergnügen, bei der Gräfin B. zum Abschluß unseres Aufenthaltes an einem jener kleinen, entzückenden Kreise teilzunehmen, von denen ich Dir

schon erzählte, daß der Zutritt zu ihnen, wäre Wien meine Heimat, zu den größten Freuden meines Lebens zählen würde.
Dies ist also der letzte Brief, den ich Dir von Wien aus schreibe. Morgen, zeitig in der Frühe, reisen wir nach Salzburg ab und immer weiter zurück, wie ein Krebs, nach München, Frankfurt und an den Rhein.

FRANCES TROLLOPE

Wien im Freien

Wer an Sonn- und Feiertagen gewohnt ist, sich in ziemlicher Morgenfrühe auf dem Südbahnhofe einzufinden, der könnte leicht versucht sein, uns für einen wohlbestallten Eisenbahnbeamten zu halten, denn die Sonne geht kaum regelmäßiger auf, als wir an besagten Tagen, Schlag sieben Uhr des Morgens, auf dem betreffenden Bahnhofe gegenwärtig zu sein die Gepflogenheit haben. Ein vorheriger Gang durch die Vorstadt Wieden, etwa durchs Kärntnertor, über die Elisabethbrücke und die Favoritenstraße hinauf, läuft bei dieser Gelegenheit nie ohne einiges Vergnügen ab. Für uns wenigstens hat die Sonntagsstimmung der Straßen, zumal früh am Tage, nie ihren Zauber verloren. Kaum sind uns Wachtelschlag und das jauchzende Lied der frühen Lerche angenehmer und willkommener, als das Gezwitscher der häuslichen Schwalbe und das tolle Geschrei der Sperlinge, die unterm Dache nisten. Erst an Sonn- und Feiertagen, wie klingt das so süß und lieblich und schickt sich so gut in die heitere und behagliche Stimmung des Ganzen!

Stächelin: Wiener Stadtbahn, 1897.

Dort am Fenster, über welchem ein Spatz pfeift, lehnt hemdärmelig, die Pfeife im Mund, ein friedlicher Bürger und bläst – wie köstlich schmeckt die erste Morgenpfeife! – gar vergnüglich den Rauch in die reine Luft hinaus. Drüben am andern Fenster bewegt sich der Vorhang, und nicht lange, so erblickt man ein allerliebstes Mädchengesicht hinter den Scheiben. Die Kleine reibt sich die Augen und schaut nach dem Wetter, denn der Schatz hat ihr versprochen, sie heute in die Brühl und auf den Husarentempel zu führen. Vor dem frechen Sonnenlicht und dem unberufenen Gaffer fährt sie erschrocken hinter den Vorhang zurück, der sich nachzitternd hin und her bewegt. Allein nicht alle sind solche verschlafenen Kinder. Schon ist die Straße hin und wieder belebt von einer wandelnden Flora im Sonntagsschmuck, und manches fromme Geschöpf mit dem Gebetbuch in der Hand kehrt schon von der Morgenandacht zurück oder ist auf dem Gang nach der Kirche begriffen. Weniger fromm und fauler erscheint das männliche Geschlecht; es stellt zur Straßenbevölkerung des Morgens ein bei weitem geringeres Kontingent. Fast nur Schneider und Schuster durchsegeln mit ihrer historischen Eilfertigkeit die Gassen, um ihren Kunden die längst versprochenen, eben

noch fertig gewordenen Kleider und Schuhe in die Häuser zu tragen. Auch von weiblicher Seite werden wir an den Ernst des Lebens und die saure Arbeit der Wochentage erinnert. Es sind die Köchinnen und selbstkochenden Hausfrauen, welche Milch und Obers holen, Brot, Fleisch, Gemüse und sonstigen Hausbedarf in Armkörben heimschleppen. Die menschliche Gesellschaft hat die Köchinnen mit der mühseligen, aber herrlichen und alles Preises würdigen Aufgabe betraut, dafür Sorge zu tragen, daß Leib und Seele zusammenhalten. Die Bedeutsamkeit und hohe Verantwortlichkeit dieser Aufgabe bringen es mit sich, daß diese spekulativen Mächte der Küche nicht einmal an Sonn- und Feiertagen sich der Muße in die Arme werfen dürfen.
Etliche Schritte über die Favoritenlinie hinaus und wir befinden uns wieder auf dem Punkte, von welchem wir ausgegangen – auf dem Südbahnhofe. Wir stellen uns unter den Eingang zum Bahnhof, welcher gegen die Belvederelinie hinschaut. Von dort tut sich ein reges Leben auf; der Hauptmenschenstrom gegen die Eisenbahn bewegt sich in dieser Richtung. Da kommen sie nun alle daher, welche die schöne Sommerszeit ins Freie lockt, sie kommen zu Fuß, vereinzelt, paarweise und in Gruppen, sie kommen in Komfortabels, Zweispännern und Stellwagen. Das strömt nun herein und nach der Kasse.
Wenn man sich auf jene grüne Bank setzt, welche rechterhand gerade auf mittlerem Wege zwischen Eingang und Kasse angebracht ist, so hat man einen behaglichen Blick auf das vielgestaltige Hin- und Herwogen, und kann den bunten Reichtum der Erscheinungen für die Anschauung gleichsam durchsieben und ins einzelne sondern. Kein geringer Augentrost sind die schmucken, geschmeidigen, sonntäglich herausgeputzten Ladenmädchen, welche am Arm ihrer endimanchierten Liebhaber, die ihres Zeichens meistens mehr oder minder schlankgewachsene Ladenjüng-

linge sind, einhergetänzelt kommen. Hagestolze Gemüter erkennt man an ihren langmächtigen, menschenfeindlichen Vatermördern, an dem hölzernen, rücksichtslosen Gang und an den mürrischen, in gewisse Falten versteinerten Zügen, auf welche kein Strahl der Anmut und Freudigkeit fällt. Andere meidend und von andern gemieden, geht ein solcher wunderlicher Kauz auf dem nächsten Wege zur Kasse, verlangt wortkarg »erste Klasse«, kauft sich am dortigen Tabakverschleiß etliche Zigarren und steigt wie eine aufgezogene Maschine die Treppen hinan, welche zur Bahn führen. Eigentümlich gegen solche Einsame sticht eine Gruppe von nicht weniger als zehn Personen ab, welche sich ein wenig schwerfällig und nicht ohne die Gefahr, zeitweilig aus dem Leim zu gehen, durch das Gedränge des Stiegenhauses bewegt. Es ist eine kleinbürgerliche Familie: Vater, Mutter, die Frau Base, welche aus Wiener-Neustadt auf Besuch sich befindet, eine Magd und sechs Kinder. Diese sind anzuschauen wie eine Reihe von Orgelpfeifen, nach Maßgabe des Alters immer eines etwas größer als das andere. Während der zärtliche Vater die jüngste Frucht einer achtzehnjährigen ehelichen Liebe auf den Armen trägt, ist das älteste dem Alten schon über den Kopf gewachsen, ein braunes, keckes Bürschchen, das schon zu wissen scheint, wo Barthel den Most holt und nach hübschen Dirnen nicht ohne ein gewisses ästhetisches Wohlgefallen hinschielt. Die Frau Mutter und Frau Base können unmöglich das kleine Mädchen tragen, denn sie würden sich dadurch ihren schönen Sonntagsputz verkrümpeln, nur an der linken Hand führt jede einen kleinen Rangen. Der Vater, für dessen Gutmütigkeit schon sein beträchtlicher Leibesumfang spricht – jeder Zoll Gemüt –, unterwirft sich dem Geschäft des Kindertragens offenbar mit viel Bereitwilligkeit und vielleicht sogar mit einer gewissen Vorliebe. Er stopft dem Kinde, welches zu schreien beginnt, den Mund mit süßem Backwerk. Endlich sind die Fahrkarten erobert, und der Zug bewegt sich langsam die Stiege hinauf. Da merken wir auch die Bestimmung der mitgenommenen Magd: sie seufzt unter der Last von zwei mächtigen Armkörben, aus welchen neugierige Weinflaschen ihre Hälse strecken, und wir wetten, im geheimnisvollen Grunde dieser Flechtwerke ruhen wohlgebratene und gebackene Hühner, ein leckeres Stück »Kälbernes«, Zunge und Schinken, zierlich und reizend aufgeschnitten. Die Familie fährt ja nach der Brühl, um dort ein kühlschattiges Waldplätzchen aufzusuchen und der Natur und des Sonntags froh zu werden. Eine schöne Erfindung die Eisenbahn! denkt der Alte, indem er heiter seinem Proviant in den Wagen folgt. Scheu und unsicher, wie wenn er des Alten Gedanken gehört hätte, steigt ein Postknecht durch das Stiegenhaus, kauft sich eine kurze Kreuzerzigarre und fährt rauchend ab. Wie eine Nachteule am hellen Tag.

Mittlerweile ist es halb neun Uhr geworden, und unser würdiger Freund, auf den wir gewartet, kommt mit dem ersten Glockenzeichen angefahren. Wir versorgen uns noch mit Tagesliteratur, werfen uns in den Wagen, es läutet, es bläst, und schrill pfeifend gerät der Zug in Bewegung. Wohin? Mögen die anderen ihrem Vergnügen folgen, wir fahren nach der quellengesegneten Stadt Baden. Nicht zwar, um dort zu bleiben, denn wir können den üblen Dunstkreis und die Langeweile dieses Ortes nicht leiden, sondern um, kaum angekommen, einzubiegen in das reizende Helenental, und zur Seite des lustig plätschernden Aubaches durch die bald offenen, bald geschlossenen Talkammern zu wandeln bis nach Alland oder Heiligenkreuz. Unser würdiger Freund kennt alle Gangsteige des Wienerwaldes, und ist ein solcher geschworener Feind der geraden Linie, daß er zum Verdruß seines wegemüden Genossen allezeit den krümmsten und langwierigsten Weg von einem Ort zum andern einschlägt. Er will auch nicht einkehren bei der holden Jammerpepi oder in der Krainer Hütte, sondern in einem Zuge geht es über Sattelbach nach Alland, und von hier auf den verschlungensten Waldpfaden, durch Dickichte, durch welche kaum ein Hirsch bricht, dann wieder abwechselnd in der Talsohle und am Waldessaum nach dem ersehnten Heiligenkreuz. Man begreift, daß Hunger und Durst solcherweise auf das höchste gespannt werden, und in der Tat haben wir uns nirgends als im Wirtshausgarten zu Heiligenkreuz den rinderverschlingenden Helden des Homer so nahe verwandt gefühlt. Daß Essen und Trinken erst in der freien Natur zu seiner wahren Bedeutung gelangt, hat der Wiener längst begriffen. Was er im Freien sucht, ist mehr ein Genuß in der Natur als ein Genuß der Natur. Jene norddeutsche Empfindsamkeit, welche im Freien jeden zweiten Augenblick außer sich gerät und sich durch überschwengliche Ausrufungen, die kein Ende nehmen wollen, betätigt, ist dem Wiener gänzlich fremd. Er hat zuviel Natur an und in sich, als daß ihn die Natur da draußen so fremdartig und überirdisch berühren sollte. Gewisse Altertumskundige wollen behaupten, daß die Eleusinischen Mysterien nichts anderes als die Geheimnisse des Essens und Trinkens gelehrt hätten. Auch dem Wiener ist es klar, daß dieses Geschäft der Selbsterhaltung kein gleichgültiges, daß ihm vielmehr eine gewisse Weihe zuzusprechen sei. Er gleicht nicht jenem neuplatonischen Philosophen, der seinen Spiritualismus zuletzt so weit trieb, daß er sich seines eigenen Leibes schämte. Der Wiener freut sich seines Leibes, wenn dieser »nur gesund ist«.

»Aber nachdem die Begierde des Tranks und der Speise gestillt war«, wanderten wir durch das schmarrenberühmte Gaden nach der hinteren Brühl. Wir grüßten nicht ohne Pietät alle die Örtlichkeiten und Plätzchen, die uns hier seit langem, zur Sommers- und zur Winterszeit lieb geworden: die Hölderichsmühle, den Weg nach dem Wassergespreng, den

»Ochsen«, die Einmündung des Kientales und weiter vorne den Gißhübel. Durch die freundlichen Landhäuser zieht sich die Straße gar angenehm hin bis zum Liechtenstein, und leicht findet man durch die blühenden Nebengelände den Weg zum Bierkeller in Brunn. Auf dem Bierkeller zu Brunn geht es heute hoch her. Es wird »Bock« geschenkt. Alle Gartenräumlichkeiten und sogar die Stuben sind dicht erfüllt von durstigen Seelen, und wohl dem lechzenden Wanderer, dem noch eine leere Tischecke und ein unbesetzter Stuhl winkt. Sonst mag er sich, wenn er den schon beginnenden Taufall nicht scheut, ins grüne Gras strecken und geduldig harren, bis eine Stelle vakant wird. Wie die Sonne tiefer sinkt, mindert sich die Zahl der Gäste; man zieht nach dem Brunner Bahnhof hinunter. Noch einmal wirbelt die Lerche empor und singt im letzten Sonnenstrahl ihr jüngstes Lied, trübsinnig aus der Ferne klingt der abgemessene Ruf der Unken, und in nahen Pfützen und Lachen beginnt der breitmäulige Frosch mit der Aufdringlichkeit eines Liebhabers der Tonkunst sein unbeholfenes Gequäke. Einen kühlen, erquickenden Hauch atmet die Erde aus, und von Hekken und Stauden, von Wiesen und Wäldern weht uns ein berauschender Duft entgegen. Plaudernd und scherzend, unter Gelächter und kurz abgebrochenem Gesange bewegen sich zahlreiche Gruppen dem Bahnhofe von Brunn zu.
Auf dem Bahnhofe zu Brunn treten die Wirkungen des Bocks in den mannigfaltigsten Variationen zutage. Wir haben die Eigentümlichkeiten dieses Getränkes im Bockkeller zu München studiert und können sonach über die Wirkungen desselben auch ein Wörtlein mitsprechen. Der Bock – wie man in Neuathen erzählt – soll eigentlich in früheren Zeiten Nektar geheißen haben, wie man schon aus der nahen Verwandtschaft beider Worte merken könne. Damals, wie man aus alten Sagen wisse, sollen diesen Trank nur die olympischen Götter und etliche gottbegnadete Sterbliche

getrunken haben. Als nun die Olympier gestürzt worden seien, habe sich Bacchus nach Altbayern geflüchtet, sei als gemeiner Knecht in eine Brauerei an der Isar getreten und habe seinem Herrn die Bereitungsweise des Göttertranks verraten. Dies sei im Monat Mai geschehen; und deshalb werde Nektarbock auch nur in diesem Monate verzapft. Eine andere Ansicht, die viel für sich hat, meint: man schenke Bock nur während einer kurzen Zeit des Jahres, weil sonst die Sterblichen vom Genuß dieses Getränkes zu übermütig und götterhaft hochfahrend würden. Die Wirkung des Bocks beginnt mit einer lächelnden Gemütlichkeit und steigert sich bis zu einem »Seid umschlungen, Millionen, diesen Kuß der ganzen Welt!« Das vorletzte Stadium gleicht dem Zustande, in welchem der indische Weise beharrlich auf die Nasenspitze schaut, und sein »Om! Om!« spricht, und zuletzt auch nur noch denkt. Alle Schranken der Besonderheit, Raum und Zeit schwinden endlich vor dem trunkenen Auge, man fühlt sich immer größer und allgemeiner, bis man zuletzt in die träumende Substanz des Spinoza übergeht... Der Bock, welcher zu Brunn gebraut wird, ist freilich gegen den Münchener gehalten, nur eine schwache Kopie, allein in seinen Wirkungen zeigt er doch eine große Ähnlichkeit mit jenem. Das beweisen die abendlichen Gruppen auf dem Bahnhof zu Brunn. Selig liegt der Freund dem Freund im Arme, und nur ein gegenseitiges Lächeln verkündigt ihnen, wie lieb sie sich haben. Sie verstehen sich ohne das plumpe Mittel der Sprache. Ein anderer sucht auf- und abwandelnd seinen Schwerpunkt; schief und ungeheuer lustig sitzt ihm der Hut auf dem Kopfe. Über die sonst so geschwätzigen Mädchen, die im Garten sitzen, ist ein geheimnisvolles Stillschweigen gekommen; schlummernd sitzt der Liebhaber neben ihnen. Etwas im Schatten, an einem Baumstamm, lehnt eine männliche Gestalt, welche, gegen einen Strauch geneigt, diesem etwas zu erzählen

scheint. An den Planken gegen die Bahn zu lehnen liebende Paare, die sich angenehme Dinge sagen.
Plötzlich schreckt der Schall der Glocke und der heranbrausende Train die Anwesenden aus ihren mehr oder minder gemütlichen Betrachtungen auf. Scharenweise drängt man sich hinaus, jeder mit der Absicht, einen guten Platz zu erhaschen. Das geht aber bald genug kunterbunt durcheinander. Die, die dritte Klasse bezahlt haben, kommen auf die erste und dehnen sich in den Fauteuils; die von der ersten Klasse geraten in die dritte und müssen stehen. Verwünschungen, Scheltworte und dazwischen das Geschrei des Kondukteurs. Dieser war noch am Morgen desselben Tages ein feiner höflicher Mensch, und jetzt – kaum mehr zu erkennen – ist er grob wie Bohnenstroh. Seine Grobheit wächst in geometrischer Progression mit der Zahl der Passagiere. Endlich ist alles aufgepackt, und der Zug setzt sich langsam in Bewegung. Wir sagen nichts von den komischen Verwechslungen in den dunkeln Räumen der Wagen, nichts von dem gespannten Zusammentreffen unebenbürtiger Leute, nichts von den Tücken des Zufalls, welcher einen Schuldner in die offenen Arme des Gläubigers führt – um endlich nach Wien zurückzukommen, und schließlich den Blick nach einer andern Seite der Kaiserstadt zu richten.
Für jene Gegend des Wienerwaldes, welche sich gegen die Donau hinzieht, ist die Eisenbahn noch nicht erfunden; hier sind noch Stellwagen und Fiaker im unbestrittenen Besitz der Lokomotion. In die Art und Weise des Vergnügens bringt das zwar keine Veränderung, wie es denn in Dornbach, in Grinzing, auf dem »Himmel«, im »Krapfenwaldl«, auf dem Kahlenberg und Leopoldsberg und wie die Orte alle heißen, ebenso lustig hergeht wie auf jenem grünen Landstrich, welchen die Eisenbahn der Stadt nähert. Allein das Hin- und Zurückgehen hat einen wesentlich anderen Charakter, es ist idyllischer und friedlicher, dem deutschen

Gemüt zusagender. Zumal die gruppenweise Heimkehr von jener Seite bietet ein gemütliches Interesse dar. Das ganze Häuflein marschiert in gleichem Schritt und Tritt, voraus gehen etliche musikkundige Freunde, und unter Flötenklang und Saitenspiel, das nur von fröhlichen Gesängen unterbrochen wird, nähert sich der Zug dem Weichbilde der Stadt.

LUDWIG SPEIDEL

Die Parzen

I

In einer jener ausgedehnten, entlegenen Straßen, die sich, früher zur »Vorstadt« gehörend, im Laufe der Jahre so unbeträchtlich verändert haben, daß sich darin noch heute fast alles so ausnimmt wie in meiner Jugend, befand sich bis ins letzte Dezennium hinein ein Kaffeehaus, das ich im Winter 1854 täglich zu besuchen pflegte. Denn ich versah damals den Dienst eines Aufsichtsoffiziers im Garnisonsspital Nr. 2 und war auf dieses Lokal angewiesen, das sich schon zu jener Zeit höchst unvorteilhaft von den einladenden Interieurs anderer Wiener Kaffeehäuser unterschied. Die niedrig gewölbten Räume waren bis zur Unkenntlichkeit der einst lichtgrün gewesenen Tapeten verräuchert, die altmodischen Tische wackelten, und dem abgenützten Rohrgeflecht der Stühle drohte der Durchbruch. Zwei plumpe Billards, wahre Ungetüme, standen mehr im Wege, als daß sie benutzt wurden; zog man aber doch hin und wieder die krummen Kugelstäbe aus der Lade, schepperten sie bedenklich.

Friedrich Amerling: Bildnis einer Wienerin.

Zudem waren die dargereichten Getränke keineswegs von besonderem Wohlgeschmack, und da auch Beleuchtung und Beheizung zu wünschen übrigließen, so erschien, namentlich im Winter, die übliche Bezeichnung »das kalte Kaffeehaus« nur zu gerechtfertigt. Infolgedessen war auch der Besuch ein geringer. Mit Ausnahme einiger alter bürgerlicher Stammgäste waren meistens bloß Offiziere des Trainregiments, das seine Kaserne ganz in der Nähe hatte, hier zu finden; ein unbekannter Zivilist, der sich zufällig von der

Straße herein verirrte, wurde immer mit dem größten Erstaunen betrachtet. Der lahmbeinige und einäugige Mensch, der gemeinhin auf den Ruf »Zyklop« hörte und sich in einem schäbigen Frack als Marqueur gebärdete, brauchte sich also um so weniger anzustrengen, als er bei der Bedienung der Gäste von den Eigentümerinnen des Lokals unterstützt wurde, die – wohl hauptsächlich ihrer Dreizahl wegen – die »Parzen« genannt wurden.
Es waren die hinterlassenen Töchter des früheren Besitzers, dessen Geschäft sie in wahrhaft patriarchalischer Weise fortführten. Wer die Eltern nicht gekannt hatte und daher keinen Schluß auf maßgebende Vererbungen ziehen konnte, dem mußte beim Anblick dieser Damen die Vermutung fernliegen, daß er drei Schwestern vor sich habe, so grundverschieden waren sie in jeder Hinsicht voneinander.
Die Erstgeborene, namens Berta und über die Dreißig schon hinaus, war eine rundliche, vollbusige Person mit einem kugelförmigen, von dichten schwarzen Haarflechten umwundenen Kopfe. Lebhafte Augen, frische Wangen und Lippen verliehen ihrem stumpfnasigen Gesicht einen gewissen Reiz, und da sie sich überdies einer höchst zutunlichen Koketterie befliß, so fehlte es unter den Offizieren nicht an solchen, die ihr in richtiger Erkenntnis ihres liebebedürftigen Wesens flüchtig den Hof machten, wobei sie nicht unterließen, sie um die Taille zu fassen oder ihr kurzfingeriges, fleischiges Händchen zu küssen. Einer jedoch liebte sie wirklich. Es war dies ein Stabsoffizier des Trains, kahlköpfig und einen sehr langen Haynauschnurrbart zur Schau tragend. Sie aber, so versicherte sie, machte sich gar nichts aus dem alten »Schippel«. Nichtsdestoweniger ging sie ihm, wenn er zur gewohnten abendlichen Whistpartie erschien, mit der weißen Patschhand sehr aufmunternd um den Bart.
Die Nächstälteste, die den höchst unpassenden Namen Laura führte, erschien als der gerade Gegensatz ihrer

Schwester. Sehr hoch gewachsen, war sie von erschreckender Magerkeit, die sie aber, jeder weiblichen Eitelkeit bar, weit eher ans Licht stellte als verbarg. Sie trug statt der damals modischen Krinoline ein ganz schlaffes Kleid, das sie sackähnlich umschlotterte und die Eckigkeit ihrer Formen allenthalben erkennen ließ. Um den langen, knöchernen Hals hatte sie stets ein weißes oder eigentlich weiß sein sollendes Tüchlein gebunden. Denn sie litt an einem chronischen Kehlkopfkatarrh, der ihre Stimme teils rauh und schartig, teils schrill und kreischend erklingen machte. Das Tüchlein also, dessen Knoten und Zipfel sich beständig verschoben, so daß sie bald an der Seite, bald hinten zu sitzen kamen, bildete mit dem fahlen, stets mehr oder minder zerzausten Haar die unzertrennliche Folie zu einem hageren, fleckig geröteten Gesichte, das an Bissigkeit nichts zu wünschen übrigließ. Diesem wenig einnehmenden Äußeren entsprach auch Lauras Wesen, das ihr *ad personam* den Supernamen »Furie« eingetragen hatte. Die meisten Kaffeehausgäste fürchteten sie, besonders die jüngeren. Denn sie sagte jedem unaufgefordert die unangenehmsten Wahrheiten ins Gesicht, wobei ihre kleinen, wimper- und brauenlosen Augen sehr boshaft in grünlichem Feuer leuchteten. Dennoch war sie im Grunde des Herzens teilnehmend und zu jeder Gefälligkeit bereit, wenn es auf eine solche wirklich ankam. Vor allem aber war sie grundgescheit, und wer sich einmal mit ihrer Häßlichkeit und absprechenden Art ausgesöhnt hatte, verkehrte mit ihr ganz gerne. Sie besaß einige selbsterworbene Bildung und blickte mit klarem Sinn in Welt und Leben hinein. Mit wahrer Leidenschaft las sie Zeitungen, besonders den politischen Teil. Höchst ergötzlich war es, zu vernehmen, wie sie dabei Kaiser, Könige und Minister abkanzelte, während sie gleichzeitig über die Frechheit und Niedertracht der Zeitungsschreiber loszog. Unter den Strich ließ sie sich nur selten hinab, und das nur, um zu sehen, welche Abgeschmacktheit dieser oder jener Feuilletonist wieder zu Markte gebracht habe. Mit der Belletristik stand sie überhaupt auf gespanntem Fuße. Denn diese beschäftigte sich ihrem Ausspruche nach eigentlich bloß mit der Liebe, welche die größte Dummheit sei, die es auf Erden gebe. Das Recht zu dieser Dummheit gestand sie zwar notgedrungen der Jugend zu; wer aber schon in gewissen Jahren stand und sich noch mit derlei befaßte, den verachtete sie gründlich; ihre Schwester Berta nannte sie nie anders als die alte verliebte Gans. Nichtsdestoweniger besaß auch sie einen Anbeter, den sie freilich mit besonders scharfer Hervorhebung des Wortes nur als ihren »Fraint« bezeichnete. Dieser Freund war ein schmächtiges, säbelbeiniges Männchen, das eine goldene Brille trug und an einem benachbarten Knabenpensionate als Lehrer angestellt war. Jeden Nachmittag, Schlag fünf, trat der Herr »Professor«, einige Bücher unter dem Arm, ins Kaffeehaus und ließ sich an einem zunächst der Tür stehenden Tische nieder, wo ihm Laura eigenhändig die »Jausen-Melange« kredenzte. In diesem bedeutungsvollen Moment nahm sein breites, rosenrotes Antlitz, das ein kurzes, fuchsiges Backenbärtchen zierte, einen strahlenden Ausdruck an, und seine wasserblauen Augen verklärten sich unter der Brille. Laura setzte sich dann ihm gegenüber, und es begann eine intime Unterhaltung, der man sich in schweigendem Einverständnis möglichst ferne hielt. Diese Unterhaltung dauerte so lange, bis die sogenannte »Kurze«, die sich der Professor nach andächtig genossenem Kaffee behutsam anbrannte, zu Ende geraucht war. Dann verschwand der Freund, nachdem er Laura ehrerbietig die Hand gedrückt, lautlos wie er gekommen.

Die jüngste Schwester, Selma genannt, war ein zartes, blutleeres Geschöpf, das sich durch prachtvolles aschblondes Haar und große braune Augen auszeichnete. Wenn sie – diese Obliegenheit war ihr bei der Arbeitsteilung zugefallen

– in dem altmodischen Kassagehäuse saß, das Spiegelkästchen mit den Likörflaschen im Rücken, konnte man sie aus der Entfernung für eine Schönheit halten. Trat man aber näher, so erkannte man, daß ihre Gesichtszüge sich wie verzeichnet ausnahmen. Dazu ein trocken gelblicher Hautton und ein etwas schiefgestellter Mund mit schadhaften Zähnen, die sie durch krankhaftes Zusammenpressen der farblosen Lippen zu verbergen trachtete. Sie war daher nicht leicht in ein Gespräch zu verwickeln und gab meistens nur pantomimische oder kurz geflüsterte Antworten. Zu lachen getraute sie sich schon gar nicht. Überhaupt war sie eine schwermütige, sentimentale Natur und überließ sich am liebsten ihren Gedanken und Empfindungen, die sie, wie ihre Rehaugen, nur einem einzigen Gegenstand zukehrte – allerdings einem Gegenstande, der solcher Ausschließlichkeit nicht unwert erscheinen mochte.

Unter den militärischen Gästen sah man auch einen Rittmeister von den Kürassieren. Er hieß De Brois und war Reitlehrer an dem höheren Equitationsinstitute, das sich gleichfalls in dieser Gegend befand. Von ganz besonderer, männlicher Schönheit, gehörte er zu den auffallendsten Straßenfiguren jener Zeit. Wenn er über den Graben und Kohlmarkt ging oder sich sonst an öffentlichen Orten zeigte, bewunderte man allgemein seinen ebenmäßig hohen Wuchs und sein vornehmes, dunkel gefärbtes Antlitz, das den Ausdruck strengen Ernstes trug. Er war sich des Eindrucks, den er hervorbrachte, voll bewußt und sichtlich stolz darauf, wenn er auch, hochmütig zurückhaltend, nie darüber sprach. Laura nannte ihn einen Hohlkopf und behauptete, er warte nur auf den Augenblick, wo ihm irgendeine Millionärin das Schnupftuch zuwerfen würde. Aus einer verarmten, seit langem in Österreich naturalisierten lothringischen Familie stammend, war er auf seine Gage angewiesen und daher gezwungen, sich in jeder Hinsicht einzuschränken. Während seine Schüler, die fast durchgehends dem hohen und höchsten Adel angehörten, gleich nach dem Unterrichte mit Fiakern in die Stadt fuhren, dort in den ersten Hotels dinierten und dann ihren vielseitigen Vergnügungen nachgingen, lebte er im allgemeinen sehr zurückgezogen. Er speiste bei dem Traiteur des Instituts und nahm hierauf den »Schwarzen« mit einem Gläschen Kirsch im Kaffeehause, wo er Selma in herablassender Weise den Hof machte. Er richtete bei seinem Erscheinen einige Worte an sie und brachte ihr hin und wieder auch irgendeine Blume, die sie mit seligem Erröten ins Haar oder vor die Brust steckte. Im übrigen gönnte er ihr das Glück seines Anblicks. Und dieses Glück wurde ihr in reichlichem Maße zuteil, wenn er auch abends eintrat, um mit dem Verehrer Bertas und noch zwei anderen Herren einige Robber zu machen. Der Spieltisch befand sich der Kassa ziemlich nahe, und so konnte Selma oft und lange genug den so einzig schönen Mann betrachten, der auch sie zuweilen mit einem Augenaufschlag begnadete.

Wie Selma dem Rittmeister, so verhielt sich ihr gegenüber ein junger Mensch, der das lange fahle Haar hinter die Ohren gestrichen trug und seit einiger Zeit gleichfalls abends erschien, obgleich er sich in der soldatischen Umgebung sehr beengt fühlen mußte. Er war offenbar Student – und wie sich bald herausstellte, der Sohn eines wohlhabenden Hausbesitzers aus der Nachbarschaft. Dieser Jüngling nahm stets an einem der entlegensten Tische Platz, von welchem aus er jedoch die Kassa, oder vielmehr Selma ins Auge fassen konnte, die er über ein vorgenommenes Zeitungsblatt hinweg unverwandt anstarrte. Diese stumme Huldigung wurde anfangs gar nicht bemerkt, dann aber hartnäckig ignoriert. Dessenungeachtet fand der junge Mann den Mut, seinen Gefühlen durch ein Veilchenbukett Ausdruck zu geben, das der mit einem ansehnlichen Trinkgeld bestochene

Zyklop verstohlen überreichen sollte. Der hinkende Liebesbote benahm sich aber so ungeschickt, daß man allseits gewahren konnte, wie Selma das Sträußchen befremdet betrachtete und gleich darauf mit einer entschiedenen Handbewegung zurückwies. Trotzdem fand sich schon am zweitnächsten Morgen im Kassabuche das Manuskript eines schwärmerischen Gedichtes vor. Dieses Blatt kam aber durch einen unglücklichen Zufall zuerst in die Hände Lauras, die sich schon längst über den faden Toggenburg lustig gemacht hatte und nun die ätzendste Lauge ihres Spottes über den »gereimten Blödsinn« ausgoß.
So standen die Dinge, als ich eines Tages infolge dienstlicher Verzögerung viel später als sonst zum Frühstück erschien. Ich fand das Kaffeehaus ganz leer; nicht einmal der Zyklop war zu sehen, auch saß Selma nicht an der Kassa. Um meine Anwesenheit kundzugeben, ließ ich den Säbel klirren. Da noch immer niemand kam, pochte ich eindringlich. Nun vernahm ich aus der Kaffeeküche heraus die kreischende Stimme Lauras: »Gleich!« Und schon zeigte sie sich selbst in dem düsteren Hinterzimmer, um nach dem Dränger zu forschen. »Ah, Sie sind es! Was wünschen Sie denn?«
»Mein Frühstück, verehrte Laura.«
»Richtig! Sie haben heute noch nichts genommen. Bitte, nur einen Augenblick Geduld!«
Sie verschwand wieder, und es dauerte noch eine Weile, bis sie den Kaffee vor mich hinstellte. »Er wird nicht mehr am besten sein«, sagte sie, ein Körbchen mit Weißbrot herbeischaffend.
»Daran bin ich selbst schuld, weil ich so spät gekommen. Aber was haben Sie denn? Sie sehen ja ganz aufgeregt aus.«
In der Tat war ihre Frisur noch zerzauster, ihr Gesicht noch fleckiger als sonst, und die Zipfel des Tüchleins standen wie zwei Lanzenspitzen nach der Seite ab.
»Ach ja. Manchmal kommt alles zusammen. Ich bin heute

der einzige Mensch hier. Jean hat einer Zeugenaussage wegen Vorladung zu Gericht erhalten. Auf neun Uhr – da hat er schon um sieben Toilette gemacht. Berta mußte in einer wichtigen Angelegenheit nach der Stadt, und Selma ist unwohl – liegt zu Bett. Zu allem Überfluß haben wir heute noch Waschtag. – Aber wissen Sie schon das Neueste?« fuhr sie fort, indem sie sich rasch mir gegenüber niederließ.
»Das Neueste – ?«
»De Brois heiratet.«
»Heiratet? Wen denn? Doch nicht –« Ihre Schwester wollte ich sagen, brach aber ab.
Sie hatte mich trotzdem verstanden. »Wie kann Ihnen nur so ein Unsinn einfallen! Übrigens wär' es nicht weniger dumm als das andere. Die Cortesi heiratet er.«
»Die Cor – –«
»Ja, ja: die Cortesi. Diese Lionne! Diese stadtbekannte Kokette, die mehr Liebhaber hat als Haare auf dem Kopf!«
»Na hören Sie – bei der Lockenfülle der Dame –«
»Ach was! Das war so eine Redensart. Jedenfalls hat sie so viel Anbeter, wie täglich Herren mit ihr in den Prater reiten.«
»Aber De Brois gehört ja zu denen gar nicht –«
»Das ist's eben. Er hat sie erst kürzlich auf dem Balle des Kavallerieinspektors kennengelernt. Und da hat sich alles im Handumdrehen gemacht. Schon im Mai soll die Hochzeit sein. Die Sache kommt mir nicht richtig vor.«
»Warum denn nicht? Die Cortesi wird sich in ihn verliebt haben. Das ist ja kein Wunder. Ein so schöner Mann –«
»Lassen Sie mich in Ruhe mit dieser Stallmeisterschönheit!«
»Nun gerade. Das stimmt zusammen. Sie ist eine passionierte Reiterin – und er –«
»Ach was! Pferde longieren können auch andere. Und so verblüht ist sie noch lange nicht, daß sie just einen De Brois

nehmen müßte. Ihn aber wird hauptsächlich die Mitgift verblendet haben. Die dürfte jedoch so großartig nicht ausfallen. Der Herr Bankier hat seit jeher den luxuriösesten Aufwand getrieben, und wenn sich nicht die Geschichte mit dem Prinzen zugetragen hätte, wär' er vielleicht heute ein Bettler.«

»Mit dem Prinzen?«

»Das wissen Sie nicht? Vor sechs Jahren diente in der Armee ein junger Prinz W..., der, sowie andere hohe Aristokraten, auch in den Salon Cortesi kam. Der ausländische Grünling verliebte sich wie ein Narr in die Tochter, die gerade in ihrer Blüte stand und, man muß es sagen, schön war wie ein Engel – wenn auch damals schon geschminkt. Es hätte zu einer morganatischen Ehe kommen sollen. Aber im entscheidenden Augenblick wurde der junge Herr an seinen kleinen Hof abberufen, und man suchte von dort aus die Sache mit Geld zu applanieren. Papa Cortesi, der eben vor dem Bankrott stand, nahm es – und einen Orden dazu. Seitdem ist er wieder flott.«

»Ich staune, wie genau Sie unterrichtet sind!«

»Ja, ich weiß alles, mein Lieber«, erwiderte Laura und sah mich mit ihren grünlichen Augen durchdringend an. »Übrigens aus dem Finger hab' ich es nicht gesogen. *Vox populi* – –«

»Sie meinen wohl die weibliche Volksstimme«, sagte ich nun auch ein wenig boshaft.

»Weiblich hin, weiblich her. Ich sage Ihnen nur, diese Heirat nimmt kein gutes Ende.«

In diesem Augenblick öffnete sich die Tür, und der Zyklop trat herein. Statt des gewohnten Fracks trug er einen defekten schwarzen Rock; den fragwürdigen Zylinder nahm er schon auf der Schwelle ab.

»Ah, da ist Jean!« rief Laura. »Nun verlasse ich Sie, Sie liebe Unschuld. Es ist Zeit, daß ich nach den Wäscherinnen sehe.«

Damit ging sie. Ich bezahlte Jean meinen Kaffee und entfernte mich gleichfalls. Auf dem Heimweg überdachte ich alles, was Laura mit ihrer giftigen Lästerzunge vorgebracht. In manchem mochte sie nicht unrecht haben, jedenfalls übertrieb sie. Sollte sie nicht doch ihrer Schwester wegen gar so sehr gegen diese Heirat voreingenommen sein? Gleichviel. Was kümmerte es mich? Und so sah ich zuletzt im Geiste nur das zukünftige, so ausgezeichnet schöne Paar vor mir, wie es Arm in Arm durch die Straßen Wiens schreiten würde. Er, im blendendweißen Waffenrock, das Antlitz gebräunt, dunkeläugig; sie, fast in gleicher Größe, ganz eigentümlich schlank und elastisch, das rötlichblonde Haar – diese Nuance war damals durch die Kaiserin Eugenie zu besonders hohem Ansehen gekommen – in langen Locken weit über den Rücken hinabfallend.

2

Das Gespräch, das ich mit Laura gehabt, war das letzte gewesen. Denn sehr bald darauf mußte ich zum Regiment einrücken, das gleichzeitig den Marschbefehl erhielt. Es kam daher nur zu einem ganz raschen Abschied von den Parzen – das heißt, eigentlich bloß von zweien, weil Selma noch immer nicht zu sehen war. Ich ging also nach Böhmen ab, woselbst ich bis zum Beginn des italienischen Feldzuges verblieb.
Inzwischen aber hatten sich die schlimmen Prophezeiungen Lauras merkwürdigerweise in sehr kurzer Zeit erfüllt. De Brois war kaum ein Jahr nach seiner Hochzeit im Duell gefallen. Es war eine mysteriöse Geschichte, die niemals vollständig aufgehellt wurde. Man erzählte sich jedoch (die Zeitungen mußten damals über derlei Ereignisse schweigend hinwegsehen) mit allerlei Variationen folgendes. De Brois

sei zum Major befördert und als Flügeladjutant zum Korpskommando in Budapest versetzt worden. Dort habe er eines Tages seine Frau *tête-à-tête* mit einem hohen ungarischen Magnaten überrascht und diesen mit der Reitpeitsche behandelt. Dem Magnaten blieb natürlich nichts übrig, als ihn zu fordern und beim ersten Schusse in den Sand zu strecken. Die Gattin De Brois' aber habe aus Schreck und Aufregung eine Frühgeburt getan, infolge deren sie gleichfalls gestorben sei. Der Vorfall mochte in gewissen Kreisen großes Aufsehen erregt haben; auf Fernerstehende wirkte er nur als pikantes Tagesgespräch, wurde daher bald vergessen. Selbst von mir. Erst als sich das Regiment gleich nach beendetem Feldzuge wieder in Wien befand, wurde ich daran erinnert, und zwar hauptsächlich durch das kalte Kaffeehaus, das ich ja doch einmal aufsuchen mußte. Es kam nicht so bald dazu. Denn ich war damals gerade im Begriff, den Dienst zu quittieren und hatte mich in Erwartung meines Abschiedes schon aller militärischen Leistungen entheben lassen. In Bücher und Schriften versenkt, blieb ich tagsüber auf meinem Zimmer in der Getreidemarktkaserne, ließ mir das Essen bringen und unternahm erst zu ziemlich später Stunde längere Spaziergänge, die mich jedoch nach ganz anderen Richtungen hinführten. Endlich, an einem neblichten Oktoberabende, lenkte ich meine Schritte dem Parzensitze zu.
Als ich in die bekannten Räume trat, hatte ich die Empfindung, daß sich hier gar nichts verändert habe. Die Wände dunkelten wie früher; selbst der Zyklop war kaum lahmer und hinfälliger geworden. Auch die Gäste schienen dieselben geblieben zu sein – bis zu den Whistspielern in der Nähe der Kassa, wo Selma, still wie einst, vor dem Kästchen mit den Likörflaschen saß. Allerdings erkannte ich bald, daß es Offiziere eines anderen Trainregiments waren, die sich im Lokal befanden, und bei der Whistpartie fehlten De Brois und der Verehrer Bertas. Auch diese vermißte ich jetzt.

Laura jedoch saß in einer Ecke; ihre zerzauste Frisur kam über einem Zeitungsblatt zum Vorschein, in das sie vertieft war. Als sie zufällig nach der Seite blickte, erkannte sie mich sofort und streckte mir sichtlich erfreut die Hand entgegen.

»Das ist schön, daß man Sie wiedersieht! Sie waren in Italien unten und haben den Krieg mitgemacht – nicht wahr?«

»Eigentlich ja. Aber das Bataillon, bei dem ich stand, ist gar nicht ins Feuer gekommen. Ich habe die Kugeln nur in der Ferne pfeifen gehört.«

»Desto besser. Es war ein unglückseliger Feldzug. Aber ich hab's vorausgesagt!«

»Sie sind eben eine Prophetin, Fräulein Laura«, sagte ich, unwillkürlich lächelnd.

»Kann ich dafür, daß mir die Tatsachen recht geben? Erinnern Sie sich noch, was ich damals über die Heirat des De Brois – – Sie werden doch erfahren haben –«

»Allerdings. Aber lassen wir die Toten ruhen. Und was mich betrifft, so werde ich nicht lange mehr Soldat sein.«

»Sie wollen austreten?«

»Ja.«

»Und was werden Sie dann anfangen?«

Bei der mir bekannten Mißachtung, die Laura gegen alles Belletristische hegte, hielt ich mit meinen Absichten hinter dem Berge und sagte bloß: »Ich weiß noch nicht recht – ich bin eben auf der Suche –«

»Na, Sie werden schon etwas finden. Es ist übrigens ganz vernünftig von Ihnen. Beim Militär ist jetzt nichts mehr zu holen.«

»Für mich gewiß nicht. – Aber sagen Sie mir, haben Sie in Ihrer Familie vielleicht einen Verlust erlitten?« Es war mir nämlich inzwischen aufgefallen, daß Selma in Trauer gekleidet war. Laura allerdings trug wie sonst ein farbloses Habit.

»Verlust? Gott sei Dank, nein. Seit unsere Eltern tot sind, haben wir nicht viel mehr zu verlieren. Aber Sie meinen das wahrscheinlich, weil Selma in Schwarz ist? So ziemt es sich ja für eine trauernde Witwe.«

»Witwe?«

»In ihrem Sinn. Sie ist nämlich überzeugt, daß De Brois eigentlich Sie geliebt und die Cortesi nur geheiratet hat, weil er infolge seiner Stellung eine reiche Partie machen mußte. Damit versöhnte sie sich also schließlich, weil sie selbst ihm nichts oder nur äußerst wenig hätte mitbringen können. Aber sie war seine Seelenbraut – und im Geiste hatte er die Ehe mit ihr geschlossen. Daher betrachtet sie sich jetzt auch als Witwe.«

»Das ist aber –«

»Ein Wahnsinn ist's. Sie befindet sich jedoch sehr wohl dabei. Sie hat ja seit jeher in Einbildungen gelebt und stets ihr Glück im Unglück gefunden. Doch was sagen Sie zu dem dort?« Sie deutete mit den Augen nach einem Herrn, der an einem entfernteren Tische saß und uns halb den Rücken zukehrte.

»Zu dem – –?«

»Erkennen Sie ihn nicht mehr?«

»Bei Gott, das ist ja – –«

»Freilich ist er's. Unser Toggenburg. Aber nicht mehr Student, sondern wohlbestallter Hausbesitzer, da sein Papa das Zeitliche gesegnet hat. Er ist auch, wie Sie sehen, inzwischen ziemlich feist geworden und hat einen Bart gekriegt. Er liebt Selma noch immer. Drei Heiratsanträge hat er ihr schon im Laufe der Jahre gemacht – und immer einen Korb erhalten. Nach jedem blieb er eine Zeitlang weg – nach dem letzten sogar sechs Monate. Ich dachte schon, jetzt hat er genug – aber er hat sich wieder eingefunden – und sitzt dort wie ein angemalter Türk.«

»Er setzt also seine Bewerbungen fort?«

»So scheint's. Und diesmal möglicherweise nicht ohne Erfolg. Selma zeigt sich jedenfalls mürber. Sie gestattet ihm, daß er für einen Augenblick an die Kassa tritt. Sie nimmt Blumen in Empfang, auch Gedichte. Er hat sich nämlich jetzt ganz auf die Dichterei geworfen und gibt Bücher auf eigene Kosten heraus.«

»Vielleicht nimmt sie ihn noch.«

»Ich hätte nichts dagegen. Obgleich es ein Unsinn wäre. Der Mensch ist wenigstens zehn Jahre jünger als sie. Aber wenn er durchaus will, geb' ich meinen Segen. Um so mehr, als wir jetzt das Kaffeehaus verkaufen werden.«

»Warum denn das?«

»Sie sehen ja, in welchem Zustand sich das Lokal befindet. Es ist schon eine wahre Schande. Um es jedoch von Grund auf restaurieren zu lassen, dazu fehlen uns die Mittel. Würde auch nicht viel nützen. Denn das Kaffeehaus ist doch zu entlegen, als daß trotzdem mehr Gäste kämen. Und da sich ein Käufer gefunden hat, so geben wir's her. Just zur rechten Zeit, denn auch ich werde heiraten.«

»Sie!«

»Nicht wahr, da staunen Sie? Aber ich begehe keine Torheit. Ich heirate meinen Fraint. Also eine Vernunftehe, wie sich's gehört. Der Inhaber des Pensionats ist alt und müde geworden, er will die Anstalt aufgeben. Mein Zukünftiger wird sie übernehmen. Das heißt, eine andere, größere ins Leben rufen.«

»Ich gratuliere.«

»Danke. Wir werden schon prosperieren. Denn wir wollen alles aufs zeitgemäßeste einrichten. Haben auch schon ganz passende Lokalitäten in einem neu gebauten Hause der Marokkanergasse in Aussicht. Ich leite das Ökonomische. Auch sonst bin ich nicht auf den Kopf gefallen.«

»Das ist bekannt, verehrte Laura. Aber so geht jetzt die Schwestertrias auseinander. Und zwar auf dem ganz natur-

Die kunstreich gemalten Kaffeehäuser am Peter zum Aug' Gottes.

gemäßen Wege der Ehe. Wenn ich recht vermute, hat Fräulein Berta diesen Weg bereits betreten.«

»Ja. Die hat schon vor drei Jahren geheiratet. Ihren Oberstleutnant.«

»Also doch.«

»Gewiß. So dumm sie ist, ihren Vorteil hat sie doch wahrgenommen. Dabei ist sie aber die alte Närrin geblieben. Noch immer den Kopf voll mit Liebesgedanken – und desperat, daß sie ihren Mann, der krankheitshalber in Pension ist, pflegen und warten muß. – Aber wenn man sie nennt, kommt sie gerennt.« Laura wies nach der Eingangstür.

Diese war hastig geöffnet worden, und herein trat Berta in auffallendem Straßenputz, das runde Antlitz dicht verschleiert; auf den noch immer sehr vollen dunklen Haaren saß ein unter Blumen und Federn verschwindender Hut. Kaum hatte man sie wahrgenommen, so sprangen auch schon einige Offiziere von ihren Sitzen auf und eilten ihr entgegen. Sie ergriff und schüttelte die dargereichten

Hände, wobei sich sofort ein lautes Geschäker entwickelte.
»Da sehen Sie nur«, raunte mir Laura zu, »wie sie sich schön tun läßt! Der Mensch ändert sich nicht.«
Nun trat Berta auch an uns heran. Es gab eine Erkennungsszene. Berta war sehr liebenswürdig. Da sie endlich sagte, sie sei gekommen, ihrer Schwester eine Mitteilung zu machen, nahm ich die Gelegenheit zum Aufbruch wahr und empfahl mich.
»Leben Sie wohl«, sagte Laura. »Und kommen Sie bald wieder. Sie dürften uns nicht lange mehr hier antreffen.«

3

Ich sah die Parzen nicht wieder. Zwar hatte ich mir vorgenommen, das Kaffeehaus wenigstens noch einmal zu besuchen, aber es kam allerlei dazwischen – und als ich endlich doch hingelangte, war es bereits in anderen Besitz übergegangen. So schwanden die drei Schwestern aus meinem Gesichtskreis und im Laufe der nächsten Jahre auch ganz aus meinem Gedächtnis.
Da schrieb mir eines Tages ein Bekannter, der auf dem Lande lebte, er sei gesonnen, seinen nunmehr zehnjährigen Knaben in einem Wiener Privatinstitute unterzubringen. Er baue dabei auf mich, und ich möchte fürs erste Erkundigungen einziehen, dann würde er auf meinen Rat hin das Weitere beschließen. Mir fiel natürlich sofort das Institut ein, das Laura mit ihrem Zukünftigen errichten wollte. Ihre damaligen Angaben erschienen mir vertrauenswürdig, und so wollte ich jedenfalls nachsehen, der Ort war mir ja bekannt. Nachdem ich eines schönen Morgens – es war im Juni – im Stadtpark gefrühstückt hatte, schlenderte ich gemächlich nach der Marokkanergasse. Ich nahm auch bald eines der

neueren Häuser wahr, an welchem eine schwarze Tafel mit der Inschrift prangte: Institut Feichtenböck. Laura hieß also jetzt Frau Feichtenböck, was ich nicht wissen konnte, da man ihren Freund immer nur den »Professor« genannt hatte. Im ersten Stockwerk angelangt, las ich gleich an der nächsten Tür das Wort »Direktion«. Ich drückte an die Klingel. Ein nettes Stubenmädchen in weißem Häubchen öffnete und nahm mir auf die Anfrage, ob die »Gnädige« anwesend sei, meine Karte ab. Nach einer Weile kam sie mit dem Bescheid zurück: die Frau Direktor lasse bitten, in das Sprechzimmer zu treten, sie werde gleich dort erscheinen. Ich begab mich also in den mäßig großen, ziemlich kahlen Raum. An den Wänden das Bildnis Pestalozzis und eingerahmte Veduten in photographischer Aufnahme. Ein schmales, grünbezogenes Sofa, einige Stühle mit sehr hohen geraden Lehnen. Jetzt öffnete sich eine Seitentür und Laura erschien, die ich beim ersten Blick nicht wiedererkannte, so sehr hatte sie sich verändert. Sie war nämlich, wie das bei mageren Personen zuweilen vorkommt, unförmlich dick geworden. Ein wahrer Koloß stand vor mir, und ich hatte Mühe, ein Auflachen zu unterdrücken.

»Sie sind es also wirklich?« fragte sie jetzt gedehnt, indem sie mich mit ihren hinter den Wangenwülsten fast verschwindenden Augen nicht allzu freundlich ansah. »Was wünschen Sie denn eigentlich?« Sie musterte dabei ziemlich mißtrauisch meinen äußeren Menschen. Jedenfalls hatte sie Kenntnis von meinem Berufe und vermutete vielleicht irgendein mißliebiges, rein persönliches Anliegen. Da ich aber sogleich mit knappen Worten auf meinen Gegenstand zu sprechen kam, erhellte sich ihr nunmehr vollständig kupfriges Antlitz. Sie lud mich ein, neben ihr auf dem Sofa Platz zu nehmen, und nach einer kurzen, energisch geführten Verhandlung waren wir vollständig im reinen.

»Also abgemacht!« sagte sie, halb kreischend, halb fauchend.

»Ihr Freund wird allen Grund haben, zufrieden zu sein. Wir werden auf den Knaben besonders achten. Zu Beginn des nächsten Schuljahres kann er aufgenommen werden. Auch sofort, wenn es besonders gewünscht wird.«
Das Geschäftliche war somit erledigt. Eine kleine Pause trat ein. Dann aber wandte sich mir Laura mit halbem Leibe zu und sagte wieder einigermaßen gedehnt: »Sie sind also unter die Dichter gegangen?«
»Leider, Frau Direktor, leider –«
»Nun, Sie haben ja Erfolge aufzuweisen. Aber freilich, ein Schiller oder ein Goethe kommt nicht wieder.«
Ich ließ diese sehr richtige Bemerkung schweigend über mich ergehen.
»Und wie geht es Ihnen sonst?« fuhr Laura fort.
»Erträglich. Jedenfalls nicht so gut wie Ihnen. Sie sehen wahrhaft blühend aus.«
»Ja. Ich habe sehr zugenommen in den letzten Jahren. Auch sonst macht sich alles aufs beste. Die Anstalt floriert.«
»Und haben Sie vielleicht Familie?« fragte ich anzüglich. Die Möglichkeit war ja nicht völlig ausgeschlossen.
»Familie? Was fällt Ihnen ein! Damit befassen wir uns nicht. Das lassen wir anderen Leuten über.«
»Wenn jeder so dächte, Verehrte, wie stände es da um Ihr Pensionat? – Aber was machen denn Ihre Schwestern?«
Laura tat einen Ruck nach seitwärts. »Meine Schwestern? Die haben einen sehr traurigen Ausgang genommen. Selma sitzt im Irrenhause.«
»Im Irrenhause?«
»Wie vorauszusehen war. Übrigens gab ein eigentümlicher Umstand die nächste Veranlassung. Sie hatte sich zuletzt doch entschlossen, ihren Toggenburg zu nehmen. Es war schon alles in Ordnung gebracht und der Hochzeitstag festgesetzt. Da erkältet sich der glückliche Bräutigam, bekommt eine Lungenentzündung – und stirbt. Dieser Tod

erschütterte den schwachen Geist Selmas. Nicht daß sie etwa diesen Verlust sehr schmerzlich empfunden hätte. Er ließ sie vielmehr ziemlich gleichgültig. Aber sie betrachtete ihn als höhere Fügung. Sie hatte immer bigotte Anwandlungen gehabt und erkannte nunmehr, daß sie zur Himmelsbraut bestimmt sei. Sie wollte durchaus ins Kloster gehen. Aber es gab da Schwierigkeiten. Sie hatte ja das Novizenalter längst überschritten, nur ein Orden der Barmherzigkeit würde sie aufgenommen haben. Dazu jedoch fehlte ihr das Zeug. Sie wurde also Betschwester in *optima forma*. Von früh bis abends saß und kniete sie in der Universitätskirche. Dabei vernachlässigte sie ihr Äußeres, daß es ein Jammer und eine Schande war. Das reine Kerzelweib, sage ich Ihnen. Endlich kam der religiöse Wahnsinn mit einer fixen Idee zum Durchbruch. Sie bildet sich ein, sie sei die unbefleckte Jungfrau Maria, die den Heiland gebären muß. Unheilbar.«
»Sehr bedauerlich. – Und Berta?«
»Von der sollte man eigentlich gar nicht reden. Mich wundert nur, daß Sie ihr Schicksal nicht durch die Zeitung erfahren haben.«
»Es muß mir jedenfalls entgangen sein.«
»Nun also. Sie hatte das Unglück – oder ihrer Empfindung nach das Glück, ihren Mann zu verlieren. Er starb an der Wassersucht. Das Vermögen, das er ihr hinterließ, war nicht unbeträchtlich; sie selbst besaß einiges – und überdies hatte sie Anspruch auf Pension. Sie hätte also ein sorgenloses Wittum gehabt. Aber die Liebe! Denken Sie nur – man schämt sich ordentlich, es auszusprechen: sie vernarrte sich in einen ganz jungen Menschen – in den Kommis einer Modewarenhandlung, der übrigens aus ziemlich gutem Hause war. Ein sehr flotter Jüngling, der sich um so mehr zu einem fliegenden Verhältnis herbeiließ, als ihm Berta ein höchst angenehmes Leben bereitete. Übrigens übte sie ja noch immer

höchst merkwürdigerweise eine gewisse Anziehungskraft aus. Als sie aber weiter ging und ihm mit einer Heirat auf den Leib rückte – sie wollte für ihn ein ansehnliches Stadtgeschäft erstehen –, da riß er aus. Und als sie jetzt nicht nachgab, ihn verfolgte und mit ihren Zärtlichkeiten bestürmte, wurde er brutal. Darüber geriet sie außer sich, bekam Nervenzufälle, magerte ab bis zum Schatten. So ging sie umher, ein Bild der Verzweiflung, mit zitternden Armen und Händen. Nach einem letzten fruchtlosen Versuche, ihn wieder zu fesseln, lief sie in das nächste Haus, stieg zum obersten Stockwerk hinan und stürzte sich durchs Fenster auf das Pflaster hinab.«

Ich erwiderte nichts.

»Und mit solchen aberwitzigen Sachen haben jetzt Sie sich zu beschäftigen! Müssen noch ärgere erfinden! – Aber das Merkwürdigste dabei war, daß sie dem Treulosen testamentarisch ihr ganzes Vermögen vermacht hat. Übrigens muß zu seiner Ehre gesagt sein, daß er es nicht annehmen wollte. Aber seine habgierigen Eltern – er selbst war ja noch nicht einmal majorenn – hatten die Frechheit, in seinem Namen darauf zu bestehen. Wir haben natürlich Einsprache erhoben, denn der geistige Zustand der Erblasserin war kein normaler. Es kam zum Prozeß, den wir allerdings nur halb gewannen. Das heißt, bloß die Hälfte des Kapitals konnte für uns gerettet werden.«

Inzwischen war die Seitentür leise aufgegangen und der Herr Direktor im Gemach erschienen. An ihm hatte sich nichts verändert; nur in dem schütteren Haupthaar und in dem fuchsigen Backenbärtchen zeigten sich Silberfäden. Er trat näher, wobei er mich mit seinen kurzsichtigen wasserblauen Augen forschend durch die Brille betrachtete.

»Der Herr ist wegen Aufnahme eines neuen Zöglings gekommen«, sagte Laura, die gleich mir vom Sofa aufstand, mit erhobener Stimme. »Du kennst ihn wohl noch? Aus dem Kaffeehause –«

Der Gatte brachte mir das rosenrote Antlitz noch näher, schüttelte jedoch den Kopf.
»Herr –«, sie nannte meinen Namen.
»Ah, der – der –«
»Dichter!« schrie Laura. Herr Feichtenböck schien etwas schwerhörig zu sein.
»Richtig, richtig – sehr bekannt –«
»Und ich wünsche ihm Glück auf seiner weiteren Laufbahn«, sagte Laura, die mir jetzt wohlwollend die Hand zum Abschied reichte. »Freilich, ein Goethe oder Shakespeare –« Sie vollendete den Ausspruch nicht und verschwand, während mich der Herr Direktor äußerst höflich ins Vorzimmer hinauskomplimentierte.

FERDINAND VON SAAR

Kongreßherbst

Nun wimmelt die Stadt von hohen und bedeutenden Fremden, nun wohnten in der Kaiserburg selbst mehrere der höhern Monarchen, und die andern, sowie die Gesandten derjenigen, welche nicht selbst erschienen, ringsherum in der Stadt und den Vorstädten, wo eben anständige Quartiere nach dem Bedürfnis eines jeden aufzutreiben waren; denn diese Zusammenkunft so hoher Personen und die Wichtigkeit des Zeitpunktes überhaupt, hatte eine Menge Neugieriger sowohl als bei den bevorstehenden Verhandlungen Beteiligter in Wien versammelt. Die Feste begannen – und eines der schönsten, das schönste meiner Meinung nach, nicht bloß in diesem merkwürdigen Jahre, sondern für lange Zeit,

das Praterfest, die Jahresfeier der Leipziger Schlacht am 18. Oktober, eröffnete die Reihe und ward von keinem folgenden übertroffen.
Das angenehmste Herbstwetter begünstigte die im Freien veranstaltete Festlichkeit. Am frühen Morgen war alles in Wien in Bewegung, und wer nur irgend konnte, schloß sich an Offiziere und deren Familien an, um Platz und Gelegenheit zu erhalten, alles zu sehen. So hatten mich meine vieljährigen Freundinnen, die Gemahlin und Schwägerin des Landwehrobersten Baron von Richler samt meiner Tochter unter ihren Schutz genommen, und wir fuhren zeitig in den Prater hinab, wo rechts von der Allee das Kapellenzelt auf einer eigens dazu errichteten Erderhöhung aufgeschlagen war. Ein dichter Nebel lag, wie das im Herbste gewöhnlich ist, auf der Gegend. – Die Monarchen – gleichviel von welcher Konfession, denn sie waren ja hier versammelt, um dem allgemeinen Vater, Schöpfer und Erhalter zu danken und ihn, der für alle derselbe ist, im Geist und der Wahrheit anzubeten – also alle diese hier versammelten Großen der Erde befanden sich auf jener Erhöhung, wo die feierliche Messe gehalten wurde. Kanonenschüsse donnerten bei den wichtigsten Teilen derselben, und ihre Erschütterungen zerteilten die Nebel und zeigten uns die helle Sonne im klaren Himmel; ein schönes Bild des erheiterten Himmels über Europas Schicksalen, der, auch von Kampf und Kanonendonner gereinigt, uns wieder lichte Hoffnungen und ruhige Klarheit zeigte.
Mich hatte diese Feierlichkeit sehr erhoben, meine Begleiterinnen teilten mein Gefühl, wir waren alle so vergnügt! Daß wir mehrere Bekannte fanden, mit ihnen sprachen, ihre Ansichten vernahmen, erhöhte das Vergnügen des Tages. Endlich war es Zeit, uns nach dem Lusthaus und der Simmeringer Haide zu begeben. Hier war der Ort der Mahlzeit für die ganze, damals in Wien anwesende Garnison – eine unabseh-

bare Menge von Tafeln war im Freien aufgeschlagen, an denen mehrere tausend Krieger, meist solche, die den Freiheitskampf mitgestritten, bewirtet wurden. Im Lusthaus selbst waren die Tafeln für die Souveräne und was zu den respektiven Höfen gehörte. Alles war Leben, alles Fröhlichkeit, heiterer Mut und selige Hoffnung einer bessern Zukunft. Die Offiziere speisten meistenteils an demselben Tische mit ihren Gemeinen, und so sah man zunächst dem Lusthaus die Tafeln für Offiziere und Gemeine des berühmten Regiments, einst Dampierre, dann 1809 Hohenzollern, 1813 Großfürst Konstantin – und den Prinzen mitten unter seinen Kürassieren ihr Mahl teilend.

CAROLINE PICHLER

Eine Sonnenfinsternis

Es gibt Dinge, die man fünfzig Jahre weiß, und im einundfünfzigsten erstaunt man über die Schwere und Furchtbarkeit ihres Inhaltes. So ist es mir mit der totalen Sonnenfinsternis ergangen, welche wir in Wien am 8. Juli 1842 in den frühen Morgenstunden bei dem günstigsten Himmel erlebten. Da ich die Sache recht schön auf dem Papier durch eine Zeichnung und Rechnung darstellen kann und da ich wußte, um soundsoviel Uhr trete der Mond unter der Sonne weg, und die Erde schneide ein Stück seines kugelförmigen Schattens ab, welches dann wegen des Fortschreitens des Mondes auf seiner Bahn und wegen der Achsendrehung der Erde einen schwarzen Streifen über ihre Kugel ziehe, was man dann an den verschiedenen Orten zu verschiedenen

Zeiten in der Art sieht, daß eine schwarze Scheibe in die Sonne zu rücken scheint, von ihr immer mehr und mehr wegnimmt, bis nur eine schmale Sichel übrigbleibt und endlich auch die verschwindet – auf Erden wird es da immer finsterer und finsterer, bis wieder am anderen Ende die Sonnensichel erscheint und wächst und das Licht auf Erden nach und nach wieder zum vollen Tag anschwillt –, dies alles wußte ich voraus und zwar so gut, daß ich eine totale Sonnenfinsternis im voraus so treu beschreiben zu können vermeinte, als hätte ich sie bereits gesehen. Aber, da sie nun wirklich eintraf, da ich auf einer Warte hoch über der ganzen Stadt stand und die Erscheinung mit eignen Augen anblickte –, da geschahen freilich ganz andere Dinge, an die ich weder wachend noch träumend gedacht hätte und an die keiner denkt, der das Wunder nie gesehen. Nie und nie in meinem Leben war ich so erschüttert wie in diesen zwei Minuten – es war nicht anders, als hätte Gott auf einmal ein deutliches Wort gesprochen und ich hätte es verstanden. Ich stieg von der Warte herab, wie vor tausend und tausend Jahren etwa Moses von dem brennenden Berge herabgestiegen sein mochte, verwirrten und betäubten Herzens. –
Endlich, zur vorausgesagten Minute, gleichsam wie von einem unsichtbaren Engel, empfing die Sonne den sanften Todeskuß, ein feiner Streifen ihres Lichtes wich vor dem Hauche dieses Kusses zurück, der andere Rand wallte in dem Glase des Sternenrohres zart und golden fort – es kommt, riefen nun auch die, welche bloß mit dämpfenden Gläsern, aber sonst mit freien Augen hinaufschauten – es kommt –, und mit Spannung blickte nun alles auf den Fortgang. Die erste, seltsame, fremde Empfindung rieselte nun durch die Herzen, es war die, daß draußen in der Entfernung von Tausenden und Millionen Meilen, wohin nie ein Mensch gedrungen, an Körpern, deren Wesen nie ein Mensch erkannte, nun auf einmal etwas zur selben Sekunde geschehe,

auf die es schon längst der Mensch auf Erden festgesetzt. Man wende nicht ein, die Sache sei ja natürlich und aus den Bewegungsgesetzen der Körper leicht zu berechnen; die wunderbare Magie des Schönen, die Gott den Dingen mitgab, frägt nichts nach solchen Rechnungen, sie ist da, weil sie da ist; ja sie ist trotz der Rechnungen da, und selig das Herz, welches sie empfinden kann; denn nur dies ist Reichtum, und einen anderen gibt es nicht. Schon in dem ungeheuren Raum des Himmels wohnt das Erhabene, das unsere Seele überwältigt, und doch ist dieser Raum in der Mathematik sonst nichts als groß. – Indes nun alle schauten und man bald dieses, bald jenes Rohr rückte und stellte und sich auf dies und jenes aufmerksam machte, wuchs das unsichtbare Dunkel immer mehr und mehr in das schöne Licht der Sonne ein. Alle harrten, die Spannung stieg; aber so gewaltig ist die Fülle dieses Lichtmeeres, das von dem Sonnenkörper niederregnet, daß man auf Erden keinen Mangel fühlte; die Wolken glänzten fort, das Band des Wassers schimmerte, die Vögel flogen und kreuzten lustig über den Dächern, die Stephanstürme warfen ruhig ihre Schatten gegen das funkelnde Dach, über die Brücke wimmelte das Fahren und Reiten wie sonst; sie ahnten nicht, daß indessen oben der Balsam des Lebens, das Licht, heimlich versiege. Dennoch, draußen am Kahlengebirge und jenseits des Schlosses Belvedere war es schon, als schliche Finsternis, oder vielmehr ein bleigraues Licht, wie ein wildes Tier heran; aber es konnte auch Täuschung sein, auf unserer Warte war es lieb und hell, und Wangen und Angesichter der Nahestehenden waren klar und freundlich wie immer.

Seltsam war es, daß dies unheimliche, klumpenhafte, tiefschwarze, vorrückende Ding, das langsam die Sonne wegfraß, unser Mond sein sollte, der schöne, sanfte Mond, der sonst die Nächte so florig-silbern beglänzte; aber doch war er es, und im Sternenrohr erschienen auch seine Ränder mit

Zacken und Wulsten besetzt, den furchtbaren Bergen, die sich auf dem uns so freundlich lächelnden Runde türmten. Endlich wurden auch auf Erden die Wirkungen sichtbar und immer mehr, je schmäler die am Himmel glühende Sichel wurde. Der Fluß schimmerte nicht mehr, sondern war ein taftgraues Band; matte Scheiben lagen umher, die Schwalben wurden unruhig, der schöne Glanz des Himmels erlosch, als liefe er von einem Hauche matt an, ein kühles Lüftchen hob sich und stieß gegen uns, über den Wäldern war mit dem Lichterspiele die Beweglichkeit verschwunden, und Ruhe lag auf ihnen, aber nicht die eines Schlummers, sondern die der Ohnmacht – und immer fahler goß sich's über die Landschaft, und diese wurde immer starrer. Die Schatten unserer Gestalten legten sich leer und inhaltlos gegen die Gemäuer, die Gesichter wurden aschgrau; erschütternd war dieses allmähliche Sterben mitten in der noch vor wenigen Minuten herrschenden Frische des Morgens. Wir hatten uns das Eindämmern wie etwa ein Abendwerden vorgestellt, nur ohne Abendröte; wie geisterhaft aber ein Abendwerden ohne Abendröte sei, hatten wir uns nicht vorgestellt; aber auch außerdem war dies Dämmern ein ganz anderes, es war ein lastend unheimliches Entfremden unserer Natur. Gegen Südost lag eine fremde, gelbrote Finsternis, und die Berge, selbst das Belvedere wurden von ihr eingetrunken. Die Stadt sank zu unseren Füßen immer tiefer, wie ein wesenloses Schattenspiel hinab; das Fahren und Gehen und Reiten über die Brücke geschah, als sähe man's in einem schwarzen Spiegel. Die Spannung stieg aufs höchste, einen Blick tat ich noch in das Sternenrohr, es war der letzte; so schmal, wie mit der Schneide eines Federmessers in das Dunkel geritzt, stand nunmehr die glühende Sichel da, jeden Augenblick zum Erlöschen, und wie ich das freie Auge hob, sah ich auch, daß bereits alle andern die Sonnengläser weggetan und bloßen Auges hinaufschauten. Sie hatten auch keine mehr nötig; denn nicht anders, als wie der letzte Funke eines erlöschenden Dochtes, schmolz eben auch der letzte Sonnenfunken weg, wahrscheinlich durch die Schlucht zwischen zwei Mondbergen zurück. Es war ein überaus trauriger Anblick. Deckend stand nun Scheibe auf Scheibe, und dieser Anblick war es eigentlich, der wahrhaft herzzermalmend wirkte. Das hatte keiner geahnt; ein Ah! aus aller Munde, und dann Totenstille: es war der Augenblick, da Gott redete und die Menschen horchten.

ADALBERT STIFTER

Die Sonnenfinsternis

In dem weiten Hofraum des Hauses »Zur goldenen Birne« tummelte sich von jeher die Jugend der Nachbarschaft herum. Da gab es einen verwilderten Garten, Wagenschupfen, sogar einen Heuboden. Die Buben, welche zu den glücklichen Bewohnern dieses Hauses zählten, duldeten natürlich nur solche Jungen, welche ihnen in irgendeiner Weise tributpflichtig wurden.

Der Capo des Hauses, welcher über die Hof-fähigkeit der auswärtigen Buben das entscheidende Wort zu sprechen hatte, war der Scharinger-Ferdl. Dieser Rang gebührte ihm sowohl durch seine Geburt – er war der Sohn des Hausmeisters – als durch seine Fähigkeiten; denn keiner verstand wie er das »Füßl« zu stellen, keiner hatte eine solche Gewandtheit in den ritterlichen Spielen des »Anmäuerlns«, »Tempelhupfens«, des »Kugelscheibens« und des »Eierpeckens« wie er. Entstand ein Streit mit einem feindlichen Tribus, so

brachte er den Kampf durch seine Verwegenheit zur Entscheidung. Furcht kannte er nicht.
Am Tage vor der Sonnenfinsternis erzählte der Knauer-Franzl seinem Freunde, dem Scharinger-Ferdl, daß er gestern einen guten Ausweis aus der Schule nach Hause gebracht und daß er dafür morgen vom Vater eine Sonnenfinsternis bekomme.
»Der Vater hat g'sagt, weilst so brav warst, kriagst morgen a Sonnenfinsternis. Morgen nach der Schul' wird s' im Hof von unsern Haus abg'halten. Der Vater hat schon aus'n zerbrochenen Fenster schwarze Gläser g'macht, damit ma die Finsternis besser siecht; denn wann ma durch a finster's Fensterglas schaut, is die Finsternis no finsterer.«
Auf diese Mitteilung hin schritt der Scharinger-Ferdl zur Tat. Er verkündete laut in der Gasse, daß am nächsten Morgen nach der Schule im Hofe des »Goldenen Birn«-Hauses eine Sonnenfinsternis abgehalten wird und daß jeder, der dies Schauspiel aus nächster Nähe betrachten will, eine neue Klapsfeder oder zwei Lehmkugeln mitbringen müsse.
Am andern Tag nach der Schule strömte daher alles in den Hof der »Goldenen Birne«, und der Scharinger-Ferdl machte eine reiche Ernte an Klapsfedern und Lehmkugeln. Er bot aber dafür auch allen Komfort. Auf der Sternwarte konnten sie auch nicht mehr geschwärzte Glasscherben haben, und beim Brunnen stand ein Wasserbottich, halb gefüllt, in dessen Spiegel man das Schauspiel betrachten konnte.
Der Vater des Knauer-Franzl hatte noch nie mit einem Versprechen so pünktlich Wort gehalten wie diesmal. Genau um die angekündigte Zeit trat das Ereignis ein. Die Sonne bekam zuerst eine »Wan«, wie sich der Ferdl ausdrückte; sie sah nämlich aus wie eine Barbierschüssel, welche unten etwas »eingetetscht« ist.
Die Kinder begrüßten den Anfang dieses Phänomens mit ei-

nem Freudengeschrei, und der Glinzerer-Karl behauptete, daß es jetzt stockfinster werden wird, so daß die Fledermäuse aus ihrem Versteck flattern würden.
»Mei Großmuatta hat mir derzählt«, fuhr er fort, »daß s' a Sonnenfinsternis erlebt hat, wo's so stockfinster war, daß die Vögel schlafen 'gangen und die Schwaben in der Kuchl herumspaziert san.«
»Geh, dummer Bua«, mischte sich der Tischlergeselle Valentin ins Gespräch, »plausch net alles nach, was d'r d 'alten Weiber vorsag'n. Für was gehst denn in d' Schul, wannst net amal waßt, was a Sonnenfinsternis is?!«
»No, was is denn a Sonnenfinsternis?« fragte der Knauer-Franzl neugierig.
»Trauri gnua, wann ma dir's erst erklären muaß«, erwiderte Valentin. »A Sonnenfinsternis is nix weiter als a Naturspiel.«
»Hab'n S' schon recht«, keifte die alte Frau Nanni, »tuan S' den Kindern des bissel Religion a no ausreden. Fürchten S' Ihna net der Sünden? A Naturspiel! Wia können Sie in so an Augenblick no freveln? Aber bei euch is alles a Naturspiel, was ös net begreifts. A *Finger Gottes* is, daß ihm was an der sündigen Menschheit net g'fallt. Er zeigt euch, wie's mit euch stund, wann er amal Ernst machet und das liabe Himmelslicht auslöschet, damit er von der ganzen Bruat nix mehr siecht.« Die Alte bekreuzigte sich und murmelte ein stilles Gebet.
Der Scharinger-Ferdl ließ sich durch die schrecklichen Worte der alten Nanni nicht abhalten, der kleinen Wetti das rußgeschwärzte Glas vors Gesicht zu halten und ihr damit die Nase und Wangen zu schwärzen.
Dieses lustige Intermezzo brachte die Jungen wieder von den düsteren Weltuntergangsgedanken ab, und sie verfolgten mit ihren Gläsern aufmerksam die fortschreitende Verfinsterung.

Futterer: Dienstmann und Kellnerin.

»Es is net a so und is net a so«, fing der Herr Greißler an. »Denn was uns dö Astronom von der G'schicht erzähln, kann ma glaub'n und a bleib'nlassen. Denn warum? Weil no kaner droben war. Dös is das bequemste Handwerk, dö Astronomie. Da hocken s' ob'n auf ihnerer Sternwart', kriag'n an schön' G'halt, und wann sa si mitanand verabred'n, können s' uns anplauschen, wia s' wollen. Die Leut', die die G'scheiten spiel'n woll'n, tuan a so, als ob s' das verstünden, und dö Dummen denken si, wann's dö G'scheiten glaub'n, muaß's do wahr sein. I hab mi aber all mei Lebtag auf mein' eigenen Verstand verlass'n, und sooft i von aner neuchen Entdeckung in der Astronomie was hör, frag i allerweil: War schon aner ob'n?«

»So einfach is dö G'schicht do net«, erwiderte Valentin. »Was sag'n S' denn dazu, daß dö Astronom g'nau die Stund und Minuten von der Sonnenfinsternis an'geb'n hab'n?«

»Dös hat mei Vater a g'wußt«, warf der Knauer-Franzl stolz ein.

»Da brauch i kan Astronom dazu«, sagte der Greißler, »das

steht ja in der Zeitung. Glaub'n S', dö Astronom lesen kane Zeitungen?«

»Schau, schau, jetzt is schon mehr als die Hälfte verdunkelt«, bemerkte der Schuster-Tomerl. »Machet a nix. War liacht g'nua, wann's immer so bleibet. Krieget ma höchstens weniger Gugerschecken.«

»Versündigen S' Ihna net«, ermahnte ihn die Frau Nanni, »sunst löscht das liabe Himmelsliacht ganz aus, und Sie können in ganzen Tag 's teure Petroleum brennen.«

»Hätt' a sei guate Seiten«, antwortete der Schuster-Tomerl. »Wär wenigstens der Gemeinderat in der Zwangslag', die elektrische Beleuchtung einz'führn. Auf a andere Art kummen mir do net dazua...«

Jetzt hatte die Verfinsterung ihren Höhepunkt erreicht. Der Scharinger-Ferdl forderte die Buben auf, in den Wasserbottich zu blicken, da sie jetzt die Sterne darin leuchten sehen könnten. Neugierig drängten sich alle herzu und beugten sich über den Rand des Gefäßes. In diesem Augenblick warf Ferdl einen großen Stein in den Bottich, daß das Wasser hoch aufspritzte und die Jungen durchnäßte. Wütend fielen die Genarrten über Ferdl her, und während die Sonne wieder in ihrer ganzen Glorie strahlte, lagen sich die Buben in den Haaren und schlugen einander die Köpfe wund.

»Krieg mit an Hauf'n Türken wünsch i euch, ös G'sindel«, erboste sich die alte Nanni, während sie der Balgerei kopfschüttelnd zusah, »wann euch net amal a Sonnenfinsternis auf'n rechten Weg bringt!«

VINCENZ CHIAVACCI

2.

ES WAR NOCH FRÜH AM VORMITTAG

Den ganzen Vormittag bis ein Uhr war der Augarten wie ein wahrer Schaugarten mit schöner, feiner Welt angefüllt, und nie habe ich mehr schöne Haut, zarteres, üppigeres Fleisch in schönern Gewändern beisammen gesehen.

JOHANN FRIEDRICH REICHARDT

Der Hellene

I

Ich hatte die Ausstellung der Sezession besucht. Es war noch früh am Vormittage, und so durchschritt ich, von seltsam schönen und seltsam häßlichen Gemälden umgeben, fast allein die stillen, geheimnisvoll ineinandermündenden Räume. In dem größten war Klingers Beethoven ausgestellt. Während ich nun vor dem kunstvoll gearbeiteten Bildwerk, das mich weit mehr an die Gestalt Schopenhauers als an jene des großen Tonmeisters erinnerte, in Betrachtung stand, wurden nebenan Stimmen laut. Bald darauf traten drei junge Männer herein mit einer Dame, die, obgleich sie schon tief in den Dreißigern stehen mochte, von auffallender Schönheit war. Einen etwas zerknitterten grotesken Modehut auf der à la Cleo de Merode gescheitelten fahlblonden Haarfülle, trug sie einen eng anliegenden grauen Regenmantel, der sich im Zuschnitt nicht wesentlich von den Frühjahrsulstern der drei Herren unterschied und die geschmeidige Fülle ihres hohen Wuchses sehr deutlich hervortreten ließ. Ihr Antlitz mit der zart geschwungenen Nase wies schon feine Fältchen auf, aber es leuchtete in einem kräftig rosigen Kolorit, und die lichten langgeschnittenen Augen unter dunklen Brauen gaben diesem Gesicht, das ich schon einmal gesehen haben mußte, einen höchst eigentümlichen Reiz. Als jetzt der Blick der Dame auf mich fiel, schien auch in ihr eine Erinnerung aufzuzucken, denn der Ausdruck des Befremdens glitt über ihre Züge. Aber nur ganz flüchtig. Denn sie hatte sich schon wieder ihren Begleitern zugewendet, die sehr eindringlich auf die Schönheiten der Statue hinwiesen. Das Gespräch, das sich dabei entwickelte, überzeugte mich, daß es Künstler waren, die hier ihre Ansichten mit leiden-

schaftlichem Eifer zum Ausdruck brachten. Ich empfand das nachgerade als Störung und entfernte mich früher, als ich es sonst würde getan haben.
Draußen in der Vorhalle fragte ich das weibliche Wesen, das in stilisierter Anmut an der Kasse saß, ob es nicht wisse, wer die Leute seien, die eben früher gekommen waren.
»Ach ja«, lautete die Antwort, »das sind zwei Maler und ein Bildhauer.« Von den Namen, die auch gleich genannt wurden, war mir einer nicht unbekannt.
»Und die Dame?« fragte ich weiter.
»Ist, glaub' ich, eine Malerin aus München. Wie sie heißt, weiß ich nicht.«
Ich wußte es auch nicht, oder doch: des Vornamens glaubt' ich mich jetzt zu entsinnen. Und während ich nun in den sonnigen Tag hinaustrat und längs der neuen Anlagen am Ufer der Wien dahinschritt, tauchten vor mir immer deutlicher, immer lebendiger Gestalten und Ereignisse aus vergangenen Jahren auf...
Zur Zeit meiner literarischen Anfänge nahm ich oft an einer Tischgesellschaft teil, die sich allabendlich in einem schlichten Gasthause auf der Wieden zu versammeln pflegte und aus Künstlern und solchen, die es werden wollten, bestand. Vorwiegend waren es Maler und Bildhauer, die sich dort nach des Tages Mühen und Sorgen behaglich auslebten. Auch einige gebildete Laien hatten sich dem Kreise angeschlossen, wo bei aller Ungezwungenheit, ja oft Ausgelassenheit des Tones doch über die hohen und höchsten Fragen der Kunst verhandelt wurde.
Unter den Malern, die man dort antraf, befand sich auch einer, der von seinen Kollegen gemeinhin der »Hellene« genannt wurde. Er war einer der späteren Schüler Rahls gewesen und setzte nach dessen Tode das Werk des Meisters insofern fort, als er seine Vorwürfe ausschließlich dem Mythos des griechischen Altertums entnahm. Da zu jener Zeit

Siegmund L'Allemand: Hans Makart beim Festzug anläßlich der silbernen Hochzeit des Kaiserpaares am 28. April 1879.

der Formalismus noch sehr in Ansehen stand, so fanden seine korrekten, trotz einer gewissen Trockenheit nicht ungefälligen Bilder bei den Ausstellungen des alten Kunstvereins Beifall und Käufer. Er erhielt sogar Aufträge zu Wandgemälden und Friesen für Prunkräume mehrerer damals eben neuerbauter Palais, die er denn auch ziemlich gleichmäßig mit Darstellungen aus der Odyssee oder dem Trojanischen Kriege versah. Infolgedessen kam er auch mit der vornehmen Welt in Berührung. Er wurde häufig zu ihren

Gesellschaften geladen, wodurch er selbst, mehr unwillkürlich als absichtlich, vornehme Allüren annahm. So unterschied er sich schon äußerlich von dem Kreise, in dem er sich meistens erst spät, von einem Diner oder einer Soiree kommend, einfand. Da saß er nun gar oft im Frack oder schwarzen Leibrock bei den ziemlich nachlässig gekleideten Tischgenossen, in deren Mitte er sich ausnahm wie sein steifer funkelnder Zylinder zwischen den vielfach zerquetschten Schlapphüten, die an der Wand hingen. Daß er in der Regel den Gerstensaft, der um ihn her reichlich genossen wurde, verschmähte und sich aus dem nächsten Kaffeehause eine Tasse Tee herüberholen ließ, machte ihn zu keinem sehr gemütlichen Gesellschafter, wie er denn überhaupt bei den meisten Anwesenden nicht sonderlich beliebt war. Sehr von sich eingenommen und überzeugt von der Vollkommenheit seiner Arbeiten, war er ein scharfer unerbittlicher Kritiker fremder Leistungen, so daß es, wenn man ihn reden hörte, eigentlich keinen anderen Maler gab als ihn selbst. Er sprach beständig von der »großen« Kunst und ließ deutlich durchfließen, daß alles übrige nicht sehr hoch anzuschlagen sei. Dadurch fühlten sich begreiflicherweise diejenigen getroffen, die sich dem Genre und der Landschaft gewidmet hatten, und so kam es oft zu weitläufigen Debatten, wobei er, empfindlich und reizbar, wie er war, sehr heftig werden konnte. Einen gefährlichen Gegner hatte er an einem Bildhauer, dem man den Beinamen »Wasserspeier« gegeben hatte, weil er in immer neuen und wechselvollen Hervorbringungen solch fratzenhafter Gebilde unerschöpflich war. Sein Talent neigte überhaupt zur Karikatur, daher die Porträtbüsten, mit denen er sich zur Geltung bringen wollte, in ihrem übertriebenen Realismus mehr abstießen als anzogen. Er erhielt keine Aufträge und war gezwungen, um nur sein Leben zu fristen, sich beim Bau der Votivkirche zu verdingen, an deren Ornamentik er vom frühen Morgen bis zum späten Abend mitarbeitete. Möglich, daß er den Hellenen um seine materiellen Erfolge beneidete; aber die beiden waren eben die entschiedensten Gegensätze. Schon im Äußeren. Während der eine, hoch und schlank gewachsen, immer nach der Mode gekleidet war, ging der andere, klein, gedrungen und kurzhalsig, in einer abgeschabten Samtbluse einher, auf deren Kragen das straffe, weißblonde Haar lang hinabfiel. Oft erschien er auch gleich im Arbeitskittel und brachte den Hellenen, der immer nur feine Zigarren rauchte, schon dadurch in Verzweiflung, daß er ihm den Qualm ordinären Knasters aus einer kurzen Holzpfeife unter die Nase blies. Aber der Zwiespalt lag tiefer. Der eine war eine pathetische, der andere eine zynische Natur, deren schlagfertiger Witz bei entbranntem Meinungsstreite stets die Lacher auf der Seite hatte.

Inzwischen aber hatte sich außerhalb des kleinen Kreises im Laufe der Zeit ein bedeutsamer Wandel vollzogen. Das »Künstlerhaus« war fertig geworden – und damit war auch eine neue Ära in der Wiener Kunstwelt angebrochen. Schon bei den ersten Ausstellungen tauchte ganz plötzlich eine glänzende Erscheinung auf: Hans Makart. Seine »modernen Amoretten« und bald darauf »Die Pest in Florenz« erregten sensationelles Aufsehen und riefen die sich widerstreitendsten Urteile hervor. Natürlich am meisten bei den Künstlern. Während die alten und älteren entrüstet oder bedenklich die Köpfe schüttelten, waren die jungen und jüngsten in begeisterter Anerkennung Feuer und Flamme. Daß der Hellene zu den heftigsten Tadlern gehören würde, war vorauszusehen, und er verabsäumte nicht, bei erster Gelegenheit sein Mißfallen vor der versammelten Tischgesellschaft in den stärksten Ausdrücken kundzugeben. »Das ist gemalte Unzucht!« schrie er.

»Immer noch besser als gemalte Langweile!« schrie ihm der Wasserspeier entgegen.

»Was wollen Sie damit sagen?« fragte der andere, indem er ihn herausfordernd ansah.
»Daß Sie jetzt mit Ihren altbackenen Griechen einpacken können. Makart wird Epoche machen und den Leuten ganz andere Wandbilder malen als Sie.«
»Ja, in Bordellen! Dorthin gehören seine Bilder. Aber auch davon abgesehen, sind sie künstlerisch ganz schlecht. Der Mann kann nicht zeichnen. Er drängt seine Figuren in einen Raum zusammen, darin sie nicht Platz finden. Sie haben keinen Boden unter den Füßen. Daher quirlt auch alles molluskenhaft durcheinander. Es ist keine Perspektive darin.«
»Aber die Farben!« wendete man von allen Seiten ein. »Welch reizvolle Abtönung! Welch zauberhafte Leuchtkraft!«
»Ach was, Farben!« rief der Hellene. »Farben allein geben kein Gemälde, höchstens Farbflecken. Man brauchte ja sonst nur ganz einfach die Palette gegen die Leinwand zu werfen.«
»Schade, daß Sie das nicht tun!« höhnte der Wasserspeier. »Da würde doch etwas Saft in Ihre dürren Götter und Helden kommen.«
Der Hellene bebte vor Wut. »Reden Sie nicht! Was verstehen Sie von Malerei! Sie sind nichts weiter als ein Steinmetz!«
»Und Sie nichts anderes als der höhere Schildermaler!«
Der Hellene erhob sich mit halbem Leibe. Er war bis in die Lippen hinein bleich geworden, und einen Augenblick schien es, als wollte er sich an dem kurzhalsigen Gegner vergreifen. Aber er faßte sich, stand auf und langte nach Oberrock und Zylinder. Fast alle Anwesenden erhoben sich, um ihn mit begütigenden Worten zurückzuhalten. Er aber widerstand. »Meine Herren«, sagte er stolz, »Sie begreifen, daß ich nicht länger in Ihrer Mitte verweilen kann. Nicht etwa wegen jenes Menschen dort. Er ist nicht imstande,

mich zu beleidigen; ich würde ihn von heute ab vollständig als Luft behandeln. Aber ich habe erkannt, daß meine künstlerischen Anschauungen den Ihren vollständig entgegengesetzt sind – und somit bin ich auch hier überflüssig.« Sprach's und ging. Draußen in der allgemeinen Gaststube rief er nach dem Kellner, um seine Zeche zu bezahlen.
Mit sehr gemischten Empfindungen setzte man sich wieder. Was da vorgefallen, tat eigentlich keinem so recht leid. Dennoch mißbilligte man die rücksichtslosen Äußerungen des Bildhauers und machte ihm Vorwürfe, daß er so weit gegangen war.
»Ach was!« rief dieser, mit starken Schlägen seine Pfeife ausklopfend, »dem eingebildeten Narren mußte einmal die Wahrheit gesagt werden!«
Der Hellene erschien also nicht wieder in der Gesellschaft, die sich übrigens allmählich auflöste. Denn mit dem neuen Künstlerhause waren größere und bedeutendere Vereinigungen ins Leben gerufen worden, welchen beizutreten im Interesse der einzelnen lag. So fand man sich immer seltener in dem engen, verräucherten Lokal zusammen, das schließlich selbst zu den gewesenen gehörte, da das alte, baufällige Haus, in dem es sich seit einer langen Reihe von Jahren befunden hatte, niedergerissen wurde.

II

Die Vorhersagung des Wasserspeiers war eingetroffen: Makart hatte Epoche gemacht. Der mächtige Einfluß seiner Kunst erstreckte sich nach allen Richtungen hin. Die Pracht der Renaissance leuchtete durch ihn wieder blendend auf in Neubauten, Interieurs und in der Tracht der Frauen. Überall wurde man an den tonangebenden Geschmack des Meisters erinnert, dessen Atelier, dessen verschwenderisch ausgestattete Wohnräume der Sammelplatz der vornehmsten Welt geworden waren. Und neben Makart tauchten in Österreich andere bedeutende Künstler auf: die Maler Gabriel Max, Defregger, Leopold Müller, Rudolf Huber, Passini und der Bildhauer Tilgner. Alles früher Dagewesene trat zurück oder kam mehr und minder in Vergessenheit. Nicht zum wenigsten der Hellene, dessen Bilder immer seltener zu erblicken waren, bis sie endlich sogar von den dürftigen Ausstellungen im alten Schönbrunnerhause verschwanden.

Ihn selbst hatte ich nicht mehr zu Gesicht bekommen. Ich lebte zu jener Zeit des Glanzes und Farbenrausches, der sich auch in der Literatur geltend machte, still und unbeachtet in Döbling, Erscheinungen und Mächte des Lebens, die außerhalb der allgemeinen Strömung lagen, in dichterischen Gebilden festhaltend. Nunmehr aber wurde ich durch allerlei Umstände bestimmt, Wien für längere Zeit, vielleicht für immer zu verlassen. So führten mich Angelegenheiten, die geordnet, Besuche, die abgestattet werden mußten, öfter als sonst nach der Stadt.

Eines Tages hatte ich mich aufgemacht, um Verwandten Lebewohl zu sagen, die am Rennweg in einem ehemaligen Herrschaftshause wohnten, das schon längst nur mehr Mietparteien beherbergte. Ein nicht ungeräumiger Garten befand sich dabei, der sich in seiner Verwilderung ganz malerisch ausnahm. Auch dort hausten Leute in einem niederen Erdgeschoß, woselbst sich einst gräfliche Dienerschaft befunden haben mochte.

Als mein Besuch abgetan war, stieß ich in der Einfahrt mit einem Herrn zusammen, der sich eben in das Haus begeben wollte. Wir blickten einander zweifelhaft an, eh' die gegenseitige Erkennung vor sich ging. Es war der Hellene. Er sah gealtert aus, und seine Kleidung, wenn auch noch immer sehr sorgfältig gehalten, erschien etwas abgetragen und fadenscheinig. Er zeigte sich bei der Begrüßung nicht sonderlich erfreut. »Wir haben uns lange nicht gesehen«, sagte er mit säuerlicher Miene.

»Ja, es ist eine Zeit her«, erwiderte ich. »Wie geht es Ihnen?«

»Oh, ganz vortrefflich. Ich male fleißig, wenn ich auch nicht mehr ausstelle. Man hat mir einmal ein Bild zurückgewiesen, und ich bin nicht der Mann, der ein zweites Mal kommt. Hab' es auch Gott sei Dank nicht notwendig. Es gibt noch immer Leute, die meine Bilder kaufen, ohne daß sie früher im Künstlerhause zu sehen waren. Wollen Sie einen Augenblick in mein Atelier treten?«

»In Ihr Atelier?«

»Ich habe hier die Gartenwohnung gemietet und das angrenzende Treibhaus, das seit Jahren unbenützt gestanden, zum Atelier herrichten lassen. Vielleicht interessiert es Sie, meine neuesten Arbeiten kennenzulernen.«

»Gewiß«, sagte ich, obgleich mich die Einladung nicht sonderlich verlockte.

»Nun, dann kommen Sie!« Er schritt mir über den Hof voran und öffnete die Gittertür des Gartens. Es war gerade die erste Frühlingszeit. Der vernachlässigte Rasen schimmerte in frischem Grün, und aus den schwellenden Knospen der Sträucher drängten sich zarte Blättchen. Ein alter knorriger Birnbaum stand über und über in weißen Blüten. Das kleine Wohngebäude nahm sich mit seinen grauen, von der Feuchtigkeit beschlagenen Außenwänden in der hellen Lenzpracht recht düster aus. Wir gingen daran vorbei und traten in das Atelier, dessen Tür er aufschloß. Die südliche Glaswand war mit dickem Papier verklebt, nach Norden hin war ein hohes und breites Fenster ausgebrochen worden. In dem nicht allzugroßen Raume standen in der Nähe eines Blechöfchens zwei Staffeleien, eine größere und eine kleinere, mit angefangenen Bildern. Einige fertige Gemälde hingen und lehnten an den Wänden.

Er wies darauf hin. »Hier haben Sie meine Arbeiten aus jüngster Zeit!«
Ich betrachtete sie. Der Hellene war seiner Richtung treu geblieben. Aber es fiel mir auf, daß er das Nackte jetzt weit mehr hervortreten ließ und Vorwürfe wählte, die nach der erotischen Seite hin lagen. Ich sah ein Urteil des Paris, eine Leda und eine Psyche, die den schlafenden Eros mit der Lampe beleuchtet. Aber gerade hierin zeigte sich auch weit mehr als früher die Reizlosigkeit seiner Darstellung. Alles Menschlichkörperliche erschien hart und kreidig, das Beiwerk dumpf und unbestimmt in der Farbe.
»Nun, was sagen Sie?« fragte er nach einer Weile.
Wie konnt' ich anders, als mich lobend äußern.
»Nicht wahr?« rief er aus, »das sind ganz andere Gestalten als die hohlen Makartschen Farbenschemen! Und ganz ohne Modelle gemacht! Ich bin eben kein Abmaler, sondern ein Maler. Mag jener Herr im Gußhause immerhin pikante Frauen aus der Wiener Gesellschaft in sein Atelier laden, um sie auf unsinnigen Kompositionen – wie jener Einzug Karls des Fünften – in ganz unmöglichen Körperverrenkungen anzubringen: ich trage meine Bilder in mir. Übrigens wird sein Ruhm sich bald verdunkelt haben, wie die Farben auf seinen ersten Bildern, die sich heute schon wie verkohlt ausnehmen. Das habe ich erst kürzlich gesehen, als ich einen einstigen Gönner besuchte, der mir untreu geworden war und sich sein Arbeitszimmer von Makart mit Plafond und einem Seitengemälde hat versehen lassen. Scheußlich, sage ich Ihnen! Alles nachgedunkelt; kaum daß man noch Gelb und Rot darauf erkennt. Und die Figuren leblos, die Bäuche wie mit Stroh ausgestopft. Meine Bilder werden noch in hundert Jahren so aussehen wie jetzt, denn ich schwindle nicht mit künstlich zubereiteten Farben. Und dann werden auch meine Arbeiten mit Gold aufgewogen werden. Sehen Sie nur dort an der Staffelei meine letzte: eine Nausikaa!«

Ich wandte mich nach dem Bilde, das im ganzen erst untermalt war. Nur die Figur der phäakischen Königstochter trat schon ziemlich ausgeführt hervor. Und nun war ich aufs höchste überrascht: eine so liebliche Schöpfung hatte ich dem Hellenen nicht zugetraut. Besonders schön war das Antlitz der jugendlichen Gestalt, die sich am Meeresstrand höchst anmutig von denen der sie umgebenden Mägde abhob.
Er stand mit leuchtenden Augen in Erwartung da.
»Das wird sehr schön«, sagte ich.
»Nicht wahr? Da durft' ich mich einmal an die Natur halten. Diese Nausikaa ist eigentlich ein Porträt. Nicht etwa, daß man mir dazu gestanden oder gesessen hätte, keineswegs. Aber ich habe das Original seit einem Jahre täglich vor Augen, und so brauchte ich eigentlich gar nicht darauf hinzusehen und konnte die Figur aus meinem Innern herausmalen.«
»Und wer ist denn das Original?« erlaubte ich mir zu fragen.
»Meine Schülerin. Die Tochter einer armen Frau, der Witwe eines Försters, die im Vorderhause eine kleine Wohnung innehat. Die Mutter brachte mir eines Tages zeichnerische Versuche des noch halben Kindes. Ich fand Talent in den Umrissen und begann Unterricht zu geben. Ich hatte mich nicht getäuscht. Das junge Geschöpf machte erstaunliche Fortschritte – und jetzt kopiert es schon Bilder von mir. Ganz vortrefflich, wie Sie sehen.« Er wies nach dem Gemälde an der kleinen Staffelei. Es stellte irgendeinen trojanischen Helden vor und war frischer und lebendiger gemalt als das Original, das dicht dabei an einen Stuhl gelehnt stand. Die Kopie war entschieden vorzuziehen.
»Wirklich sehr gut«, sagte ich.
»Ja, die beschreitet meine Bahnen! Und sobald ich wieder zur vollen Geltung gelange, wird sie auch meine Erfolge teilen.«

In diesem Augenblick wurde flüchtig an die Tür geklopft, und herein trat ein ganz junges Mädchen in einem abgenützten hellgrauen Kleide, ein weißes gehäkeltes Tuch leicht um die zarten Schultern geschlagen. Bei meinem Anblick prallte sie hocherrötend zurück.

»Nur herein, liebe Steffi«, rief der Hellene, »nur herein! Es ist ein alter Bekannter von mir. Er hat soeben Ihre Kopie bewundert.«

Sie näherte sich, noch immer sehr befangen, die großen hellen Augen unter dunklen Wimpern und Brauen halb zu Boden gesenkt. Wir wurden einander vorgestellt. »Fräulein Stephanie –«, den Zunamen überhörte ich.

Sie machte einen reizend linkischen Knicks. »Ich wollte malen kommen«, sagte sie mit leiser, aber doch klangvoller Stimme.

»Ja, Sie sind immer fleißig«, sagte der Hellene, indem er mit der Rechten sanft über ihr dichtes mattblondes Haar strich, das rückwärts in zwei langen Zöpfen hinabhing. »Aber Ihr Fleiß wird sich auch lohnen.«

»Ich will nicht stören«, sagte ich und machte mich zum Gehen bereit. »Auch meine Zeit ist gemessen.«

»Nun, dann leben Sie wohl! Und kommen Sie bald wieder. Vielleicht finden Sie meine Nausikaa schon vollendet.«

»Ich dürfte wohl kaum mehr erscheinen können«, erwiderte ich, »denn ich verreise.«

»So. Wohin denn?«

»Es ist eigentlich keine Reise. Ich ziehe mich aufs Land zurück.«

»Ihr Dichter habt es gut«, sagte der Hellene nachdenklich. »Euch frommt die ländliche Einsamkeit. Ich habe Wien eigentlich auch satt, aber wir Maler brauchen nun einmal die Städte.« Er reichte mir die Hand; das Mädchen knickste wieder ganz lieblich.

Als ich auf den Rennweg hinaustrat, klingelte eben ein

Tramwagen heran. Ich stieg ein, und während der Fahrt meinen Gedanken nachhängend, kam ich zur Überzeugung, daß der zwar nicht alte, aber doch alternde Meister die junge Schülerin liebte.

III

Eine lange Zeit war verstrichen. In der Kunst und in der Literatur hatten sich inzwischen die verschiedenartigsten Wandlungen vollzogen. Manch glänzender Stern war verblichen oder erloschen.
Auch der Makarts. Er selbst war nicht lange nach meinem Zusammentreffen mit dem Hellenen gestorben; der Wiener Festzug im Jahre 1879, dessen Gruppen und Kostüme er entworfen, war sein letzter Triumph gewesen. Und seltsam: so überwältigend der Einfluß seiner Kunst während seines Lebens sich erwiesen – er hörte auf, sobald ihm der Pinsel entsunken war. Denn schon war aus Frankreich die Freilichtmalerei herübergekommen; ihr folgte der Verismus, der Impressionismus und wie all die Richtungen hießen, die sich nun mit kaum mehr übersehbaren Gruppen von neuen Künstlern geltend machten. Und nebenher begannen Böcklins lang unbekannt gebliebene Schöpfungen aufzuleuchten. Die Erwartung des Hellenen aber, daß man auf seine Bilder zurückgreifen werde, hatte sich nicht erfüllt: er war und blieb verschollen – für mich wenigstens, der noch immer fern von Wien lebte.
Endlich war ich dorthin zurückgekehrt. Bei einem Gange auf die Wieden, den ich eines Nachmittags unternahm, kam mir in der Nähe des alten Schikanedersteges ein kleiner, gedrungener Mann entgegen, in dem ich beim ersten Anblick den Wasserspeier erkannte. Er sah noch ganz so aus wie früher, es war, als trüge er auch noch denselben abgegriffenen

Schlapphut, dieselbe spiegelnde Samtjacke; nur sein straffes Haar hatte sich bis zu völligem Weiß entfärbt. Er achtete nicht auf mich und wollte an mir vorüberhasten. Ich hielt ihn an. Er betrachtete mich forschend. »Was!« rief er endlich aus, »Sie leben auch noch?«

»Wie Sie sehen.«

»Und was machen Sie?«

»Nichts«, erwiderte ich gewohnheitsmäßig. »Und Sie?«

»Ich? Ich steinmetze«, versetzte er mit seinem alten giftigen Zynismus. »Freilich nicht mehr an der Votivkirche, sondern wo man mich gerade brauchen kann. Als Künstler bin ich von Tilgner in den Grund gebohrt worden. Er hat getroffen, worauf ich zielte. So geht's, wenn man mit einer Sache zu früh kommt. Und so hat auch der Hellene mir gegenüber recht behalten. Sie erinnern sich doch noch seiner?«

»Gewiß.«

»Aber auch ich habe recht behalten. Denn er ist der höhere Schildermaler geblieben bis an sein Ende.«

»Ist er gestorben?«

»Ja, vor zwei Jahren. Die Zeitungen haben ihm nicht einmal einen kurzen Nekrolog angedeihen lassen, so sehr war er in Vergessenheit geraten. Er hat einen recht üblen Ausgang genommen.«

»Wieso?«

»Nun sehen Sie. Er hatte immer auf den Niedergang Makarts gewartet, der sollte ihn emporbringen, meinte er. So sagte man mir wenigstens, denn ich verkehrte ja nicht mehr mit ihm. Nun war Makart wirklich tot, er aber wurde dadurch nicht lebendig. Einmal aber schien ihm doch ein Glücksstern leuchten zu wollen. Er hatte ausnahmsweise ein sehr hübsches Bild gemalt, eine Nausikaa oder so was – ich selbst hab' es mir nicht angesehen. Es wurde im Künstlerhaus ausgestellt und gleich von der Wand weg zu einem hohen Preise gekauft, so daß der Hellene schon im siebenten

Himmel schwebte. Aber gerade dieses Bild wurde sein Unglück. Denn er hatte dazu seine Schülerin, die er heiraten wollte, als Modell benützt, für das man sich jetzt um so mehr zu interessieren begann, als der Meister die reizende Anfängerin in Künstlerkreisen zu poussieren trachtete. Und da hatte sie ihm auch im Handumdrehen ein junger Freilichtler weggeschnappt. Die schöne Helena war mit dem neuen Paris nach München durchgegangen, wo sie die Klassizität des Meisters aufgegeben und sich aufs Tierfach geworfen hat. Sie soll jetzt ganz vortrefflich Hunde und Katzen malen. Der alte Menelaos aber raufte sich das Haar. Dazu kam noch, daß die Bilder, die er später pinselte, wie seine früheren waren, und so wurden sie wieder ohne Schonung zurückgewiesen. Was wollen Sie? Die Kunsttrödler mußten herhalten, und nach und nach stellten sich auch körperliche Gebrechen ein, die ihm das Arbeiten erschwerten. Schließlich versagten die Augen. Er kam in Gefahr, zu verhungern. Ein plötzlicher Herzschlag hat ihn vor diesem Schicksal bewahrt.«
»Das ist sehr traurig«, sagte ich.
»Ja, sehr traurig«, wiederholte der Wasserspeier. Aber es klang etwas wie Schadenfreude hindurch. »Übrigens«, fuhr er fort, »hat es ja eigentlich keiner von allen denen, die sich einst im ›Goldenen Sieb‹ versammelten, zu etwas Rechtem gebracht. Ein paar sind schon jung gestorben, wie der vielversprechende Schlachtenmaler, der schöne Maly. Und von den anderen hat sich höchstens der Schindler, der jetzt auch schon tot ist, mit seinen Landschaften durchgesetzt. Freilich hat's lang genug gedauert, und kaum eingetreten, waren seine Erfolge auch schon vorüber. Die Herren Sezessionisten sind über ihn hinweggeschritten. Bin neugierig, was nach denen kommen wird. Wir können noch vieles erleben. Denn heutzutage gibt es keine Übergänge mehr, sondern nur Übersprünge. Schließlich kommt man zur Erkenntnis,

daß alles Modesache ist. Ich sage Ihnen: die ganze Kunst ist nicht einen Pfifferling wert!«
Damit schritt er, flüchtig an seinen Schlapphut greifend, von dannen.

FERDINAND VON SAAR

Ferdinand von Saar.

Der Wienerwald

Herr von Kurländer fragte mich eines Tages, ob ich schon in der wienerischen Schweiz gewesen sei, und schlug mir für den nächsten Sonntag einen Ausflug vor. Für eine solche kleine Lustpartie über Land ist der Sonntag am geeignetsten. Es streichen dann nicht die Ackersleute beladen und keuchend unter der Last und Hitze des Tages an uns Müßiggängern vorbei, sondern sie sind auch geputzt und lustbeflissen. Herr von Kurländer lächelte, als ich erfreut seine Einladung annahm. Er zeigte mir dann neubearbeitete Lustspiele und führte mich in sein weißes Zimmerchen. Er ist nämlich der bekannte Herausgeber des dramatischen Almanaches, und das weiße Zimmerchen ist ein glatter, scharmanter Raum mit glänzenden, weißgrauen Wänden und Möbeln, wie geschaffen, um darin Lustspiele zu schreiben.
Ich halte den Einfluß, den unsere Umgebung auf unseren Geist besitzt, für sehr bedeutend, zuweilen sehe ich den Geist für einen zusammengesetzten Mechanismus an. Ich könnte nie begreifen, wie Grillparzer seine dunklen Poesien in Kurländers lichtem Arbeitszimmer empfangen könnte oder wie ein moderner Schriftsteller in einem Zimmer ohne Ausblick in die freie Natur, an einem Tische voller Unordnung, auf einem Papier, das nicht glatt und schön sich in die Feder legt, arbeiten könnte.
Nicht bloß das Herz, auch der Geist hat seine Illusionen, oder richtiger: Geist und Herz sind ein richtiges Ehepaar, man kann das eine nicht vom anderen trennen. Herr von Kurländer ist ein *garçon* in dem Alter, in dem die Pferde keine jungen Zähne mehr haben, er ist ein Wiener Kavalier. Gibt es für ihn eine passendere Beschäftigung, als französische Lustspiele für das Burgtheater zu bearbeiten? Der munteren Karoline Müller, der romantischen Peche hat er

dann Visiten zu machen wegen der oder jener Szene, ob ein blaues Band oder ein rosenfarbenes besser stehen würde und wie kurz oder wie lang das Schürzchen werden dürfe. Es ist uns rastlosen Gesellen des jungen Schrifttums äußerst heilsam, zuweilen mit einem solchen *garçon* in einem weißen Zimmerchen zusammenzukommen, das kleine Interesse an einem Gärtnerburschen oder podagristischen Alten des Lustspieles zu sehen, das einen solchen Schriftsteller tagelang beschäftigt, die schüchterne gesellige Rücksicht zu bemerken, mit der er über einen anderen Schriftsteller der Stadt in »vielleicht« und »dürfte«» urteilt. Bringt er unser dreistes Urteil richtig in Zug, so versichert er uns schließlich, just so denke er auch.
Als ich am frischen, dampfenden Sonntagmorgen über die Bastion hinaus nach dem äußeren Tore wanderte, gesellten sich einige Wiener zu mir. Vor dem Tore harren die »Linienschiffe« der Passagiere. Die Zollschranke am Eingang der Stadt heißt nämlich die »Linie«, sie wird nicht immer ohne Gefahr passiert, wenn man Tabak oder Politik als Konterbande mitführt. Die Linienschiffe heißen gewöhnlich »Zeiselwagen« und können allen Hypochondristen empfohlen werden. Keine ausländische Feder hindert den vaterländischen Stoß auf das Gangliensystem. Meine Leber war umgewendet, als wir das nächste Dorf erreichten. Aber Dornbach ist so nahe, daß ich keine Zeit für Betrachtungen gewann und mich ins Theater versetzt glaubte. Denn in unglaublich kurzer Zeit waren wir mitten in den Bergen. Der Weg ging zwischen den Landhäusern der Wiener dahin, vor einer Viertelstunde etwa war ich noch in der breiten, ebenen Hauptstadt, jetzt war keine Spur mehr davon zu erblicken. Wir zogen singend und lachend durch den Bergwald. Die Sonne spielte durch die Baumzweige hindurch mit uns. Die Wiener erzählten Witze vom Staberl, von den Ungarn, vom Kaiser und wieder vom Theater. Überall erscheint der Kai-

ser. Man glaubt es nicht, wenn man sich die einfache, harmlose Persönlichkeit dieses Herrn ins Gedächtnis ruft, daß er so reichhaltigen Stoff für die Unterhaltung der Wiener bietet. Er ist aber wirklich auch darin der Mittelpunkt Wiens. Zur Zeit, als ich mit den Wienern in einem stillen Hause am Waldberge saß und mir ihre Erzählungen zu einem frugalen Frühstücke anhörte, lebte er noch und hatte eben seine letzte Reise nach Böhmen angetreten.

Die Jugend unserer Zeit verwirft die Pietät und will keine Illusionen gestatten, sie findet es ärmlich, alles Interesse an eine Person zu binden, sie mag den Staat nicht als Familie statuieren; beobachtet man aber die Sympathien der Österreicher für ihren Kaiser, so findet man es nicht auffallend, daß er ihnen mehr bedeutet als einst Napoleon den Franzosen, ja, daß sie am Ende für ihn größerer Opfer fähig waren, als die *grande nation* ihrem *empereur* zu bringen bereit war, obwohl Franz I. kein Held und Genie war.

Kaiser Franz ist mit den Wienern aufgewachsen, er hat stets ihre Sitten geteilt, hat die schwersten Zeiten mit ihnen durchgemacht und war für alle seine Untertanen immer zugänglich. Dazu war er anscheinend unbefangen, und darin ruht ein unschätzbares Gut des Herrschens. Wenn ihnen alles fehlgeht, wenn sie Unrecht zu leiden glauben, so bleibt die Hoffnung der Österreicher und Preußen immer noch der Kaiser und der König. Auf ihren gerechten Sinn vertrauen sie unwandelbar. Das darf man keinen Augenblick vergessen, wenn man sich über die monarchischen Sympathien der Bevölkerung dieser Staaten wundern will. In den Ausdrücken: »Ich gehe zum Kaiser, ich appelliere an den König«, zeigt sich die breite Basis ihres Staatsgefüges und der Volksstimmung.

Einer unserer Gefährten war vor zwei Jahren bei der Schweizerhütte, vor der wir eben saßen, dem Herzog von Reichstadt begegnet. Auch die Erinnerung daran führte das

Gespräch wieder zur Person des Kaisers zurück. Im Widerspruch zu den Gerüchten, die von der unglücklichen Stellung dieses Prinzen am österreichischen Hofe wissen wollen, erzählen nämlich die Wiener viele interessante Geschichten, wie Napoleons Sohn gut behandelt worden sei, namentlich vom Kaiser selbst. Franz habe stundenlang mit ihm gespielt, ihm Bleisoldaten und Trommeln gekauft und herzlich gelacht, wenn ihn der kleine Napoleon durch unablässiges Trommeln zur Türe hinaus nötigte. Als der König von Rom größer geworden sei, hätten ihm schöne Mädchen viel zu schaffen gemacht. Sein Taschengeld habe für die freigebigen Geschenke nicht immer reichen wollen. Wenn er nun dem Großvater nur den leeren Beutel gezeigt habe, so habe dieser stets ausgeholfen. Einmal habe ihm der Kaiser eine besondere Freude mit neuen Dukaten machen wollen, die eben erst aus der Münze gekommen und noch nicht im Umlaufe gewesen seien. Der junge Napoleon habe sie ohne weitere Bedenken ausgegeben und dadurch eine ausgedehnte Untersuchung notwendig gemacht. Endlich sei man bis zu der schönen Dame vorgedrungen, die die Goldstücke ausgegeben hatte, und die Angelegenheit habe sich aufgeklärt.

Lange Zeit soll Fräulein Elßler von ihm zärtlich geliebt worden sein. Übrigens waren alle Mädchen in ihn verliebt. Sein Tod sei von allen Wienerinnen unendlich betrauert worden. Er starb an einer Krankheit seiner schmalen lothringischen Brust und an seiner jugendlichen Unbedachtsamkeit. Jetzt schläft er bei den Kapuzinern neben den Habsburgern, viel tausend Meilen entfernt vom Grabe seines gewaltigen Vaters, der auf der Welt nichts heißer liebte als ihn.

Wunderbares Schicksal! Sohn eines Kaisers aus dem Stegreife und einer geborenen Kaiserstochter. Erzogen und geliebt von denen, die seinen Vater stürzten. Sterbend in der Fremde, ohne Frankreich gesehen zu haben. Begraben in-

Ludwig Mohn: Landpartie in Atzenbrugg, um 1825.

mitten der Kaiser Deutschlands, drei Jahre lang König von Rom. Wie freundlich hat das Geschick das Haus Napoleons bedacht, zuerst mit Lorbeer und dann mit Zypressen.
Als wir aufbrachen, um weiter in die Berge und Täler hineinzusteigen, setzte der Erzähler noch hinzu: »Man weiß gar nicht, wie sehr unser Kaiser Napoleon zugetan war und was ihn bewogen hat, ihn zu stürzen.« Nein, das wissen wir nicht, und ich glaube auch nicht, daß die Liebe des Kaisers Franz zu Bonaparte so groß war.
Es ist mir noch mit dem Bild keiner Landschaft so gegangen wie mit diesem Wald an der Donau. Ich strich im Geschwätz und Sommerträumerei gedankenlos durch das Grün, ohne mir einen einzigen großen Blick im Gedächtnis zu bewahren. Die Vögel sangen aus Leibeskräften, die Gräser dufteten, ein zärtlicher Sommertag blinzelte zufrieden an den sanften Berglehnen, geputzte Leute schritten still, sonntäglich an uns vorüber, nichts weckte mich aus dem Halbschlummer meines Geistes und Herzens.
Welcher Reiz einer großen Stadt, binnen einer Stunde aus dem Tosen einer modernen Metropole in berauschende Bergeinsamkeit treten zu können. Der muntere Vogel mit

arglosen schwarzen Augen auf dem nächsten Baume sieht aus, als sei er aus dem Lande unserer Jugend herangeflogen. Seine alte Melodie bringt uns alle kleinen Lieder zurück, die wir in der Jugend gesungen haben. Wir werden wieder unschuldig, können wieder beten und werden naiv in der ewig wechselnden und doch gleichbleibenden Natur Gottes.

Halb im Traume erreichte ich die Höhe eines langen Waldberges. Eine dunkelgrüne Hügelfläche dehnte sich vor meinen Blicken aus. Unbestimmt, ohne Abwechslung, wogte sie über den dunklen Schein der Donau hinweg, die still in der Mitte floß. Das Auge fühlte sich wohl in dieser weiten Einförmigkeit. Meine Gefährten wiesen einander die ungarischen Berge und die steirischen Alpen, mich fesselte nichts als die grüne Fläche an beiden Ufern der Donau, eine Landschaft, wie ich sie ähnlich vorher niemals gesehen.

Wir stiegen in feinem Staubregen die Berglehnen wieder abwärts nach Wien zu und kamen in ein abgelegenes Tal, aus dem uns das alte Gemäuer eines verlassenen Kartäuserklosters grüßte. Mehrere Stunden wanderten wir durch das frische Grün dieses Tales dahin. Mir war, als spazierte ich in einem Garten. Unter allen Bäumen kamen geputzte, lustwandelnde Wiener zum Vorschein. Über Hadersdorf und Hütteldorf ging unser Weg an Laudons Denkmal vorüber. Feldmarschall Laudon war der beste Reitergeneral unter Friedrichs Feinden. Er wurde von seinem Gegner sehr respektiert. Still ruht sein steinernes lichtes Monument unter Bäumen. Er ist jetzt tot. Alles stirbt, die Wiener spazieren vorüber und denken an Küsse, ans Essen und Trinken. Man braucht wirklich ein sehr borniertes oder sehr weites Herz, um etwas vom Ruhm bei der Nachwelt zu halten.

In Hütteldorf wimmelt es von Wagen und Leuten. Man sitzt im Freien, sieht die Wiener Straße hinab, lacht in Gottes goldener Sonne und findet die Welt vortrefflich. Ich wollte noch in das Theater und bestieg allein den merkwürdigsten

Zeiselwagen, der in Wien zu finden ist. Der Kutscher und das Pferd waren dürr, der Wagen vertrocknet. Mein blanker Frack und meine blühende Weste nahmen sich hier höchst unpassend aus. Ich mußte das Ansehen eines Flüchtlings haben, den der Feind auf einem Balle überrascht hat. Das fühlte ich immer stärker, als ich in die Nähe Schönbrunns kam, mitten unter die strahlenden und blitzenden Equipagen des Adels.

Wie ein Feenschloß lockte Schönbrunn auf der rechten Seite an der Berglehne. Entschlossen kommandierte ich meinen Zeiselkutscher mitten hinein unter die glänzenden Equipagen der Kavaliere. Mein Zeisel flatterte unsicher wie ein Spatz unter edlen Vögeln umher, und ich hätte mich sehr geschämt, wenn ich nicht gewußt hätte, daß mich hier niemand kennen konnte. War es ein ästhetisches oder ein Minderwertigkeitsgefühl? Ist es eine Schwäche, für einen solchen Zynismus unbrauchbar zu sein, so bin ich in der Beziehung schwach. Die unpassenden Gegensätze, mein Frack, der Zeisel und die Kavaliere peinigten mich, und ich fand keine Ruhe, die schönen vorüberfliegenden adeligen Damen zu betrachten, am wenigsten meine elegante Lorgnette dazu herauszunehmen. Lorgnette und Zeisel waren nicht nur unpassend, sondern lächerlich. Ich stieg aus, um Schönbrunn anzusehen. Zwei große goldene Adler sitzen auf den schlanken Torpfeilern und geben dem schönen Lustschlosse ein vornehm kaiserliches Aussehen. Terrassenförmig erhoben sich die stolzen Gebäude. Oben auf der Höhe brannte ein Pavillon golden mit vielen Fenstern in der Abendsonne.

In Schönbrunn, auf dem großen Platze vor dem Schlosse, war es, wo der junge Staps aus Thüringen Napoleon erstechen wollte und von Rapp verhaftet wurde. In den französischen Stücken, in denen der deutsche Student zum Fortleben verurteilt ist, heißt er gewöhnlich *monsieur Burskenschaft* und trinkt sehr viel Bier.

Reich und vornehm erscheint Wien besonders, wenn man im Sommerabendscheine neben unzähligen Equipagen durch die breite Vorstadt direkt zur Burg fährt und dort trotz des warmen Abends im Theater alles besetzt findet. Da weiß man nicht, wohin mit Menschen, Wohlstand und Vergnügen.

HEINRICH LAUBE

Peter der Raugraf

An einem kalten Dezembermorgen, während es schneite, »was nur vom Himmel fallen konnte«, ging ein riesiger Arbeiter mit einer Holzsäge über der Schulter und einer Axt in der Hand von der Vorstadt Mariahilf in Wien die Hauptstraße nach dem Glacis herab und von da nach der inneren Stadt, um die gewöhnlichen Geschäfte daselbst zu verrichten.

Damals stand es jedermann noch frei, mit seinem Naturwuchs um Kinn und Backen anzufangen was man wollte, ihn zu mähen oder lustig gedeihen zu lassen, und deshalb fiel es gar nicht auf, daß »Peter der Raugraf«, wie der Arbeiter von seinen Kameraden genannt wurde, eine wahre Urwaldwildnis von Bart um Wangen, Nase und Kinn hatte aufkommen lassen.

Ohnehin war Peter weit und breit in der Stadt als Ideal von rauhen Manieren bekannt und verschrien.

»Peter der Raugraf« schritt also an jenem Wintermorgen schweigsam und finster wie immer der inneren Stadt zu, ging durch das Franzenstor nach der Freiung und lehnte sich hier an eine Ecke, um geruhsam abzuwarten, wer etwa

kommen und ihn zum Sägen und Spalten von Küchenholz rufen würde.
Er stand nicht lange da, als ein Herrschaftsdiener in dickem Pelzüberrock und Schal über die Ohren erschien und ihm zurief, er möchte ihm folgen, und zwar schnelle, schnelle, denn die Kälte sei doch gar zu grimmig und es schneie so sehr, als habe das Unterbett im Himmel einen meilenlangen Schlitz erhalten.
Peter der Raugraf sendete dem verzärtelten Diener nur einige finstere Seitenblicke unter dem Schirm seines Hutes entgegen, blieb ruhig stehen, sagte nichts, folgte nicht, ließ den »eingepelzten Treppenjunker« noch eine Weile rufen und zappeln, bis er endlich unverrichteter Sache brummend davonlief, um einen gefälligeren Menschen zum Sägen seines herrschaftlichen Holzes zu finden.
Wieder eine Weile – und es erschien ein Mädchen in leichtem Gewand mit einem Tuch um den Kopf und bat fast flehend, ihr zu folgen und für ihre Herrschaft Holz zu spalten; sie zitterte dabei vor Kälte, daß sie die Worte kaum deutlich sprechen konnte.
Peter der Raugraf konnte weder sehen, ob das Mädchen jung oder alt, noch ob es schön oder häßlich sei; es war ihm genug, zu sehen, daß es nicht viel aufzustecken hatte, daß es für die Kälte viel zu leicht gekleidet war, kurz daß es zitterte und fror: Alsogleich griff er nach Axt und Säge, rief: »Ja, ja! nur voran, mein Kind!« und folgte der armen Eilenden mit großen fliegenden Schritten. Sie gingen über den Kopf nach dem Graben und von da in eine Seitenstraße, wo sie vor einem Haus abgeladenes Holz vorfanden, und daselbst, als dem Ziel ihrer Wanderung, hielten sie stille.
Er hatte bereits die Hälfte der feindlichen Heerschar, ein zweiter Bayard, gemäht und gespalten, als ihn ein seltsames Wimmern und Ächzen, ähnlich dem leisen Weinen eines Kindes, aufmerksam horchen machte. Er ließ die Arbeit

eine Weile ruhen, blickte hin und her, suchte rings mit den Augen, woher dieses Wimmern komme und was es bedeute; und siehe da! ein großer Korb stand plötzlich dort an dem Tor, im Korb lag ein Bett und im Bett lag – eine schöne Bescherung, eine wundersame Bescherung – ein kleines, ganz kleines, fast neugebornes Wickelkind, also wie gesagt eine schöne Bescherung!

Peter der Raugraf trat hin und besah sich den seltsamen Fund eines Näheren, er erschrak, erstaunte, lächelte und sagte sich selber: »Eine schöne Bescherung!« Aber was tun?

Er trat in das Haus, klopfte an die Tür der Leute, deren Holz er sägte und spaltete, und zeigte an, man könnte da, wenn man wollte, auf die schönste Art zu einem Kind kommen, schön in ein Bett gewickelt und schön in einen Korb gelegt. Aber Eile täte not, denn die Kälte sei keines Erwachsenen, viel weniger eines hilflosen Kindes Freund.

Er sprach nicht zu tauben Ohren. Es war ein gutes bejahrtes Ehepaar, welchem Peter der Raugraf die Nachricht brachte; es wickelte sich schnell in dichte Kleidung und machte sich alsogleich unter lebhaften Rufen der Verwunderung und des Bedauerns auf die Kindesschau vor die Türe.

Herr und Frau Rintler, das gute bürgerliche bejahrte Ehepaar, das ein artiges Vermögen und keine Kinder besaß, wurde von dem Anblick des kleinen verlassenen Wesens einerseits von Mitleid bewegt, anderseits von einem Gedanken lebhaft ergriffen.

Wie? dachten sie, wenn wir uns des Wurms gleichwie eines eigenen bemächtigen, wenn wir den Segen unseres Glückes mit einem Kind teilen wollten, dessen Herz uns noch ein unerwarteter Schatz, dessen Arme uns noch eine willkommene Stütze für unser hohes Alter werden könnten? Wie, wenn es nicht bloß ein Zufall, sondern ein Wink der Vorsehung gewesen wäre, daß gerade vor unsere Schwelle dies kleine, liebe, herzige Ebenbild Gottes gelegt wurde?

So, bald in etwas fromm getragener, bald in einfacher Sprache redend und beratend, war das alte Ehepaar aus der freien Luft in die wärmere Vorhalle und von da in das geheizte Zimmer zurückgekehrt und hatte vor lauter salbungsvollen Plänen und Entschließungen vergessen, anzuordnen, was mit dem Kind draußen geschehen solle, dem inzwischen gerade mit Muße zu erfrieren Zeit gelassen worden war. Als man nun, das Versehen gutzumachen, wieder vor die Türe eilte…

Da war das Kindlein mit dem Bett und Korb fort und nirgend mehr zu finden.

Peter der Raugraf stand nicht weit vom Haus, vertieft in seine Arbeit und ein lustig Lied pfeifend; er sagte, von dem Kind nichts zu wissen, das er schon in guten Händen dachte.

Es schneite noch immer maßlos, die Kälte aber hatte nachgelassen.

Peter der Raugraf kam vor lauter Schneegestöber sozusagen ungesehen bis zu seiner Wohnung in der Vorstadt, klopfte da einem alten Weib ans Fenster, sagte: »Ein neues Möbel, Frau, für meine Stube ist gekommen, folgt mir, kommt herüber.« Und die Alte kam heraus und folgte ihm, und als sie beide in die Stube Peters traten, stellte er den Korb auf seinen Tisch und sagte: »Gewächs vom Donauweibchen, einer seelenguten, braven wunderschönen Mutter, und von einem tannengraden, wahrscheinlich auch sehr braven, lieben, guten, edlen, süßen unsichtbaren Vater – aber was da! das Kind ist jetzt mein. Ihr fragt nicht weiter. Da ist Geld, dort Holz, macht Feuer an, Milch in die Pfanne, sorgt mir für das Würmlein!«

Er lehnte Axt und Säge an die Wand, legte den Hut beiseite, ging einige Male durch die kleine Stube, fuhr sich mit den zehn Fingern beider Hände durch den Bart und durch das wirre Haupthaar, worauf er vor den Tisch hintrat und ernstnachdenklich auf das Kind im Korb blickte.

Als er eben die Axt und Säge wieder ergreifen und gehen wollte, um seine Tagesarbeit fortzusetzen, regte sich das Kind im Korb, das bisher geschlafen hatte, es erwachte leise weinend. Peter blickte nach der Tür, ob die alte Wärterin, die um Milch gelaufen war, nicht bald wieder hereintreten würde, um das Kind zu nehmen und zu warten, allein sie kam noch nicht zurück, und so blieb nichts übrig, als daß er selber hintrat, den Korb mitsamt dem Kind aufhob und in seinen Armen wiegte. Das tat er auch; nicht ohne heiter vor sich hin zu lächeln und zu denken: »Erste Vaterpflicht; so wird sich eines aus dem andern wickeln.«
Das Kind schwieg zwar alsbald wieder, allein Peter der Raugraf wagte es doch nicht, es sogleich wieder auf den Tisch zu stellen und davonzugehen, bevor die Wärterin gekommen; er setzte sich daher auf einen Stuhl neben dem kleinen Fenster, den Korb sich auf den Schoß setzend und mit den Füßen schaukelnd. Auch ein verrostet Kinderlied suchte er hervor und brummte es eine Weile mit Lächeln vor sich hin; dann schwieg er.
Die alte Wärterin hatte bereits die Milch gebracht, hatte eingeheizt, war einige Male die Stube ein und aus gegangen, war sogar einmal hinter Peter den Raugrafen getreten und hatte über dessen Schulter das Kind im Korb betrachtet, ohne daß sich dieser im Spiel mit demselben stören ließ, ja ohne daß er nur hörte, was um ihn vorging; erst als die Wärterin zu reden, zu fragen, zu rufen begann, hob Peter das Haupt wie aus einem Traum erwachend und sagte etwas wirr: »Nun, was da? Was gibt's? Was ist's? Soso. Soso – versorgt mir das Kind, versorgt mir's wohl! Ich will arbeiten, arbeiten – Seht mir auf das Kind, Leutnerin; – und jetzt geh' ich wieder, alarmiert mir keine Neugier in dem Viertel – sorgt nur für das Kind; 's ist mein, ihr sollt mir's nicht umsonst besorgen ...«
Er stand auf, nahm die Axt und Säge wieder, griff nach dem

Hut, und indem er sich den Schirm desselben tief über die Augen drückte, ging er ohne aufzublicken fort. Draußen fuhr er sich wie schweißtrocknend einmal übers Angesicht und befreite dabei die Wimpern von zwei schweren Tropfen.

Am folgenden Morgen während der ersten Dämmerung stand Peter der Raugraf wieder im tollsten Schneegestöber an einer Straßenecke mit Axt und Säge und erwartete, wer ihn zum Sägen und Spalten von Holz vor seine Schwelle rufen würde.

Und siehe! der erste, welcher kam, war wieder ein Herrschaftsdiener in Pelzkappe und Mantel. Er schien Peter den Raugrafen schon von früheren Begegnungen her zu kennen und machte keine Miene, sich mit einer vergeblichen Bitte an ihn zu wenden. Aber, o Wunder über Wunder! indem der Diener mit gesenkten Blicken und flüchtigen Schritten an ihm vorüberwollte, hörte er sich mit ziemlich anständigem Ton zurufen, und als er aufblickte, sah er Peter den Raugrafen auf sich zukommen mit der fast artigen Frage: Ob er vorüberwolle, um einen Arbeiter zu suchen; ob er nicht gleich ihn mit sich heimnehmen wolle? Der Diener hielt an, bedachte sich und bejahte dann beide Fragen mit einem zweideutigen Blick auf Peter; er ließ sich der »martialischen« Kälte halber die erneuerte Freundschaft mit dem verwünschten »Zotteleisbären«, wie er Peter in Gedanken taufte, gefallen.

Man mußte ihn dann sehen, sein Stück Geld einstecken und, wenn es Abend werden wollte, mit vollem Beutel heimwärts seiner Wohnung in der Vorstadt zuschreiten!

Ein Sieger kehrt mit keinem jubelvolleren Blick aus der Feldschlacht heim, als Peter nach vollbrachtem Tageswerk zu den »Seinen«, d. h. zu dem holden Kind heimkehrte, das sein ganzes Herz bereits gewonnen hatte, namentlich seitdem er wußte, es sei ein Knabe.

Er mochte noch so müde heimkommen: Er nahm das Kind aus seiner neuen Wiege, hob es auf seinen Arm, trug es die Stube kreuz und quer und wiegte und schwankte es unter Singen oder Pfeifen.

Wäre sein Sohn nur schon groß gewesen! Wie hätte er mit ihm ein neues glückseliges Leben begonnen! Wie hätte er ihn, ihn allein unter all den kalten, jämmerlichen, eigennützigen, herzlosen Menschen zum Vertrauten seiner Klagen, seiner Lehren, seiner Tränen und Bannflüche gemacht! Trau keinem – o Sohn, o Sohn! – trau keinem schönen Auge, keinem schönen Mund, keinem guten Wort, keiner Schmeichelei eines weiblichen Wesens, hätte er gesagt; ich kann dir's raten und rate dir's als Freund, als Vater, als dein weinender bittender Vater! Trau keinem Mann als Freund, und wenn er auch mit dir aufgewachsen ist und dir ans Herz gewachsen ist, trau keinem, sag' ich dir, mein Sohn, das erste Weib macht dir ihn überwendig, du glaubst ihn noch zu haben, und er ist ihr; du glaubst sie noch zu haben, und sie ist sein! O Sohn, o Sohn! Erwarte von der ganzen Welt nicht viel, am besten nichts, o gar nichts; laß dir Haar und Nägel wachsen, kleide dich in Schreckbehäng, auf daß sie von dir weichen wie Sperlinge von wüsten Scheuchen. Denn was soll die Welt, die Erde, die Menschen und das Leben, wenn Freundschaft und die Liebe nicht mehr Wort und Treue halten? Lieber, wie ich hier, eine Schrecknis sein für alle, und trokken Brot in einer Höhle essen, als Braten auf dem Tisch, schön Kleidung auf dem Leibe – und falsche Lieb an der Seite! –

Einst gegen Abend kehrte Peter wieder aus der innern Stadt nach seiner Wohnung in der Vorstadt heim und war in einer Stimmung, von der man nicht gut sagen konnte, war sie heiter oder trüb; eine Art stiller Wehmut war jedenfalls im Spiel.

Als Peter in die Nähe seiner Wohnung kam, sich den Schnee

von Hut und Jacke schüttelte, die Säge von der Schulter nahm, die großen schweren Stiefel an die Wand stieß, um sie von Schnee und Eis zu befreien – horch, da hörte er in seiner Zelle einen leisen Schrei des Schreckens, und gleich darauf sah er eine verhüllte Weibergestalt Hals über Kopf aus seiner Tür stürzen und durch den dunklen Gang des Hauses nach der nächsten Straße entfliehen.
Peter hatte kaum Zeit gehabt, einen bedenklichen Argwohn zu fassen, als die flüchtige Unbekannte schon verschwunden und schwerlich einzuholen war.
Um so heißer und gewaltiger schoß ihm jetzt der Gedanke durch die Seele, daß es sich hier um Besitz und Nichtbesitz seines geliebten Kindes handeln, daß die Fliehende weiter niemals als die geheimnisvolle Mutter des Kindes sein könnte, die demselben auf die Spur gekommen, die es zu entführen Anstalt machte – ah! – Peter ließ Axt und Säge fallen, sprang mit ausgebreiteten Armen vor seine Zellentür, als wollte er jede weitere versuchte Flucht aus seiner Stube gewaltsam auffangen, unmöglich machen, und als niemand weiter herauskam, stieß er die Tür auf, rief: »Wer da? Was soll das heißen!« und trat hinein.
Die alte Wärterin stand mitten in der Stube da, hatte das Kind auf den Armen und war ein Zittern an allen Gliedern und eine Glut der Verlegenheit im Gesicht.
Peter der Raugraf, in diesem Augenblick wirklich eine furchtbare Erscheinung, stand eine Weile mit durchbohrenden Blicken vor der Wärterin und sagte dann mit donnerähnlicher Stimme: »Was gab's da? Wer ist 'naus zum Tempel? Wer visiert mir Haus und Kind? Beim Gott im Himmel! Beim allwissenden Gott im Himmel, Nachbarin, wenn mir in meinem Haus da, wenn mir an dem Kind da ein Übel vorgeht, wenn mir, Nachbarin, Nachbarin, ich reiße groß und klein in Trümmer, seid gewarnt, seid mir auf der Hut – was ich tät', ich kann Euch's noch nicht sagen.«

Und noch eh' die alte Wärterin die Fassung zu reden fand, hatte ihr Peter das Kind schon entzogen und hielt es auf- und niedergehend, weich und vorsichtig und zärtlich und wiegend an der Brust in seinen Armen.
Die alte Wärterin erklärte nun mit zitternder Stimme: Es sei ja niemand dagewesen als eine gute liebe brave Bekannte aus der nächsten Vorstadt, ihr habe sie das Kind nur gezeigt, nur ein wenig gezeigt, weil es gar so schön und lieb und brav sei, und habe ihr aber nicht vertraut, woher das Kind kommen, sondern nur daß es Peters Kind sei, leibhaftig sein Kind, sein liebes und wackeres Kind von einer rechtschaffenen soliden Frau, die nur jetzt gehindert sei, bei Mann und Kind zu sein. Und während sie das erzählt, wahrhaftig so erzählt hätte, wären auf einmal Peters Schritte und Husten und Räuspern draußen hörbar geworden, und sie sei zum Tod erschrocken und habe einen Schrei ausgestoßen und die liebe Freundin der Tür zugestoßen und hätte geschrien: »Fort, mach fort! Scher' dich hinaus! Mach, daß du weiterkommst! Verschwind! Er kommt, er ist da!« Und leider Gottes sei im Augenblick Peter wirklich dagewesen und habe sie, die Freundin, noch erblickt und leider, leider noch laufen sehn!
Peter hatte den Schluß dieser langen Erklärung ganz überhört, indem er das Kind nur immer von einem Arm in den andern nahm, um sich ja recht nachdrücklich zu überzeugen, daß er es habe, daß er es leibhaftig halte, daß er es noch im rechten Augenblick vor einer möglichen Entführung gerettet habe.
Ruhiger, aber noch zitternd vor Argwohn sagte er dann zur alten Wärterin: »Schürt im Ofen, seht nach Speis' und Trank für mein Söhnlein da; ein Gedenkblatt will ich Euch später noch geben, jetzt geht, ich hab' mit meinem Sohn zu reden.«
Die Wärterin ging; Peter der Raugraf setzte sich mit seinem Sohn zum Ofen, wiegte ihn auf seinem Schoß, sang und pfiff

ihm vor und sagte ihm dann mit gesenktem Kopf wie ins Ohr: »Sohn, ich trau' den Leuten da herum nicht mehr, morgen verändern wir die Wohnung, ich laß mir's nicht mehr nehmen, man schmiedet einen Anschlag, du sollst – man will dich wegstibitzen – drum heißt's vorgesehen. Meinst du nicht? Was denkst du? Sprich!«
Der Kleine krabbelte mit beiden Händchen dem Ziehpapa im Bart, blickte ihn erst mit großen, dann mit lächelnden Augen an und schien zu sagen: »Hm. Soso. Ah ja. Wie du meinst, lieber Papa – lächerlich, daß ich nicht soll Ruhe und Sicherheit in dem Quartier da finden – gut; so wollen wir die Stellung ändern ...«
Andern Tages wurde das also zwischen Sohn und Vater wohlerwogene Geheimnis ausgeführt; man bezog nun eine Wohnung in einem der verstecktesten und wunderlichsten Winkel einer andern Vorstadt.
Mancher Vater wäre denn so vor der Hand über die Sicherheit seines Kindes beruhigt gewesen; Peter der Raugraf aber, trotzdem er in der neuen Wohnung wirklich als unbestrittener Vater galt und eine treffliche Wärterin gefunden hatte, konnte von behaglichem Frieden nicht mehr sagen wie zuvor, denn der Argwohn regte sich, daß sich über kurz oder lang fremde Menschen zwischen ihn und seinen Sohn drängen könnten, daß ihm sein einziges und letztes Verhältnis zärtlicher Freundschaft mit seinem Kind zudringlich, hinterlistig, mit kalter Grausamkeit gestört werden könnte.
Denn das sah Peter ein und hatte ja hierin seine erschütternden Erfahrungen gemacht: Wenn er mit den Reizen der Welt und mit den Lockungen der Menschen um den ferneren Besitz des Knaben ringen mußte, dann war dies Kleinod, dieses einzige und letzte Kleinod seines Lebens dahin, er konnte es weder mit Gewalt noch durch Güte, noch durch irgendeinen Aufwand von Glanz, Genüssen und Hoffnun-

gen für die Zukunft behaupten. Besaß er nicht einst auch einen Schatz, den er nicht um alles Gold der Welt dahingegeben hätte? Und wo war er nun? Hing dieser Schatz – o daß es ihn fort und fort gemahnen mußte! daß er sein Hannchen nimmer, trotz aller Treulosigkeit immer noch nicht vergessen konnte! – hing dieser Schatz, dieses sein Hannchen einst nicht auch an ihm wie mit Klammern vom besten Stahl, hatte es nicht den Schein, daß alle Zangen und Hebel der Welt, alle Reichtümer und Reize der Erde sie nicht von seinem Herzen reißen könnten? Und doch – wo war sie nun? Wem gehörte sie nun? Ein Freund, ein falscher Freund, kaum etwas hübscher als Peter, kaum etwas wohlhabender als er, kaum freundlicher in Manieren, kaum imstande, einen Tanz etwas feiner und flinker auszuführen als er. Ah, wie ging ihm der Zorn wieder pantherartig durch die Seele – und nun, nun, war dieser Freund – Freund! – war er nicht imstande gewesen, mehr als alle Hebel der Welt zu tun? Sprengte er ihm nicht den Schatz von der Brust? Verließ ihn seine Hanne nicht freiwillig um dieses kaum schönern, kaum reichern, kaum flinkern Freundes willen? Oh, es gibt so viel schönere Menschen, Menschen mit Haufen von Gold und Edelsteinen, Menschen, die uns Vergnügungen in Scharen zutreiben können, es gibt so viele Reize und Gewalten im Leben – wenn nun diese anrücken und winken und an uns reißen wollen!

Peter ging mit solcherlei trüben Gedanken eines Tages durch eine der belebtesten Straßen der innern Stadt und kam zufällig an einem großen Spiegelgewölbe vorbei; ein am Eingang des Gewölbes hängender großer Spiegel zeigte urplötzlich seine ganze Gestalt von Kopf bis zu den Füßen, und Peter erwehrte sich eines Schreckens, einer tiefen Betrübnis nicht. Wie sah er aus in diesem abgenützten elenden Schlapphut, mit diesem Urwald von schlechtgekämmtem Haar und Bart, in dieser Jammerkleidung eines Menschen!

Eine Träne trat in sein Auge, er ging – er sprang beinahe dem nächsten Haarschneiderladen zu und ließ unter Kamm und Schere Flocke um Flocke seines Bartes und Haares zu Boden wallen.

Leichter an Haupt und im Herzen trat er wieder auf die Straße und vor den großen Spiegel, der sein Angesicht nun wunderlicht und freundlich zeigte.

Lächelnd kam er nun jenes Tages heim und zeigte sich dem Sohn so erheitert und versöhnt.

Zufällig war der Knabe bestens aufgeräumt und tappte ihm glückselig auf den Wangen hin und wieder.

Nun verklärte sich Peters Angesicht im wahrsten Sinne.

Sieg! Sieg! dachte er: Ich gefalle meinem Sohn! Noch kann alles werden!

Von nun an schnitt er selber fleißig an Bart und Haar; arbeitete noch eifriger als sonst und erschwang sich einen neuen Hut und gewandete sich nach und nach von Kopf zu Füßen.

Einst stand er wieder an einer Straßenecke und wartete auf Arbeit; es war ein milder, sonniger Wintertag, und die Menschen gingen etwas langsamer auf die Straßen. Ein kleines Schulkind, ein Mädchen, ging an Peter vorbei und hatte sein Schreibbüchlein aufgetan und blätterte darin und las bald hier, bald dort.

Peter der Raugraf hatte, seit er selber sozusagen Vater war, ein aufmerksames Auge auf das Tun und Treiben der Kinder und bemerkte denn auch dieses kleine eifrige Schulkind und lächelte ihm zu und sagte in wahrhaft sanftem Ton: »Nun, liebe Kleine? Was hast du da? Du liest schon Geschriebenes? Schreibst wohl selber schon? Ei komm! Komm her! Laß sehen! Das wär' ja gar zum Wundern und zum Loben!«

Das Mädchen war nicht blöde und trat zu ihm und zeigte ihm ihr Schreibbüchlein, und wirklich schrieb und las die Kleine zum Verwundern gut.

Sieh da! eine neue Sorge bewegte seine väterliche Seele. Wie, wenn sein Knäblein einst die ersten Schreib- und Leseproben halten, wenn es dann von Zeit zu Zeit daheim den Vater fragen sollte: Wie nun, wie hab' ich das zu machen? Das und wieder das? Wie sollte er dem Kleinen raten, er, der von Druck und Schrift soviel als nichts mehr wußte? Ah! der erste beste Nachbar, der erste beste Mensch auf der Straße konnte dann seinem Sohn Auskunft geben, und er, der Vater, sozusagen der eigene Vater, stand wie ein Holzblock da vor seinem Kind und wußte nicht ja noch nein, nicht vor und nicht zurück? Nein, nein! Das durfte nicht so kommen! Dem mußte vorgebeugt werden! Von der Achtung des Sohnes durfte ihm nichts an andere verschleppt, verzettelt werden. Peter beschloß, von nun an jeden Sonntag Schreib- und Leseübungen zu halten und es dahin zu bringen, daß er seinem Sohn künftig stets wenigstens ein, zwei Schritte voraus sein konnte.

Mit diesem festen Vorsatz ging er heim, um – was zu finden? Seinen Sohn zu finden? Seinen künftigen Schüler und Freund?

Nein. Er sollte ihn nicht mehr finden. Er sollte ihn nicht mehr sehen. Er war gestohlen, geraubt – kurz, er war dahin!

Die Wärterin kam ihm laut jammernd entgegen, schlug die Hände über dem Kopf zusammen, flehte um Gottes Barmherzigkeit willen, nicht ihr die Schuld dieses Unglücks beizumessen; denn sie habe zum Besten des Kindes, ja wahrhaftig und Gott! zum Besten des armen, süßen geraubten Mäusleins nur einen Sprung über die Gasse getan, nur um eine Semmel in die Milch des Würmleins zu holen; da sei's indessen geschehen, sei in zwei Minuten das Kindlein geraubt, gestohlen, entführt gewesen – weg, weg, zu ihrem Jammer und Entsetzen hinweg!

Peter stand da, die Axt fiel ihm aus den Händen; er stand be-

wegungslos, mit offenen Lippen da, die Säge gleitete ihm von der Schulter; er stand da am ganzen Leib zitternd, mit stieren blutunterlaufenen Augen auf die schreiende Wärterin starrend; seine Arme hoben, seine Hände ballten sich. Die bei dem Lärm zusammengelaufenen Männer und Weiber wollten ihm in die Arme fallen, um ihn von einer befürchteten Raserei gegen die Wärterin abzuhalten; aber er hatte eine solche Raserei nicht im Sinne. Er bog und beugte sich und sank und fiel dahin, und statt einer Donnerstimme, welche Rechenschaft forderte, wurde ein Schluchzen hörbar, so weh- und peinvoll, daß es alle Umstehenden aufs tiefste und bis zu Tränen rührte.
Man hob ihn auf und führte ihn nach seiner Stube. Allein nicht lange, so schoß ihm wieder alle Empörung und aller wütende Schmerz des Verlustes durch die Glieder, er sprang auf, blickte wild und mit forschenden Augen um sich, ob er etwa unter den Anwesenden ein schuldiges Haupt entdekken könnte; dann mit einem Male, wie von einem mächtigen Gedanken ergriffen, drückte er mit rascher Faust die Zuschauermenge rechts und links auseinander und eilte davon; es wußte niemand, wohin.
Um so besser wußte das Peter der Raugraf.
Auf dem kürzesten Weg, mit bloßem Haupt, des glatten Eisbodens und der Kälte nicht achtend, stürmte er der Vorstadt zu, in welcher er zuvor mit seinem Sohn gewohnt hatte; dort hatte er das erste Mal Verdacht geschöpft, daß ihm das Kind geraubt werden könnte; dort wohnte die erste Wärterin noch, welche er schon einmal im Verdacht gehabt hatte, daß sie ein Komplott zum Behufe des Kindesraubs unterstütze; sie, sie mußte auch jetzt von allem wissen, sie mußte ihm Auskunft geben, oder sie sollte erfahren, daß er imstande war, Dinge zu tun – Dinge...
In erstaunlich kurzer Zeit hatte er die Vorstadt, die Straße seiner frühern Wohnung erreicht und war auch diesem

Haus bis auf zwanzig Schritte nahe gekommen, als er vor der Schwelle derselben seine frühere Aufwärterin stehen und unruhig hin und wieder blicken sah.
Ah! dort ist sie, dachte Peter, hat sie Kohlen im Gewissen? hält sie Ausguck, ob ich komme? Woher ich komme? Ja, ja, hier bin ich, es läßt sich ja wohl denken, daß ich kommen werde!
Diese letzteren Worte hatte er zugleich laut vor sich hin gesprochen, so daß sie bis ans Ohr der Wärterin schlugen, diese blickte um, stieß einen Schrei aus, sprang ins Haus zurück, schlug die Tür hinter sich zu und verriegelte sie von innen.
Mit drei Sätzen war auch Peter schon davor und fiel von außen wütend an das Schloß.
Wahrscheinlich hätte er sich den Eingang bald genug erstürmt, wäre es nicht früher zu Erklärungen zwischen der Wärterin und ihm gekommen.
Die Wärterin rief mit Angst und Beben drinnen: »Peter, Peter, warum kommst du so wüst und feuerlich daher? Was willst du? Was hast du? So bist du ja zum Schrecken und Entsetzen – sag, sag, wie sollt' ich da nicht vor dir fliehen!«
Peter trommelte noch einmal wütend an die Tür und erwiderte dann:
»Was ich will? Zu was ich komme? Fragst du noch, alte Mauerschelle? Auf! Auf, sag ich! Und reden sollst du, sagen sollst du –«
»Was, Peter, was? Was willst du nur wissen? Du sollst ja alles hören, wenn du nur fragen und hören willst –«
»Alsdann«, sagte Peter, vom Stürmen lassend: »Sag mir also an, sag an: Wo ist mein Kind hin? Mein Kindlein, es ist geraubt, gestohlen; du mußt wohl davon wissen, du weißt davon; sagst du nicht sogleich –«
»Peter! Peter!«
»Nun da! Heraus mit der Wahrheit! Heraus mit der Ge-

schichte, sonst will ich an dies Tor da trommeln, daß dir das ewige Gericht –«
»Peter! Peter!«
»Rede! Sag!«
»So sei nur ruhig, sei nur still! So willst du denn nicht ruhig hören?«
»Kurz! Mit eins! Was ist's? Wo ist mein Kind?«
»Peter, das Kind ist bei seiner Mutter. Dort magst du's wieder suchen. Peter, wo du es gefunden und entführt hast, in derselben Straße, in demselben Haus, bei jenen alten Eheleuten.«
»Was?«
»Bei jenen alten Eheleuten ist die Mutter in dem Dienst; sie hätten es damals, weißt du? damals an dem Morgen, finden und aufnehmen sollen, und du hast es aber damals gefunden und aufgenommen. Jetzt hat dir die Mutter das Kind wieder entführt. Geh hin, jene alten Leute haben es aufgenommen, geh hin, ob du es wieder nehmen und entführen kannst! Jetzt weißt du alles...«
Da sie auch kein Geräusch mehr hörte, so machte sie endlich die Tür langsam und schüchtern auf, und siehe da! Peter war fort, war auf und davon. So ist er also hin, der Arme, dachte die Alte, wirklich hin. Was wird der Schelm für Augen machen; nun, die Mutter jenes Kindes, wie wird er diese Mutter sich betrachten, sich beschauen. Nun, er hat es haben wollen, so mag er es auch haben.
Und in der Tat: Peter der Raugraf eilte, flog der innern Stadt, der Breunerstraße, dem Numero des Hauses zu, wo jene alten Eheleute wohnten, wo sein Kindlein zu finden sein sollte.
Schon hatte er das Tor des Hauses vor Augen, sah sich im Geist schon die drei Stufen am Eingang in das Haus emporstürmen, sah sich ohne Meldung in eines der Zimmer der Alten dringen, hörte sich die Herausgabe des Kindes mit

donnerndem Ungestüm verlangen – die Alten hätten gleich das erste Mal ihre christliche Liebe sollen mehr in Flammen setzen, sie hätten ein Kind, das in Schneegestöber und Eiseskälte dem Erbarmen der Menschen hingestellt war, nicht erst sollen erfrieren lassen, um es dann zu retten – jetzt, jetzt – so hörte er sich im voraus schon mit Donnerstimme aufbegehren, jetzt wo das Kind schon seinen Vater, seine Pflege, sein Dach und Fach gefunden habe, jetzt sei es ein für alle Male zu spät mit Kinderaufnahm', denn es sei jetzt Kindesraub, nicht Kindes – hörte er sich sagen.

Nun? Wie? Warum stand er plötzlich wie angewurzelt still vor dem Hause und starrte sprachlos, verwirrt, entsetzt und unsäglich erschüttert die drei Stufen empor? Was sah er? Was benahm ihm die Kraft des Schrittes, die wilde Flamme des Blicks, die donnernden Worte der Lippen?

Ein ziemlich junges Frauenzimmer stand vor ihm, blaß und wehmütig, ein Tuch um den Kopf, der sie schmerzte, die Augen von Tränen feucht, die Hände kraftlos hängen lassend, als wollte sie sagen: ›Wenn du mich siehst, und du kannst deinem Zorn doch nicht wehren und du willst den Frieden dieses Hauses dennoch stören, mein Kind wiederhaben – o du siehst, hier steh' ich wehrlos, kraftlos –, dann komm und drücke mich mit Leichtigkeit hinweg, ich weiß dich nicht zu hemmen und nicht zu halten!‹

Ah! freilich, freilich, das hatte er nicht erwartet, von einem solchen Widerstand an dieser Schwelle hatte er nicht geträumt! Sein Hannchen, seine frühere Geliebte, seine später treulos gewordene Geliebte hatte er nicht in diesem Haus geahnt, und daß sie gestehen würde, sie sei die Mutter dieses unglückseligen Kindes, das von einer Hand in die andere gewandert – wie hätte ihm das nur im entferntesten zu Sinne kommen sollen? War es ihm doch jetzt, wo das alles augenscheinlich vor ihm stand, wo er die Gestalt der Geliebten sah und ihre Stimme hörte, noch immer traumhaft, wie ein

Wunder, das ihn unbereitet überfiel und wie einen Fieberphantasierenden bewegte.
Und dennoch, dennoch war es so: Hannchen, einst sein Hannchen, stand leibhaftig vor ihm da und ließ voll Schmerz und Weh ihr weinend Auge auf ihm ruhen und konnte lange nicht sprechen und sagte dann:
»Bist du kommen, Peter, daß du mir mein Kind wieder nimmst, da wo es jetzt von reichen Leuten aufgenommen ist, wo es wohl gepflegt wird von den besten Herrenleuten und versorgt ist all sein' Tag'? Ich kann dir nichts verwehren, du hast es einmal schon gerettet, hast es lieb gehabt und gut gehalten – aber, Peter, was das Kind worden wäre, das bedenk' und laß mich bitten: vergiß, o Peter, und vergib – ich weiß es wohl, weiß wohl, daß ich Schweres auf dem Herzen habe gegen dich – ich hab' nicht wenig drum gelitten und leide noch…«
Und nun erzählte sie einfach und von Wehmut manchmal unterbrochen, wie sie Peters Bekannten (seinen Freund wagte sie ihn nicht zu nennen) wirklich geheiratet habe, wie sie beide bald darauf nach Wien gezogen wären und sich hier seitdem mit allem Fleiß ernährt hätten. Endlich sei das Kind zur Welt gekommen, Hannchen habe darum den ersten Dienst verloren, habe lange darauf nicht wieder einen finden können, und als sie einen fand, sei ihr Mann zum größten Unglück bald darauf erkrankt. Lange sei es ihnen schlimm gegangen, das Kind in fremden Händen gegen bare Zahlung hätte ihnen Kummer über Kummer gemacht, Verdienst sei schlecht gewesen, und manchmal sei es schwarz geworden vor ihren Augen vor Sorg' um Speis und Trank, um Leib und Leben. Da habe sich's gefügt, daß Hannchen zu den alten guten Eheleuten in den Dienst gekommen sei und liebgewonnen wurde. Oft hörte sie die Alten klagen, daß sie auch nicht ein geliebtes Kind vom Geschick erhalten hätten, und oft hätte Hannchen mit Seufzen gedacht: Wär' das

meine euer – das heißt: in Pfleg' und Schutz – wie gern, wie gern säh ich's in euern Händen, von euern Gütern wohlgekleidet und genährt! Solche Gedanken hätten endlich das Hannchen zum Entschluß gebracht, ihr Kind den Alten vor die Tür zu stellen, weil sie sicher dachte, es würde aufgenommen werden. An jenem Morgen nun, an welchem Peter Holz zu spalten kam, sei's unternommen worden – und auf wunderliche Art mißglückt. Peter, den sie in seiner Haar- und Bartverwilderung damals nicht erkannt, Peter habe statt der Alten das Kind an sich genommen – o zu welcher Pein der Mutter, welche lange nicht die Spur des Kindleins finden und es dem unrechtmäßigen Besitzer wieder nehmen konnte. Das sei nun aber endlich doch geschehen, und es frage sich, ob Peter nun das Kind aus den Armen guter reicher Menschen wieder an sich zu reißen und die Mutter in den größten Jammer zu stürzen denke. Die Alten seien der Meinung, fuhr Hannchen fort, Peter selber hätte das an jenem Morgen entführte Kind ihnen wieder zugeschickt und bitten lassen, dasselbe gütigst aufzunehmen. Käme nun Peter und widerriefe das und wollte das Kind wiederhaben und sagte alles aus – dann freilich, freilich, sagte Hannchen schluchzend –, dann könnte Peter eine Rache finden über alle Maßen, weil sie ihm nicht treu geblieben; Hannchen würde den Dienst verlieren, die Alten würden am Ende ein so bestrittenes Kind nicht länger halten wollen, Elend über Elend wäre da, und freilich, Peter könnte mit der Rache wohl zufrieden sein. »Dann komm herein«, schloß Hannchen ihren traurigen Bericht. »Herein, du bist der Stärkere, du schiebst mich leichtlich nur beiseite, dringst an mir vorbei, nimmst mir und diesen guten Alten das versorgte Kind, springst fort, verschwindest; und man wird mich finden, sagen kann ich dir nicht, wo; und alles, alles ist dir dann nach Wunsch gegangen, du bist gerächt, o Peter, und ich – und ich gehöre meinem Mann nicht mehr, gehöre niemand mehr, bin nicht mehr da, um jemand zu gehören.«

Einige Wochen später, an einem kalten Januarmorgen ging aus einer der hochgelegenen Vorstädte Wiens wieder ein Arbeiter mit Axt und Säge nach der innern Stadt und hatte einen alten kläglich abgenützten Schlapphut tief ins Angesicht gezogen, und man sah es seinem Bart und Haar an, daß er sie wachsen ließ ganz nach Belieben und von Sorgfalt der Behandlung wenig daran wendete.
Es war Peter der Raugraf. Er war blässer als sonst geworden, düsterer als sonst.
Von Kälte schien er nichts zu fühlen, denn er ging in schlichten alten Leinenkleidern; desto mehr schien er vom Ernst trauriger Gedanken auszustehn, und jenes stille Schüttern, welches von Zeit zu Zeit ihn sichtbarlich von oben bis unten faßte, kam davon.
Peter hatte seine alte Wohnung in der ersten Vorstadt wieder bezogen, hatte sein Leben wieder auf das mindeste beschränkt, ließ seine alte Unart wieder wirken: nur denen zu arbeiten, welche ihm von Angesicht zu Angesicht gefielen. Kurz, wer von seinem jüngst Erlebten nichts erfahren und ihn während seiner kurzen Verwandlung nicht gesehen hatte, der sah ihn eben wieder als den Alten, schroff und widerwärtig, abschreckend und verwahrlost.
Und doch – doch!
Er war verwandelt. Wer hatte ihn je zuvor still für sich weinen gesehen? Er weinte jetzt. Wer hatte ihn je zuvor an Kinder, die zur Schule oder sonst vorübergingen, kleine Geschenke geben sehen? Das tat er jetzt? Wer? Genug, genug...
Peters Erlebnis wissen wir, seine Wehmut begreifen wir, seine Liebe zu den heitern Kindern können wir verstehen. Sieh! Dort lehnt er wieder mitten in Kälte und Schneegestöber an der Straßenecke, die Vorübergehenden meinen, er sehe weg und wolle nur den Mann dort, jenen geizigen Hausherrn, nicht erblicken, der vorübergeht. Nein! Nein,

sein Hannchen ist vorüber, hat ihn flehentlich betrachtet, und er sieht nun weg und weint – und denkt ihrer und kann weinen wie ein Kind.

JOSEF RANK

Landpartie zum Kahlenberg

Vor einigen Tagen machte ich mit einem guten Freund eine Landpartie nach dem Kahlenberge, dem mons atius der Alten; um zehn Uhr verließen wir das Gewühl der Stadt und kamen nach einer angenehmen Fahrt längs den reizenden Ufern der Donau in einer Stunde im Kahlenbergdörfel am Leopoldsberg an. Von hier gingen wir zu Fuß weiter und erreichten bald die Spitze des Bergs; schon teilweise hatten wir im Hinaufsteigen die Aussicht genossen, die sich jetzt in ihrer ganzen Größe und Pracht vor unseren Augen ausbreitete. Mit welchem Vergnügen verfolgten wir den Lauf der fernherkommenden Donau, wie sie bald in mehrere Arme geteilt, mit grünen Büschen dicht bedeckte Inseln bildete, bald in einfacher Größe dahinströmend, ihren stolzen Weg über blühende Fluren nahm: erstaunt übersahen wir mit einem Blick Mährens weit sich ausdehnende Ebenen, Ungarns Grenzen und Preßburgs weiße Türme, Österreich und seine Kaiserstadt, von der eine Dampfwolke emporsteigend das geschäftige Leben der Menge verriet, das kein Laut mehr unserem Ohr verkündete; seitwärts erhoben sich die dunklen Gebirge von Tirol und Steiermark, und nahe vor uns stand der Kahlenberg, dessen klösterliche Häuser aus grünen Buchen hervorragten. Der Prinz von Ligne hat ein Landhaus auf dem Gipfel des Berges erbaut.

Johann Christoph Erhard: Ein Herr auf dem Kahlenberg bei Wien.

Ein reizender Fußsteg führte uns im düsteren Walde fort bis an das Kamaldulenserkloster auf dem Kahlenberg, wo ehemals im zwölften Jahrhundert das Residenzschloß der Markgrafen von Österreich stand und jetzt seit der Aufhebung des Klosters durch Joseph II. mehrere Partikuliers den Sommer über wohnen. Nach einem ländlichen, im Freien eingenommenen Mittagessen, das die Bewegung, die reine Luft der Berge und unsere ungetrübte Heiterkeit gewürzt hatten, setzten wir unseren Weg nach dem Cobenzl fort; im dichten Gebüsch verirrt, kletterten wir lange hin und her, bis wir den rechten Pfad wieder erreichten, und kamen erst nach einer starken Stunde an der zerbrochenen Türe an, wo eine baufällige Brücke über einen wilden Waldbach in das Innere des Gartens führt. Bald darauf ging der Weg durch eine finstere Grotte, deren eine Seite ein tiefer Wasserbehälter einnahm; da nichts den Vorbeigehenden in der Dunkelheit vor dem Hereinfallen schützte, schien mir diese surprise, so sehr sie auch in englischen Gärten Mode ist, doch fast das Maß zu überschreiten. Über weite Wiesen gelangten wir nach einiger Zeit an die sogenannte holländische Meierei, die in der Tat mit echt holländischer Reinlichkeit eingerichtet ist; denn Sälen glichen die Ställe, und wie ein Visitenzimmer war die Küche anzusehen. Eine freundliche Alte reichte uns ein Glas fetter Milch, und neu gestärkt verfolgten wir unsere Reise nach dem Himmel, einem zweiten englischen Garten auf dem Rücken des Gebirges, der dem unglücklichen General Mack gehört. Wir begegneten bei der Einsiedelei zwei artigen Kammermädchen der Generalin, die so gütig waren, uns einen näheren Seitenweg zu zeigen, der durch Weinberge und einen hohen Eichenwald nach Dornbach führte, wo wir unseren Wagen hinbestellt hatten. Dieser in geringer Entfernung von der Stadt liegende Ort gehört dem Fürsten Schwarzenberg, der wenig für die Unterhaltung des weitläufigen Parks tut, den er hier besitzt; er ist vom General Lascy angelegt, dem das Gut sonst gehörte, und ohne Zweifel der geschmackvollste und ausgedehnteste in der ganzen Gegend.

FÜRST PÜCKLER-MUSKAU

In blauer Ferne stehen der Kahlenberg und der Leopoldsberg mit ihren Kirchlein, gleich riesigen Wächtern der Hauptstadt, und gleichsam als Schlußstein der Gebirgskette, die sich durch das südliche Europa windet und die Donau mit dem Meerbusen von Genua verbindet. Welch ein interessanter Moment! Während man auf dem Rücken der Donau dahinschwimmt, welche sich dem Schwarzen Meer zuwälzt, hat man zugleich eine Hügelkette vor sich,

Louis Hoffmeister: Wien vom Leopoldsberg.

die sich bis ans Mittelländische Meer erstreckt. Man glaubt, den Klang der türkischen Musik zu hören, deren Töne uns von Osten entgegenschallen, während milde Lüfte uns die schmelzenden Akkorde der Mandoline und das Geschmetter der Kastagnetten von der Landseite herübertragen. Das erstere wenigstens wird man nicht übertrieben finden, wenn man sich erinnert, wie oft das Echo dieser Ufer die wilde Janitscharenmusik widerhallte und der Halbmond sich in den Fluten der Donau spiegelte.

KARL GEROLD

Der Pfaff vom Kahlenberg

Herzog Ott' von Oesterreich
Trägt ein Kränzlein frischer Rosen.
Tanz und Fastnacht gleich
Gilt ihm Regiment und Reich;
Spiel soll freu'n den Friedelosen.

Herrschaft, lust'ge Mummerei,
Froh begonnen, trüb geendet;
Schallgekling, Geschrei
Gellt im ew'gen Einerlei,
Und der Friede scheint verpfändet.

»Laßt mir doch«, Herr Ott' gebeut,
»Kommen meinen lust'gen Pfaffen;
Schwank und Fröhlichkeit
In der bösen Fastenzeit
Soll der Pfarrherr stracks mir schaffen.«

Zu dem Herzog, trüb und bleich,
Kam der Pfarrherr frisch gegangen:
»Herr von Oesterreich,
Ei, um Gott, was schafft so bleich
Eure Rosen auf Haupt und Wangen?«

»Meine Lust ist all' dahin;
Herrschen möcht' ich, wie ich's meine,
Aber jeder Sinn
Widerstrebt mir immerhin,
Sagt, wie ich sie all' vereine?

Schafft ein Mittel doch dafür,
Kluger Pfarrherr, mir behende,
Denn ich will hinfür:
Keiner widerstrebe mir,
Daß mein Trübsinn selig ende.«

»Ei, Herr Ott', ich will Euch gern
Meinen klugen Rat ertheilen:
Schickt die Grillen fern.
Solchen ros'umkränzten Herrn
Möcht' ich wohl vom Trübsinn heilen.«

Und er führt Herrn Ott' sogleich
Auf des Berges steilen Gipfel;
»Herr von Oesterreich!
Meinen Rath erfahrt ihr gleich,
Guckt auf meiner Kutte Zipfel.«

Rasch gesagt und rasch wie toll
Eilt der Pfaff und kommt bald wieder,
Bringt die Kutte voll
Von erhob'nem, selt'nem Zoll,
Schüttelt bald den Inhalt nieder.

Schädel sind's vom Todtenhaus,
Die der Pfaff herbeigetragen;
Aus der Kutt' heraus
Kollern sie, im tollen Braus
Rings den Berg hinabgeschlagen.

»Herzog Ott', nun schauet hin,
Wie die Gecken Freisinn hegen!
Ueber Berges Grün –
Jeder bleibt bei eig'nem Sinn,
Kollert auf den eig'nen Wegen.

Thun sie so selbst nach dem Tod,
Zwingt Ihr sie auch nicht im Leben,
Edler Herzog Ott'!
Selbst die Schädel thun Euch Spott; –
Pflückt die Rosen, preßt die Reben.«

EDUARD DULLER

Geschichte des Pfarrers von Kalenberg

Hie hawen sie geperg un d' pfarrer ligt auff dem rain

Hie nach decken die pawren den koer an der kirchen

Hie traidt der pfarrer sein schuch zu den goltschmidt

Hie hat der pfarrer den sack auf einem wagen und man schüt ihm den haberen ein

Hie rait der fürst an das raidt

Hie fert die hertzogin auff dem wasser für den Kalenberg, do wusch der pfarrer sin nyderkleid

Hie treibt der pfarrer in dem meßgewant daz viech auß und die kelnerin get vor ihm

PHILIPP FRANKFURTER
ALBRECHT-DÜRER-SCHULE

Auf der Zahnradbahn

»Es ziagt bärenmäßig«, sagte im Waggon der Kahlenbergbahn ein korpulenter Herr auf dem Vordersitze zu seinem Gegenüber. Der Mann auf dem Hintersitze, hager und von galliger Gesichtsfarbe, zuckte kaum die Achseln. Sein Blick ruhte unverwandt auf den Weingeländen, welche er mit einem fast ängstlichen Ausdruck durchforschte, als fürchtete er, daß die Rebläuse in ihrer maßlosen Niedertracht am Ende einen Überfall auf den Zug wagen könnten.
»An ein' so kühlen Tag is's nix mit die offenen Waggons«, fuhr der andere unbeirrt fort. »Wissen S', mir rinnt der Schwitz über'n Buckel, weil i ein bissel dostig bin, und da is's glei' aus und g'schegn, wenn i in ein' Zug komm'. Bauchweh is das mindeste, was i kriag – das kenn' i.«
Der gallige Herr rührte sich nicht, trotzdem der Sprecher durch ein starkes Räuspern zu erkennen gab, daß er, wenn schon keinen milden Trost hinsichtlich des drohenden Bauchwehs, so doch eine im allgemeinen teilnehmende Antwort erwartet hätte.
»Hiazt fangt's gar no' zon regnen an«, schmollte der korpulente Passagier, den Rock zuknöpfend. »Na, das friß i gar gern! Ziag'n tut's eh und hiazt spritzt's no' eina. Da muaß ma do' was für sein' liab'n G'sund tuan. I wir die Plach'n zuamach'n. Sie erlaub'n schon.«
»Muß sehr bitten«, wehrte der Angesprochene kurz ab, »die Plach'n oben lassen! Geht ja die Aussicht zum Teufel!... Unsinn!...«
»Waaas?« fuhr jetzt der Korpulente auf; »nix red'n und grob sein a no'? I hab' dasselbe Recht auf die Plachen wia Sö, verstengens, und wegen Ihnerer Aussicht wir' i mir ka Bauchzwicken einwirtschaften. Die Plachen muaß awer!«
Damit zog er den Leinenvorhang herunter und stemmte die

wuchtige Faust auf die Eisenstange, den kritischen Herrn mit feindseligen Blicken messend. Dieser sprang wütend auf und zerrte mit aller Kraft an den Schnüren, um den Vorhang wieder in die Höhe zu bringen. Doch vergebens; selbst als er sich mit seinem ganzen Körper an die Stricke hing, wie die Mesnerbuben an die Glockenseile, wich der Vorhang nicht einen Zollbreit. Keuchend ließ der Gallige endlich von diesem Beginnen ab und rief so laut, daß es die übrigen, durch den Kampf ohnehin schon aufmerksam gewordenen Passagiere hören mußten, seinem Widersacher zu:
»Wenn mir nicht um die fünf Gulden Straf' leid wär' – Sie sollten eine Watschen kriegen...«
Es wurde still im Waggon. Der also Beleidigte erhob sich in seiner ganzen fürchterlichen Breite, spuckte bedächtig in die Hand, holte mächtig aus... dann schüttelte er den Kopf, pfauchte die Erregung aus und setzte sich wieder. Seine dikken Wurstfinger holten aus einer ansehnlichen Brieftasche eine Banknote hervor, die er dem Beleidiger unter die Nase hielt.
»So«, stieß er hervor, »da hab'n S' ein' Fünfer, Sö notiger G'sell. Damit können S' d' Straf' zahl'n; awer hiazt möcht' i do' amal dö Watschen seg'n, dö Sö mir geb'n woll'n. Kost' Ihna gar nix, das haßt ka Geld, denn da is mei' Fünfer. Alsdann her mit der Watschen!«
Der andere verharrte in trotziger Unbeweglichkeit, bis ihn ein in zischendem Tone gesagtes und von einem bedenklichen Hin- und Herflattern des Fünfers begleitetes »I sag' Ihna, nehman S' 'n, sunst...« bewog, die Note unwillig einzustecken. Darauf lehnte sich der Korpulente mit förmlichem Behagen zurück und kreuzte die Arme.
»So, zahlt is die Watschen; hiazt liefern S' es a, wann S' an Funken Ehr' in Leib hab'n. Die Herrschaften sein Zeug'n.«
Keine Antwort.

»Na, launln S' net so lang ummer! Mei Watschen will i hab'n, Sö gacher Herr, soll i valleicht no' a Bittschrift einreich'n?«

»Sie werden Ihre Watschen schon kriegen«, bequemte sich nun der so nachdrücklich Herausgeforderte zu sagen. »Justament will ich nicht gleich. Sie kriegen s' später, wann's mir paßt.«

»Oho, dös gibt's net, dös kenn i net, dös sein Pflänze! Entweder reiben S' augenblickli die Watschen ummer oder Sö geb'n m'r 's Geld z'ruck, weil ka Vorstellung net is. Nachher, mei lieber Herr von Sassafras, werd'n m'r erscht no a Wartel mitanander weiterred'n.«

»Ich hab' Ihnen schon gesagt, daß Sie Ihre Watschen krieg'n werd'n, Sie leichtsinniger Mensch, der mit die Fünfer so herumhaut. Das Geld bleibt bei mir als Deckung. Und damit basta!«

Ein Sturm des Unwillens erhob sich unter den Passagieren. Augenblicks ward die Szene zum Tribunal, und es regnete mehr oder minder kräftige Vorwürfe gegen den »Schundian und Hasenfuß«, welcher zuerst keck genug sei, eine Ohrfeige belehnen zu lassen, sie dann aber aus blasser Furcht sozusagen dem rechtmäßigen Eigentümer vorenthalte. Einige Stimmen äußerten ganz unverhohlen, daß eine solche Handlungsweise an Hochstapelei grenze, und da der Zug unterdessen in die Station Kahlenberg eingelaufen war, zeigten sie nicht übel Lust, diese unerhörte Streitsache durch den Sicherheitswachmann schlichten zu lassen.

Da klopfte beim Aussteigen der gallige Herr mit ganz veränderter Miene seinem Gegner auf die Schulter und sprach: »Ich werd' Ihnen was sag'n: was soll'n wir uns um den Fünfer und um die Ohrfeig'n streit'n? Wann S' mir ein bissel gut sein könnten, wär's 's beste, wir trinketen Bruderschaft miteinander um den Fünfer.«

»Is a recht«, schmunzelte der Dicke, »sag'n m'r du zueinan-

der. Servus, sollst leb'n!« Und er gab ihm sofort einen schmalzigen Kuß, und die beiden verließen Arm in Arm den Bahnhof.
Die Zuschauer machten große Augen. Dann sagte einer: »Dös kann i was net leid'n, wann solche Witz' g'macht werd'n! Awer denen sitz' i nimmer auf, dös steht!...«

EDUARD PÖTZL

Ein Mord

16. Januar 1837

Als ich vor einigen Tagen morgens aus dem Fenster sah, war ich überrascht, eine Menschenmenge auf dem Marktplatze zu sehen. Sie hatte sich vor einem großen Gebäude, das verschiedenen Gerichts- und Polizeizwecken dient, zusammengerottet.
Wäre ich in Frankreich gewesen, hätte ich auf der Stelle meine Habseligkeiten einzupacken begonnen. In England aber hätte ich die Schließung meiner Fensterläden angeordnet, damit die politische Begeisterung der Berufsglaser keine Zerstörung hätte verursachen können, deren Splitter in Berührung mit meinen Augen gekommen wären. Da ich aber in Wien war, betrachtete ich die friedfertige Menge furchtlos und wartete ohne besondere Angst, bis jemand käme, der meine Neugierde durch Erklärung der Ursachen für diese ungewöhnliche Ansammlung befriedigen würde.
Ich wartete nicht lange, denn bald erschien mein Mädchen mit der Nachricht, daß ein Mörder auf einem Gerüst vor

Johann Adam Klein: Eine Hinrichtung vor Wien.

dem Gerichtshause zur Schau gestellt würde. Da ich wußte, daß sie ihre Nachricht nur von meiner deutschen Köchin in jenem kauderwelschen Dialekte, in dem sie sich verständigen, erfahren haben konnte, war ich im Zweifel, ob ich mich auf ihre Angabe verlassen könne und ob nicht überhaupt alle Einzelheiten, in Anbetracht der Quelle, aus der Luft gegriffen seien.
Ich gewahrte jedoch, daß man tatsächlich vor dem Gebäude eine hohe Bühne aufbaute, und das immer zunehmende Gedränge des Volkes bewies, daß es eine Sehenswürdigkeit erwarte, für die allgemeines Interesse bestand. Nachdem ich endlich einen zuverlässigen Dolmetsch fand, bestätigte er diese Geschichte als wahr, und es ist tatsächlich eine interessante Geschichte.
Der Verbrecher ist ein junger Mann von zweiundzwanzig Jahren, elternlos und ohne jeden Anhang in der weiten Welt außer einer um zwei Jahre jüngeren Schwester. Wenige Mo-

nate vorher hatte sie sich beklagt, daß ihre Dienstgeberin sie sehr schlecht behandle, ja sie sogar geschlagen habe. Es bedarf keines langen Studiums der Österreicher, um zu erkennen, daß eine solche Beleidigung sie schwerer trifft als eine noch ärgere Demütigung in anderen Ländern empfunden würde. Es liegt in ihnen ein gut Teil trotziger Unabhängigkeit. Dies führt aber nicht zum Widerstand oder Groll gegen die gesetzlich auferlegte Strafe, doch macht sie widerspenstig gegen jede Strafe, die nicht auf gleiche Weise gesetzlich verankert ist. Die unteren Klassen sind schlechte Behandlung nicht gewohnt und nehmen sie auch nicht geduldig hin.

Dieser Schlag war mehr, als der junge Bursche, der sich als einziger Beschützer fühlte, ertragen konnte. Er nahm seine Schwester aus dem Dienst, brachte sie in einem anderen Hause unter und schloß sogleich Bekanntschaft mit ihrer Nachfolgerin.

Es scheint, daß er mehrere Wochen hindurch am Brunnen, wo das Mädchen Wasser holte, zu warten pflegte. Vor ein paar Tagen bemerkte er, daß Wasserträger, die bereits warteten, noch vor ihr an die Reihe kämen, eilte zur Wohnung der Dienstgeberin und zog die Glocke. Wie er erwartet hatte, öffnete die alte Frau selbst, worauf er die Unglückliche in ihr Schlafgemach drängte und ihr ein Messer, das er für diesen Zweck lange bewahrt zu haben gestand, in das Herz stieß. Dann kehrte er ruhig zurück, ohne daß jemand im Hause von dem schrecklichen Vorgang etwas ahnte. Sie lebte jedoch noch lange genug, um der Magd, als diese zurückkam, zu offenbaren, wessen Hand ihr den Todesstoß versetzt habe.

Man suchte unverzüglich nach dem jungen Mörder und fand ihn alsbald an seinem gewohnten Arbeitsplatze in der Werkstätte eines Zimmermannes. Sobald die Diener der Gerechtigkeit erschienen, legte er sein Werkzeug nieder und schickte sich an, ihnen zu folgen, indem er sagte: »Ich weiß, daß Ihr kommt, um mich zu holen. Ich bin bereit, mit Euch zu gehen.«

Nach österreichischen Gesetzen kann niemand wegen eines Verbrechens hingerichtet werden, und wäre es ein noch so klar erwiesener Mord, außer er gesteht seine Schuld ein. Weigert er sich, zu gestehen, wie stark die Beweise gegen ihn auch sein mögen, vermag man ihn zwar einzukerkern, nicht aber ohne eingestandenes Verbrechen auf der Seele vor seinen ewigen Richter zu befördern.

Da jedermann dieses Gesetz kennt und nie davon abgewichen wird, hätte der heißblütige, verblendete junge Mann sich leicht dieser äußersten Strafe, mit der auf Erden ein Verbrechen gesühnt werden kann, entziehen können, indem er nicht gestanden hätte. Aber weit entfernt, sich dies zunutze zu machen, bekannte er sich, vor die Behörde gebracht, zu dem Verbrechen und gab seine Beweggründe dazu an.

Er wurde daher zum Tode verurteilt. Seine öffentliche Schaustellung währte zehn Minuten, in denen er auf einem hohen Podeste stand, von wo ihn das Volk deutlich sehen konnte. Unterdessen wurde sein Urteil vom Balkon des Gerichtshauses laut vorgelesen. Dann wurde er abgeführt, und die Menschen verliefen sich so ruhig, wie sie gekommen waren.

Zeitig am nächsten Morgen begannen sich abermals Menschen am Hohen Markte zu sammeln, und wir vermeinten, die Zeremonie der öffentlichen Ausstellung würde sich wiederholen. Hierin täuschten wir uns jedoch. Die Menge stand einige Stunden vor dem Tore des Gerichtes, ohne daß wir enträtseln konnten, worauf sie wartete.

Endlich erfuhr Mr. H., daß das Volk, oder zumindest wer wollte, einzeln oder höchstens zu zweit in das Gerichtshaus eingelassen würde, um den unglücklichen jungen Mann zu sehen, dessen Strafe oder dessen Privileg es war – als was

man es betrachten soll, ist schwer zu sagen –, dazusitzen und die Besuche aller Mitbürger zu empfangen, die das Bedürfnis haben, ihn zu betrachten.
Mr. H. schloß sich einer Gruppe an und betrat mit ihr ein kleines Zimmer, das durchaus keinem Kerker glich. An der Rückwand des Raumes saß der Verbrecher neben seinem Beichtvater, und vor ihm stand auf einem Tische ein Kruzifix zwischen zwei brennenden Kerzen. Der Priester las leise aus einem Buche vor, während der Gefangene, der nicht gefesselt war, aus einer langen Pfeife rauchte, die ein Mann, der einer seiner Kerkermeister zu sein schien, sooft sie ausgeraucht war, wieder füllte.
Mr. H. sagte, daß das Antlitz des unglücklichen Burschen nichts Rohes, wohl aber einen stumpfen, fast tierischen Ausdruck habe. Er schien auf das Geschehen um sich wenig zu achten und nur, wenn ein Neuankömmling ein Geldstück auf das Tuch vor dem Kruzifix warf, zum Danke mit dem Kopf ein wenig zu nicken.
Das so gesammelte Geld steht ausschließlich zur freien Verfügung des Gefangenen. Als frommer Katholik läßt er davon Messen für den Frieden seiner Seele lesen, er kann aber auch nach Wunsch während des letzten Tages und der letzten Nacht seines Daseins zu essen und zu trinken kommen lassen, was er will, oder darüber zugunsten eines Verwandten oder Freundes verfügen.
Seine Hinrichtung ist auf übermorgen festgesetzt, wo er nach Sonnenaufgang bei der Spinnerin am Kreuz gehängt werden soll. Seine arme Schwester soll sich in einem erbarmungswürdig schmerzlichen Zustande befinden, und die aufopfernde Liebe, die er so verzweifelt und gräßlich für sie bewiesen hat, scheint ebensosehr das Mitleid wie die Entrüstung des Volkes zu erregen.
Die äußerst selten verhängte Todesstrafe in Wien, ja überhaupt in irgendeinem Teil von Österreich, bewirkt, daß

über diese traurige Geschichte viel gesprochen wird. Es ist nicht übertrieben, zu sagen, daß in England Hunderte hingerichtet werden, ohne so viel Aufsehen zu erregen wie hier dieser einzige Fall.
In Österreich sind öffentliche Gerichtsverhandlungen nicht gestattet, weil man befürchtet, der Gerichtshof könnte so beeinflußt werden, daß der Sinn der Gerechtigkeit darunter leidet. Sobald aber die gerichtliche Untersuchung vorüber ist, kommt das Ergebnis klar ans Tageslicht. Keineswegs geben Untersuchungen dieser höchst patriarchalischen Regierung denjenigen recht, die sie finsterer Geheimhaltung beschuldigen. Es hat vielmehr in Kriminalfällen sowie in allen übrigen Verfahren jedermann freien Zutritt zu den Akten.
Im Laufe des gestrigen Tages verbreitete sich das Gerücht, der Kaiser habe beschlossen, die Todesstrafe in eine Kerkerstrafe zu verwandeln, und heute wurde dieses Gerücht voll bestätigt. Das Verbrechen rief wohl unbestreitbar ein Gefühl des Schauderns hervor, aber ebenso allgemein ist die Freude über diese Nachricht. Die Feststellung, daß diese fürchterliche Untat verübt wurde, um das Unrecht einer verwaisten Schwester zu rächen, und der Umstand, daß die beiden jungen Leute ganz allein in der Welt stehen und nur sich selbst haben, hat alle Herzen zu ihren Gunsten erweicht.
Was aber den gütigen und barmherzigkeitsliebenden Kaiser betrifft, hätte er gewiß einen Anlaß gefunden, um das Todesurteil eines Mitmenschen nicht unterzeichnen zu müssen. Kaiser Ferdinand hat diese schmerzliche Pflicht bis jetzt noch nie erfüllt, und es bleibt zu hoffen, daß das glückliche Volk, über das er regiert, ihm diese Pflicht auch weiter ersparen wird.
Seine Gefühle bei einer derartigen Gelegenheit lassen sich aus dem Schicksal jenes Mannes entnehmen, der vor langer Zeit in Baden die ruchlose Mörderhand gegen ihn erhob, um

ihn zu erschießen. Der Meuchelmörder wurde auf seinen Wunsch hin nicht nur nicht im Leben gestraft, sondern der barmherzige Monarch befahl auch, seinem Weibe und seinen Kindern Unterstützung zu reichen, damit sie durch ein Verbrechen, an welchem sie unschuldig waren, sowenig wie möglich leiden mögen.
Da dies die Ansichten und Gefühle des Kaisers sind, ist es offenbar weniger ein Grund zum Staunen als vielmehr ein Anlaß, sich zu freuen, daß das Leben dieses schuldigen, aber unglücklichen Mannes geschont wurde. Die Strafe war dahin geändert worden, daß er für vierzehn Jahre auf dem Spielberg bleiben müsse und, bei guter Führung, volle Begnadigung erhalten und in Freiheit gesetzt werden soll. Man erzählt, daß der junge Mann, als er von seiner Begnadigung hörte, in Ohnmacht sank und mehrere Stunden bewußtlos blieb. Als er sich wieder erholte, war er so geschwächt, daß er in nächster Zeit nicht imstande sein wird, seine traurige Reise nach dem Spielberge anzutreten.

FRANCES TROLLOPE

Das Strafhaus in der Leopoldstadt

Freitag vormittag besichtigte ich das Gefängnis in der Leopoldstadt, welches die größte Anstalt ihrer Art in Wien ist. Das Gebäude ist geräumig, luftig und auch gesund gelegen, und es scheint für den gedachten Zweck in jeder Beziehung hinreichend ausgestattet. Allein Graf Barth, der die Freundlichkeit hatte, uns durch das ganze Haus zu führen, erzählt, daß sich ein zweites Gebäude, welches in mancher Beziehung noch besser geplant worden sei, jetzt im Bau befinde. Graf Barth, der auch Verwalter der Anstalt ist, gestattete höchst bereitwillig eine genaue Besichtigung, die, wie ich befürchte, für ihn selbst höchst langweilig, für mich aber sehr interessant war. Durch die Vermittlung des österreichischen Historikers Graf Mailath wurde mir der Vorteil eines so kompetenten Führers zuteil. Wir trafen uns mit Graf Barth im Strafhause, und alle Einzelheiten, die ich Dir berichten will, sind nicht flüchtige Bemerkungen von mir, sondern Informationen einer Person, die wie keine andere dafür zuständig ist.

Nachdem wir unseren Rundgang begonnen hatten, war seine erste Frage: *»Est-ce que madame désire voir les cachots?«*

Das Wort *cachot* machte mich schaudern, doch da ich einmal den erforderlichen Mut für dieses Unternehmen aufgebracht hatte, war ich entschlossen, vor nichts, was immer man mir auch zeigen werde, zurückzuschrecken. Meine Antwort war daher bejahend, und ich nahm des Grafen Arm und folgte ihm getrost.

An diesem Tage war es besonders kalt, und ich wußte, daß mich, außer einem allgemeinen Widerwillen, finstere Gefängnisse zu besuchen, beim Betreten solcher Orte nichts Angenehmes erwarten könnte. Ich befand mich aber bald in einem so wohltemperierten Gange, daß ich gerne länger verweilt hätte, denn der Unterschied zur Kälte, aus der ich gerade kam, war äußerst wohltuend. Von da gelangten wir in eine Reihe heller, gut durchlüfteter, großer Räume mit peinlich sauberen Hartholzböden, wie sie in den guten Stuben englischer Bauern nicht besser sein können. In jedem dieser Räume stand eine Reihe hölzerner Bettgestelle mit einem Strohsack, einem Leintuch und einer vortrefflichen Decke. Jeder Raum hatte seinen Ofen, in dem Feuer brannte. Die Zimmer waren verlassen, da die Insassen in einem anderen

Teil des Hauses mit handwerklichen Arbeiten beschäftigt waren.
Meine Frage, ob dies die sogenannten *cachots* wären, bejahte Graf Barth und fügte hinzu, daß es für abgeurteilte Sträflinge nur diese Räume gäbe und es auch des Kaisers Wunsch und Wille sei, sie sowenig wie möglich mit Ketten und Fesseln jedweder Art zu peinigen. Es läge aber in der Macht des Kommandanten der Anstalt, jedes ordnungswidrige Verhalten damit zu bestrafen und Sträflinge bei schlechter Führung von ihren Zimmergenossen zu trennen und Einzelhaft zu verfügen. Wohl habe dies mit gleicher Rücksicht auf Gesundheit und Reinlichkeit zu geschehen, doch unter Einbuße mancher Bequemlichkeit. Die Notwendigkeit solch einer Bestrafung sei jedoch, wie er sagte, selten.
Wären nicht längs der Wände neben den Betten große Holzbalken an dem Boden angeschraubt gewesen, wären mir die Räume in jeder Beziehung wie Krankenstuben in einem Spital erschienen. An diesen Balken aber waren eiserne Ringe befestigt, die aussahen, als würde man daran nachts die Häftlinge anketten. Ich fragte, wozu dies diene, und bekam meine Vermutung bestätigt, daß es früher einmal Brauch gewesen, den Gefangenen nachts ein Bein in Ketten zu legen und sie an den Ringen zu befestigen. Der verstorbene Kaiser aber verbot diese Maßnahme, indem er erklärte, ein Entkommen zu verhüten, wäre die Pflicht zur Wachsamkeit jener, denen die Obhut dieser Unglücklichen anvertraut sei, ohne die Folge vermehrter Leiden der Gefangenen. Wie man doch überall dem Gerechtigkeitsempfinden dieses bewunderungswürdigen Mannes begegnet!... und wie sichtbar die Freude, womit alle für ihn Zeugnis ablegen!
Nach Besichtigung der Schlafräume der Männer gingen wir in die Frauenabteilung, die, zur Ehre des Geschlechtes sei es gesagt, weniger Insassen zählte. Die Frauen besorgen ihre Zimmer selbst; ob von ihnen außerordentliche Sauberkeit

als ihre Pflicht gefordert wird oder ob sie aus angeborener weiblicher Vorliebe zur Ordnung herrührt, weiß ich nicht zu sagen, sicher aber könnten diese sogenannten *cachots* so manchen Damen als Vorbild dienen.
In der langen Reihe dieser Säle ist die Luft gleichmäßig warm und rein, und in keinem derselben war auch nur der geringste unangenehme Geruch zu verspüren.
Danach wurden wir in die Räume geführt, wo die Sträflinge arbeiten. Vielerlei Gewerbe werden hier betrieben, und wenn die eintretenden Sträflinge keines davon beherrschen, werden sie sofort, und zwar nach ihrer eigenen Wahl, dazu angehalten, eines von den im Hause ausgeübten zu erlernen.
Jeder dieser Arbeitssäle hat einen eigenen Aufseher. Allen Sträflingen ist ein gewisser Arbeitsumfang vorgeschrieben, und wenn der Fleiß und die Geschicklichkeit sie vor Arbeitsschluß fertig werden läßt, wird ihnen die mehr geleistete Arbeit in barem Gelde ausbezahlt. Die Hälfte verbleibt den Gefangenen zur Anschaffung kleiner Bedürfnisse, der Rest wird zurückgelegt und ihnen bei ihrer Entlassung ausgefolgt.
Unter den vielen Gestalten, die wir sahen, bemerkte ich die übliche Mischung von traurigen und bösartigen Gesichtern, die man in solcher Gemeinschaft immer trifft. Alle aber machten einen sauberen Eindruck. Im Sommer erhalten sie Anzüge aus Leinen und im Winter eine dicke Kleidung aus grobem Tuch.
Die Zahl der in jedem Raum Beschäftigten hing von der Größe des Raumes und von der Art ihrer Beschäftigung ab; kein einziger Raum aber war überfüllt. Tiefes Schweigen herrschte selbst bei den Frauen, und dies nicht wegen der Anwesenheit des Grafen, sondern weil dies eine Vorschrift auf das strengste verlangt. Die Weisheit, oder mehr noch die Barmherzigkeit dieser Maßnahme steht außer Frage. Gewiß

ist sie ein Teil, und vielleicht der härteste ihrer Strafe; aber es ist keine, die böse Folgen zeitigt, sondern eher wohltuend wirkt. Wie oft käme es vor, wenn es Sträflingen gestattet wäre, miteinander zu sprechen, daß die, die an Jahren und Schuld noch jung sind, dem Einfluß jener unterliegen, die in ihrer Schlechtigkeit so fortgeschritten sind, daß ihre Gespräche Verderben säen würden. Wenn eine Erlaubnis zum Sprechen bestünde, müßte sie ebenso vergiftend wirken wie der Einfluß einer unkontrollierten Presse, welcher die Sauberkeit unwillkürlich unterliegen muß.
Einer der Herren, die uns begleiteten, machte die Bemerkung, daß es völlig unmöglich sei, durch eine noch so sorgfältige, nach Alter oder Schwere der Verbrechen vorgenommene Trennung die Sträflinge davor zu schützen, daß die Verdorbenen die weniger Schlechten anstecken, sobald ihnen die Möglichkeit einer Verständigung gegeben wird. Obwohl fünfhundert Personen innerhalb dieser Mauern eingeschlossen sind, vernimmt man nie den Laut menschlicher Stimmen.
Man erreicht dadurch die geziemende Anständigkeit und auch den Ernst, die Unterwürfigkeit und die Buße, was kaum verfehlt, wohltuend auf das Gemüt derer zu wirken, die infolge Schwäche oder infolge ihrer Schlechtigkeit bösen Einflüssen unterlagen.
Dann traten wir durch eine Türe und erblickten drei ordentlich gekleidete Frauen, jede hinter einem ungeheuren Zuber. Der erste war mit einer Art Erbsensuppe, der zweite mit gerösteten Brotschnitten und der dritte mit Knödeln, wie sie von vielen Leuten zu gekochtem Rindfleisch gegessen werden, gefüllt. Wir kosteten von allem. Die Suppe, wenngleich keine Fleischsuppe, hatte einen angenehmen Geschmack, und die Knödel waren vortrefflich. Wir aßen auch vom Brot, wohl nicht vom gerösteten, sondern von einem kleinen Laib, der ungefähr ein Pfund wiegt, und wie ihn der

Sträfling für den Tag erhält. Das Brot war so gut, daß es auch dem verwöhntesten Gaumen schmecken mußte. Es war, die wohlschmeckenden Semmeln ausgenommen, weitaus das beste, welches wir in Wien gegessen haben.

Während wir vor diesen Töpfen standen, stiegen die Sträflinge, jeder mit zwei irdenen Schalen in der Hand, dicht hinter uns über eine Treppe hinunter. In den einen Topf erhielten sie drei Knödel und in den anderen einen großen Löffel voll gerösteten Brotes und darüber einen großen Schöpfer voll Suppe. Nach der Ausgabe ging jeder an uns vorüber und wieder die Treppe hinauf. Sträflinge, die wegen schwerer Verbrechen eingesperrt waren, trugen Fesseln an den Beinen.

Diese Mahlzeit und ein Laib Brot ist alles, was sie am Tage erhalten. Ist aber der Arzt der Anstalt der Meinung, daß ein Sträfling, um ihn bei Gesundheit zu erhalten, mehr nötig habe, so wird die Brotration um die Hälfte vergrößert.

Nach der Ausspeisung und nach der Besichtigung der im Strafhause angefertigten Artikel begaben wir uns in die Krankenabteilung. In dem Augenblicke, da ein Sträfling erkrankt, betrachtet man ihn nicht mehr als Verbrecher, sondern man behandelt ihn mit jenem Können und jener Aufmerksamkeit, wie man sie nur in den bestausgestatteten öffentlichen Spitälern findet. Der Arzt verordnet die Nahrung und die Arznei sowie die Mittel, die verabreicht werden; einerlei, ob vom Tier oder von Pflanzen, sie sind von bester Qualität. Auch die Krankenbetten sind bequem und peinlichst rein.

Wir kamen an mehreren Krankenstuben, ohne sie zu betreten, vorbei, besichtigten die allgemeine Anordnung und kamen schließlich zu einer Türe, wo ein Diener Graf Barth etwas ins Ohr flüsterte.

»*Il faut entrer ici*«, sagte dieser und teilte mir im Eintreten mit, daß sich jener junge Mann, der kürzlich wegen Mordes

zum Tode verurteilt wurde, darin befinde. Der Unglückliche hatte das Urteil, welches ihn zum Tode verdammte, mit solcher Ruhe angehört, daß viele daraus den Schluß zogen, er sei gegen das Verbrechen ebenso wie gegen dessen Folgen unempfindlich. Aber die Worte, die ihm wieder statt des Todes das Leben schenkten, vermochte er nicht mit gleicher Festigkeit aufzunehmen. Ich glaube, Dir geschrieben zu haben, daß er in Ohnmacht sank, als er von seiner Begnadigung erfuhr, und jetzt hörte ich, daß er sich mehrere Tage danach in einem sehr schwachen und zweifelhaften Zustande befunden habe.
Statt daher sogleich nach dem Spielberge abgeführt zu werden, wurde er in das Spital des Strafhauses in der Leopoldstadt gebracht. Tage hindurch vermochte er keine Nahrung aufzunehmen, und er soll einem Menschen geglichen haben, der sich langsam von einem gefährlichen Fieber erholt. Seit einigen Tagen aber hat die Kraft seiner Jugend gesiegt, Appetit und Stärke kehrten zurück, und man beabsichtigt, ihn binnen kurzem nach seinem endgültigen Aufenthaltsort abzuführen.
Nachdem uns diese Einzelheiten rasch mitgeteilt worden waren, traten wir ein und standen auch schon dem Objekt unserer Neugierde gegenüber. Der Mörder stand am Ende des langen Raumes, den wir, entlang einer Doppelreihe erkrankter Gefangener, durchschritten. Außer dem peinlichen Bewußtsein der Nähe von Sünde und von Leiden gab es nichts Widerwärtiges. Die Reinlichkeit und die Betreuung dieser Unglücklichen spricht sehr zugunsten des Absolutismus, der solch eine Sorgfalt strenge vorschreibt.
Als wir zum Bett gelangten, neben dem der junge Verbrecher, der bewiesen hatte, mit welch schrecklicher Gewalt er zu lieben und zu hassen vermag, stand, sah ich ein Wesen vor mir, in dem ich von allen Insassen des Raumes am wenigsten einen Mörder vermutet hätte. Sein flachsblondes

Haar, sein jugendliches Aussehen und die Blässe, die ihm noch verblieben war, all dies trug dazu bei, ihm ein so mildes, ja fast zahmes Aussehen zu verleihen, das schon beim ersten Blick das Vertrauen in meine Menschenkenntnis ins Wanken brachte.

Dennoch erschrak ich, als er uns plötzlich seine schreckliche rechte Hand entgegenstreckte, die noch vor kurzer Zeit mit dem Blute eines hilflosen Weibes befleckt war. Er wollte die Hand des Grafen erfassen, um sie nach Landessitte zu küssen. Der Graf jedoch entzog sie ihm, legte sie an den Rükken, ohne jedoch Mißfallen oder Überraschung zu zeigen.

Die Ablehnung dieses Ehrerbietens schien den Sträfling nicht im mindesten zu wundern. Er trat ruhig zurück, wo er gestanden, und brachte den Blicken, die auf ihm ruhten, scheinbar völlige Unempfindlichkeit entgegen. Da entdeckte ich, daß mich seine Jugend und Blässe beim ersten Anblick bestochen hatten. Sein Antlitz drückte zwar weder Rachsucht noch Grausamkeit aus, aber es war unbegreiflich leer und tierisch, um nicht brutal zu sagen, weil man doch damit Roheit und Wildheit bezeichnet. Davon aber war keine Spur in seinen Zügen. Ich bin überzeugt, daß der mordsüchtige Geist, der ihn beherrschte, sehr dem eines finsteren, knurrenden Hofhundes glich, der oft eine Demütigung verschmerzt, bis er endlich Gelegenheit findet, sich durch einen Biß zu rächen. Ich bezweifle darum nicht, daß seine Liebe zu seiner verlassenen Schwester mit demselben treuen, doch unvernünftigen Denken im Einklange stand, welches Lord Byron veranlaßte, in bitterer Ironie einen Hund als den besten aller Freunde zu bezeichnen.

Das letzte, das wir im Gefängnis in der Leopoldstadt zu sehen bekamen, war der Raum, in den alle Verbrecher unmittelbar nach ihrer Einlieferung gebracht werden. Hier werden ihnen ihre Kleider und ihr sonstiger Besitz abgenommen und die Sträflingsanzüge angelegt. Anschließend befin-

det sich ein Raum zur Desinfektion und Reinigung dieser Sachen. Danach wird ihr Hab und Gut sorgfältig zu einem ordentlichen Bündel gemacht und mit einer Nummer und dem Namen des Individuums versehen. Wir sahen ungefähr fünfhundert solcher Bündel auf Brettergestellen in einem hohen, luftigen Raum aneinandergereiht. Sobald ein Sträfling das Haus verläßt und man erkennt, daß seine eigenen Gewänder zur Bedeckung der Blöße oder als Schutz vor Kälte nicht ausreichend sind, wird das Fehlende aus dem Magazin des Hauses ausgefolgt, keineswegs aber Anstaltskleidung. Hier werden auch Sträflingen, die wegen schwerer Verbrechen dazu verurteilt wurden, die Eisen angelegt. Man zeigte mir mehrere Fesseln, verschiedensten Gewichtes, aber mit Ausnahme des schwersten Paares waren alle leichter als ich gedacht. Handschellen mit Ketten sowie ein großer Leibring an einer schweren Kette, hingen an der Wand. Diese Vorrichtungen wurden früher für Mörder oder Schwerverbrecher verwendet. Im gleichen Geist des Absolutismus aber, auf dessen Spuren man hier überall stößt, wurde durch ein Dekret des verstorbenen Kaisers auch ihr Gebrauch in Österreich für immer untersagt.
»Wir bewahren sie«, sagte einer unserer Begleiter, »zum Andenken menschlichen Gefühls, das Kaiser Franz selbst der Schuld und dem Elend zuwandte.«
Beim Verlassen des Raumes hielten wir in einer Vorhalle, die gleichfalls zum äußeren Hofe führte, wo die Sträflinge sowohl bei ihrer Einlieferung wie bei ihrer Entlassung gepeitscht werden. Wir erkundigten uns, warum diese Strafe auch nach Beendigung der Haft vorgenommen werde.
»Vielleicht war es das einzige, Faulenzer und Taugenichtse davon abzuhalten, gerne wiederzukommen«, war die Antwort; »denn viele, besonders Fremde, die dieses Haus besuchen, finden, daß die Lebensweise hier viel zu gut sei, um als Strafe betrachtet zu werden, doch die Gesundheit und das

allgemeine Wohlbefinden der Sträflinge ist besonders wichtig.«

»Und außerdem«, fügte er hinzu, »jene, die meinen, Freiheitsberaubung sei eine leichte Strafe, kennen die Österreicher nicht! Unterhaltung ist für sie fast so notwendig wie Brot, aber gepeitscht will jedenfalls keiner werden, und als Warnung ist dies ein äußerst nützliches Andenken, das sie aus der Leopoldstadt mitnehmen.«

Ein schlagender Beweis für die Übertreibungen, die von barbarischen Verhältnissen in österreichischen Gefängnissen sprechen, ist folgender Umstand: Als der jetzige Kaiser Ferdinand den Thron bestieg, gewährte er zwanzig zu längeren Gefängnisstrafen Verurteilten die Bewilligung, mit ihren Familien und ihrem Besitze nach Amerika auszuwandern oder die Strafe in ihrem vollen Ausmaße in Österreich zu verbüßen. Nur drei zogen die Auswanderung vor.

FRANCES TROLLOPE

Anton Zampis: Wiener Fiaker.

Das Fiakerlied

I hab zwa harbe Rapperln,
mein Zeugl steht am Grab'n,
a so wie dö zwa trapperln,
wern S' net viel g'sehn no hab'n.
A Peitschen, a des gibt's net,
ui jessas, nur net schlag'n,
das allermeiste wär tsch tsch,
sonst z'reißen s' glei an Wag'n.

Wann i mi so darinner'
an an' alten ersten Mai,
wo Wean no 's alte Wean war,
kan Ring – nur die Bastei.
A Praterfahrt hat damals
das schöne Wean vereint.
I siach no jedes fesche Zeug,
akrat als wär's erst heut.

I bin bald sechzig Jahr' alt,
vierz'g Jahr steh' i am Stand,
der Kutscher und sei Zeugl
war'n allweil fein beinand.
Und kummt's amol zan O'fahrn,
und wir i dann begrab'n,
so spannt's ma meine Rapperln ein
und führt's mi über'n Grab'n. –

GUSTAV PICK

Fahrn mer, Euer Gnaden?

Die Menge der Equipagen und Reitpferde ist bey den vielen Großen und Reichen, die in dieser Residenz leben, sehr groß, so wie sie auch sicher zu den schönsten und kostbarsten gehören. Aber doch bleibt noch immer eine große Zahl, die nicht zu Fuße gehen mögen, noch können, und für diese ist denn der Fiaker eine wohlthätige Einrichtung. Man rechnet ihrer mit einer runden Zahl an 700, bis 670 habe ich gezählt. Man findet sie an allen Thoren, wie an allen Plätzen der Stadt, und in allen lebhaften Gassen, und sie bieten sich mit dem gewöhnlichen Gruß: Fahren mer, Ihr Gnodn? an. Ihre Wagen sind größtenteils sehr bequem, oft auch zierlich, und so Pferde und Geschirr, wenn es gleich auch lumpigtes Zeug giebt, und alle haben das Verdienst, daß sie eben so rasch, als geschickt fahren. Sie wissen in vollem Galopp sich einander so geschickt vorbeyzustreifen und umzubeugen, und doch dabey der Fußgänger wahrzunehmen, daß es eine Lust ist anzusehen; und man hat fast kein Beyspiel, daß in den engen Gassen und bey dem ungeheuren Gedränge der Equipagen und Menschen jemand übergefahren würde. Diese Geschicklichkeit kömmt freylich den Fuhrleuten, aber eben so sehr der Polizey zugute, die auf alles, was das Leben und die Sicherheit der Bürger angeht, ein sehr wachsames Auge hat, und bey der geringsten Schuld unerbittlich strenge ist. Ein Appendix der Fiaker sind die Zeiselwagen, die auch weit über Land kutschiren, und mit denen die Person um ein Paar Dukaten 40 bis 50 Meilen machen kann, weil sie Menschen auf einander zu packen wissen. In diesen läßt sich keiner der Honoratioren, nicht einmal ein ehrsamer Bürger in der Stadt und den Vorstädten gerne sehen, weil er gar zu offen unter allerley Gesindel da sitzen muß. Die Fiaker haben keine bestimmte Taxe, und dies ist auch

Wiener Fiaker, um 1845.

unmöglich, weil die Zeiten und Entfernungen sich nie genau abmessen lassen, am wenigsten das Wetter. Man muß immer mit ihnen akkordiren und man thut wohl, wenn man es recht bestimmt thut, denn sonst sind sie, wie alle Fähr- und Fuhrleute, trotz ihrem Ihr Gnodn, am Ende die unverschämtesten Schlingel in der Welt.

ERNST MORITZ ARNDT

Johann Ziegler: Der Augarten.

Den ganzen Vormittag bis ein Uhr war der Augarten wie ein wahrer Schaugarten mit schöner, feiner Welt angefüllt, und nie habe ich mehr schöne Haut, zarteres, üppigeres Fleisch in schönern Gewändern beisammen gesehen. Dagegen ist die Mittagsterrasse in den Tuilerien von Paris wie ein buntes Tulpenfeld gegen einen bezaubernden Hyazinthenflor anzusehen. Blendend glänzt alles den begierig einsaugenden Augen entgegen. Und eine Klarheit, eine Freundlichkeit und Milde in den hellen, braunen Augen, ein Liebreiz in den roten, vollen Lippen, in dem feinen, runden Kinn und in dem über allen Ausdruck weichen Umriß der runden Wangen. Man hätte in diesem Meere von Lust in einer ewigen Umarmung hinschwimmen mögen. Nichts schien Kunst und Machwerk an diesen lieblichen Geschöpfen zu sein. Kein künstliches Rot und Weiß auf den jungen, frischen Wangen, keine Art Schnürerei, keine Hebe- und Tragebänder und tief einschneidenden Schnüre; alles die reine, volle, üppig wallende Natur.

JOHANN FRIEDRICH REICHARDT

Gespräch mit einem österreichischen General

In meiner Art auf und ab wandelnd, war ich seit einigen Tagen an einem alten Manne von etwa 78 bis 80 Jahren häufig vorübergegangen, der, auf sein Rohr mit dem goldenen Knopfe gestützt, dieselbe Straße zog, kommend und gehend. Ich erfuhr, er sei ein vormaliger hochverdienter österreichischer General aus einem alten, sehr vornehmen Geschlechte. Einige Male hatte ich bemerkt, daß der Alte mich scharf anblickte, auch wohl, wenn ich vorüber war, stehenblieb und mir nachschaute. Indes war mir das nicht auffallend, weil mir dergleichen wohl schon begegnet ist. Nun aber trat ich einmal auf einem Spaziergang etwas zur Seite, um, ich weiß nicht was, genauer anzusehen. Da kam der Alte freundlich auf mich zu, entblößte das Haupt ein wenig, was ich natürlich anständig erwiderte, und redete mich folgendermaßen an:

»Nicht wahr, Sie nennen sich Herr Goethe?« – »Schon recht.« – »Aus Weimar?« – »Schon recht.« – »Nicht wahr, Sie haben Bücher geschrieben?« – »O ja.« – »Und Verse gemacht?« – »Auch.« – »Es soll schön sein.« – »Hm!« – »Haben Sie denn viel geschrieben?« – »Hm! Es mag so angehen.« – »Ist das Versemachen schwer?« – »So, so.« – »Es kommt wohl halter auf die Laune an: ob man gut gegessen und getrunken hat, nicht wahr?« – »Es ist mir fast so vorgekommen.«

»Na schaun S'! Da sollten Sie nicht in Weimar sitzenbleiben, sondern halter nach Wien kommen.« – »Hab' auch schon daran gedacht.« – »Na schaun S', in Wien ist's gut; es wird gut gegessen und getrunken.« – »Hm!« – »Und man hält was auf solche Leute, die Verse machen können.« – »Hm!« –

»Ja, und desgleichen Leute finden wohl gar – wenn S' sich gut halten, schaun S', und zu leben wissen – in den ersten und vornehmsten Häusern Aufnahme.« – »Hm!«

»Kommen S' nur; melden S' sich bei mir; ich habe Bekanntschaft, Verwandtschaft, Einfluß. Schreiben S' nur: Goethe aus Weimar, bekannt von Karlsbad her. Das letzte ist notwendig zu meiner Erinnerung, weil ich halter viel im Kopf habe.«

»Werde nicht verfehlen.«

»Aber sagen S' mir doch, was haben S' denn geschrieben?«

»Mancherlei, von Adam bis Napoleon, vom Ararat bis zum Blocksberg, von der Jeder bis zum Brombeerstrauch.«

»Es soll halter berühmt sein.« – »Hm! Leidlich.« – »Schade, daß ich nichts von Ihnen gelesen und auch früher nichts von Ihnen gehört habe. Sind schon neue, verbesserte Auflagen von Ihren Schriften erschienen?« – »O ja, wohl auch.« – »Und es werden wohl noch mehr erscheinen?« – »Das wollen wir hoffen!«

»Ja, schaun S', da kauf' ich Ihre Werke nicht. Ich kaufe halter nur Ausgaben der letzten Hand; sonst hat man immer den Ärger, ein schlechtes Buch zu besitzen, oder man muß dasselbe Buch zum zweiten Male kaufen. Darum warte ich, um sicherzugehen, immer den Tod der Autoren ab, ehe ich ihre Werke kaufe. Das ist Grundsatz bei mir, und von diesem Grundsatz kann ich halter auch bei Ihnen nicht abgehen.«

JOHANN WOLFGANG VON GOETHE

3.
ZUR MITTAGSZEIT AM WIENER RING

»Du fährst beim Kärntnertor hinein
Durch d'Kärntnerstraßen hin,
Am Stock im Eisen hältst du fein
Im Mittelpunkt von Wien.
Da steig ich aus, was tu ich dann?
Da frag dich um den Graben an.
Und wenn ich auf dem Graben halt?
Zeigt dir den Kohlmarkt jung und alt.
Und wenn ich mich allda befind?
Kommst auf den Michaelsplatz,
Das ist des Kohlmarkts Gschwisterkind,
Vielleicht findst dort ein Schatz.
Die jungen Herrn stehn also da?
Doch nur von zwölf bis zwei Uhr, ja.«

FERDINAND RAIMUND

Wiener Ringstraßenkorso

O Sonnenschein, du zaubrisch Ding
zur Mittagszeit am Wiener Ring!
Wenn sie in neuen Frühjahrsjacken,
duftige Boas um den Nacken,
rauschend mit den Seidenröckchen
und den frischgebrannten Löckchen
unterm Hut, der kühn gebogen,
keuschen Blickes, wohlerzogen,
scherzend, lächelnd, meditierend,
liebevoll sich kritisierend,
Musterbilder feiner Sitten,
mit den kurzen Schlenderschritten,
junge Veilchen vorn am Mieder,
unermüdlich auf und nieder,
in den langen, bunten Reihen,
meist zu zweien oder dreien,
manchmal aber auch zu vieren
scheinbar zwecklos promenieren!
»Emmy, bitt' dich, halt dich grad,
um jedes Wort ist's bei dir schad!«
»Papa, das ist der Leutenant,
er grüßt schon wieder, wie galant!«
»War das nicht die Frau von Maier?«
»Wie die stark wird, ungeheuer!«
»Oh, Herr Sperlich, guten Morgen!«
»Wie der ausschaut!« – »Hat wohl Sorgen!
Das ist der, na ja, du weißt,
von dem's hieß, er sei verreist...«
»Tant' Marie, ich muß nach Haus,
ich halt's in meinen Schuh'n nicht aus!«

Gustav Veith: Die junge Ringstraße.

»Ja, siehst du, Kind, jetzt mußt du's büßen,
immer hast was mit den Füßen!«
»Freundchen, hoch doch die Figur!
Sapperment, wer ist das nur?«
»Ja, ich kenn' die blonde Fee
aus Venedigs Sektbuffet...«
Das ist der Frühling und die Poesie,
die Stund' des Flirtens und der Galanterie
zur Mittagszeit am Wiener Ring!

DETLEV VON LILIENCRON

Der silberne Löffel

In Wien dachte ein Offizier: Ich will doch auch einmal im Roten Ochsen zu Mittag essen, und geht in den Roten Ochsen. Da waren bekannte und unbekannte Menschen, Vornehme und Mittelmäßige, ehrliche Leute und Spitzbuben, wie überall. Man aß und trank, der eine viel, der andere wenig. Man sprach und disputierte von dem und jenem, zum Exempel von dem Steinregen bei Stannern in Mähren, von dem Machin in Frankreich, der mit dem großen Wolf gekämpft hat. Als nun das Essen fast vorbei war, einer und der andere trank noch eine halbe Maß Ungarwein zum Zuspitzen, ein anderer drehte Kügelein aus weichem Brot, als wenn er ein Apotheker wär und wollte Pillen machen, ein dritter spielte mit dem Messer oder mit der Gabel oder mit dem silbernen Löffel, – dah sah der Offizier von ungefähr zu, wie einer in einem grünen Rocke mit dem silbernen Löffel spielte und wie ihm der Löffel auf einmal in den Rockärmel hineinschlüpfte und nicht wieder herauskam.
Ein anderer hätte gedacht: Was geht's mich an? und wäre still dazu gewesen, oder hätte großen Lärm angefangen. Der Offizier dachte: Ich weiß nicht, wer der grüne Löffelschütz ist, und was es für einen Verdruß geben kann, und war mausstill, bis der Wirt kam und das Geld einzog. Als der Wirt kam und das Geld einzog, nahm der Offizier auch einen silbernen Löffel und steckte ihn zwischen zwei Knopflöcher im Rocke, zu einem hinein, zum andern hinaus, wie es manchmal die Soldaten im Kriege machen, wenn sie den Löffel mitbringen, aber keine Suppe. – Währenddem der Offizier seine Zeche bezahlte, und der Wirt schaute ihm auf den Rock, dachte er: Das ist ein kurioser Verdienstorden, den der Herr da anhängen hat. Der muß sich im Kampf mit einer Krebssuppe hervorgetan haben, daß er zum Ehrenzei-

chen einen silbernen Löffel bekommen hat, oder ist's gar einer von meinen eigenen? Als aber der Offizier dem Wirt die Zeche bezahlt hatte, sagte er mit ernsthafter Miene: »Und der Löffel geht ja drein. Nicht wahr? Die Zeche ist teuer genug dazu.« Der Wirt sagte: »So etwas ist mir noch nicht vorgekommen. Wenn Ihr keinen Löffel daheim habt, so will ich Euch einen Patentlöffel schenken, aber meinen silbernen laßt mir da.« Da stand der Offizier auf, klopfte dem Wirt auf die Achsel und lächelte. »Wir haben nur Spaß gemacht«, sagte er, »ich und der Herr dort in dem grünen Rocke. Gebt Ihr Euern Löffel wieder aus dem Ärmel heraus, grüner Herr, so will ich meinen auch wieder hergeben.« Als der Löffelschütz merkte, daß er verraten sei und daß ein ehrliches Auge auf seine unehrliche Hand gesehen hatte, dachte er: Lieber Spaß als Ernst, und gab seinen Löffel ebenfalls her. Also kam der Wirt wieder zu seinem Eigentum und der Löffeldieb lachte auch – aber nicht lange. Denn als die andern Gäste das sahen, jagten sie den verratenen Dieb mit Schimpf und Schande zum Tempel hinaus, und der Wirt schickte ihm den Hausknecht mit einer Handvoll ungebrannter Asche nach. Den wackern Offizier aber bewirtete er noch mit einer Bouteille voll Ungarwein auf das Wohlsein aller ehrlichen Leute.
Merke: Man muß keine silbernen Löffel stehlen.
Merke: Das Recht findet seinen Knecht.

JOHANN PETER HEBEL

Auf der Lobau

Tiefe Stille.
Lautlos zieht vorüber, gespaltenen Laufs,
Der breite Donaustrom,
Leis bespülend dicht grünendes Ufergezweig.
Kaum zum Lispeln bewegt,
Schimmern im Sonnenglanz
Die Erlen und Silberpappeln,
Die, aufgewuchert zu lieblicher Wildnis,
Hochhalmige Wiesenflucht umschatten.
Manchmal nur ertönt der kurze Schrei
Des Reihers, der einsam die Luft durchkreist;
Hörbar fast
Wird des Falters Flügelschlag
Und der Odem des Rehs,
Das friedlich grast
Wie in weltferner Sicherheit.

Wo ist die Zeit, da einst
Mit fremdverworrener Stimmen Laut,
Mit Waffengeklirr und Hufgestampf
Des gallischen Cäsars Heer
Auf diesem Boden gelagert!? –
Damals, du sonnig stille Insel,
Lag unter deinen Wipfeln zusammengedrängt
Ein Weltschicksal!
Ein treffender Schlag noch –:
Und vernichtet war der kleine
Gedunsene Mann mit dem Imperatorkopf,
In dem sich die Ichsucht der Menschheit
Zum tragischen Popanz verkörperte.

Kaum erst erfüllt
Hat ein halbes Jahrhundert sich,
Seit er hier auf und nieder schritt,
Entschlüsse wälzend in ruhloser Brust –:
Und heute schlägt kaum mehr hin und wieder ein Herz,
Das seinen Ruhm gedüngt,
Oder vor ihm gezittert.
Wo sind die Reiche, die er gegründet?
Wo die Könige, die er besiegt?
Wo die Frauen, die er geliebt?
Vorüber alles. Sonnenbeglänzt
Liegt stromaufwärts die Kaiserstadt.
In die er einzog, sieggewaltig,
Um ihr blauäugiges Fürstenkind
Mit sich zu führen an der Seine Strand.
Friedlich liegt sie; bricht die Schanzen ab,
Die er einst gestürmt,
Umzieht sich mit neuen Straßen,
Baut Paläste und Dome,
Als gält' es, sich zu gründen für die Ewigkeit –
Und ahnt nicht,
Daß auch sie dereinst
Zerbröckeln wird in Schutt und Trümmer,
Um endlich,
Gleich dir, du grünende Insel,
Hinweggeschwemmt zu werden
Vom Strome der Zeiten.

FERDINAND VON SAAR

Wien, den 22. August 1781

Mon très cher Père!

Wegen der Adresse meiner neuen Wohnung kann ich Ihnen ja noch nichts schreiben, weil ich noch keine habe; doch bin ich mit zweierlei im Preiszank, wovon eines ganz gewiß genommen wird, weil ich künftigen Monat nicht mehr hier

Julius Benczur: Mozart und Kaiser Joseph.

wohnen könnte, folglich ausziehen muß. Es scheint, Herr von Auernhammer hätte Ihnen geschrieben, daß ich schon wirklich eine Wohnung habe! – Ich habe auch wirklich schon eine gehabt, aber was für eine! – Für Ratzen und Mäuse, aber nicht für Menschen! – Die Stiege mußte man mittags um 12 Uhr mit einer Laterne suchen. Das Zimmer konnte man eine kleine Kammer nennen. Durch die Küche kam man in mein Zimmer, und da war an meiner Kammertüre ein Fensterchen. Man versicherte mich zwar, man würde ein Vorhängerle vormachen, doch bat man mich zugleich, daß, sobald ich angezogen wäre, ich es wieder aufmachen sollte, denn sonst sähen sie nichts, sowohl in der Küche als in dem anstoßenden andern Zimmer. – Die Frau selbst nannte das Haus das Ratzennest. Mit einem Wort: es war fürchterlich anzusehen. – Das wäre mir eine noble Wohnung gewesen, wo doch unterschiedliche Leute von Ansehen zu mir kommen.

WOLFGANG AMADEUS MOZART

Belvedere in Wien

So soll jetzt auch dein schönster Zauber fallen!
Nicht länger sollen mehr in deinen Hallen
Der Kunst erhabene Gestalten wohnen,
In ihrer Pracht die alten Meister thronen.

Nicht soll man dich mit Andacht mehr betreten
Und still zu deinen Heiligtümern beten,
Und dann in deines Gartens grünen Räumen
Dem seligen Entzücken nachzuträumen.

Nun immerhin! Für solche Schätze passen
Museen besser in belebten Gassen,
Da kann man im Vorbeigeh'n sie genießen –
Und braucht dazu nicht erst sich zu entschließen.

Und so wird man auch nach und nach vergessen,
Was einst die Kaiserstadt an dir besessen;
Denn neuer Dinge Lauf sich einzufügen,
Ist ja der Menschen innigstes Vergnügen.

Wohl wird in deinem zierlichen Gehege
Auch ferner Liebe finden ihre Wege,
Noch wird in Schlaf auf deinen Ruhebänken
Verschämte Armut mittags sich versenken;

Noch werden, jagend nach des Frohsinns Zielen,
Auf deinem weißen Kies die Kinder spielen –
Doch mehr und mehr wird dich die Zeit gefährden,
Und immer stiller wird es in dir werden...

Mir aber, sieh, wird nimmermehr entschwinden
Aus treuer Brust das tiefe Nachempfinden,
Wie ich durchwandelt dich, im Knabenherzen
Die frühen Keime schon der künft'gen Schmerzen;

Wie ich als Jüngling oft der Sehnsucht Trauer
In dir empfand und erste Liebesschauer –
Und dann als Mann, voll ungelohnten Strebens,
Dich aufgesucht im harten Kampf des Lebens;

Wie ich so oft in einsam stiller Wonne
Betrachtend stand vor Raffaels Madonne,
Vor Ruysdaels Landschaft – und im Blumenzimmer.
Wenn es verklärte gold'ner Sonnenschimmer.

Drum hab' ich heute dir – und auch für jene,
Die deiner denken mit verhaltner Träne
Und gerne weilen bei Erinnerungen,
Mit leiser Wehmut dieses Lied gesungen.

FERDINAND VON SAAR

Die Silhouetten

Wiens größere Plätze und Hauptstraßen bieten den Anblick einer ganzen Bildergalerie dar, jeder Laden hat sein hübsch gemaltes Schild, entweder das Porträt einer berühmten Person oder ein allegorisches Stück. Jeder Platz und jede Straße gibt durch das lebhafte Gewühl und die verschiedenen Gruppen Motive zu Gemälden, die eine ganze Galerie

Salomon Kleiner: Oberes Belvedere.

schmücken könnten. Indessen, Skizzen dieser Art sind schon in großer Menge vorgezeigt, wir wollen zur Veränderung einige Silhouetten bekannter Personen ausschneiden, und man wird sich erinnern, daß Silhouetten nicht mehr als gerade einen Schatten der Ähnlichkeit wiedergeben.

»Wir sind im Volksgarten!« Herren und Damen in lebhaftem Gespräch wandeln unter den grünen, duftenden Bäumen; die Aufwärter springen in sich kreuzender Eile und sorgen dafür, daß etwas Eis um die brennenden Herzen kömmt. Die Töne eines ganzen Musikchors brausen durch den Garten. In der Mitte der Musiker steht ein junger Mann von dunkler Gesichtsfarbe, seine großen braunen Augen fliegen in unruhiger Eile umher, der Kopf bewegt sich, die Arme, der ganze Körper; es ist, als sei er das Herz in diesem großen musikalischen Körper, und durch das Herz, weiß man, strömt das Blut und dieses hier in Tönen. In ihm wurde diese Melodie geboren, er ist das Herz, und das ganze

Europa hört seinen musikalischen Pulsschlag, sein eigner Puls pocht stärker dabei – der Mann heißt – *Strauß*.
Wir sind in einer der Vorstädte, ein kleines Schloß liegt inmitten eines englischen Parks, hier wohnt der Fürst Diederichsstein. Wir gehen durch eine Reihe hübscher Zimmer; ein Fortepiano tönt uns entgegen, hier ist es reich und schön! Hier ist eine herrliche Aussicht über die Terrassen des Gartens. Die Töne, welche wir hören, entstehen durch einen der Heroen des Pianos. So spielt Lißt nicht! – Er und dieser sind gleich mächtig und gleich sehr verschieden! Lißt überrascht, man wird von den wirbelnden Bacchanten fortgerissen, hier im Gegenteil steht man hoch auf dem Berge in Gottes klarer Sonne, wird mit einer Größe erfüllt, von einer Ruhe und Lieblichkeit erquickt; – man fühlt sich froh in der heiligen Kirche der freien Natur, wo die Hymnen sich mit dem Gesang von tanzenden Hirten vermischen. Wer ist dieser Beherrscher des Pianos? Betrachte ihn, er ist jung, hübsch, edel und liebenswürdig! – Erkennt man meine Silhouette nicht, so muß ich den Namen darunter schreiben – *Sigismund Thalberg*.
Wir fahren hinaus nach Hitzing, dem Frederiksberg der Wiener, und stehen bei einem kleinen freundlichen Sommerlustort. Der Garten ist an Bäumen und Blumen reich, die alte Dame drinnen ist sein Gärtner, jeden Baum hat sie gepflanzt, jede Blume selbst gezogen; hier sind Fichten und Birken, Tulpenbäume und duftende Linden. Blühende Rosenhecken bilden die Umzäunungen des frischen Rasens. Eine schlanke, kräftige, alte Frau tritt uns entgegen; welche Klugheit im Blick, welche Freundlichkeit in jedem Zuge! Wer ist sie? Wir treten in die Stube! Auf dem Tische steht eine prächtige Vase mit dem Bilde einer Leier von einem Lorbeerkranz umschlungen, seine Blätter sind teils vergoldet, teils grün. Auf diesen liest man Namen von Schauspielen; die vergoldeten Blätter geben die Stücke an, wodurch

Der Burgring in Wien.

sie besonders als Künstlerin ein ganzes Volk hinriß; die grünen tragen jedes den Namen einer ihrer eignen dramatischen Arbeiten. Sie streute Gold auf die Lorbeeren anderer Dichter, ihre eigenen stehen immer grün, so ist die Bedeutung! Die Vase ist eine Gabe ihrer Kunstgenossen, unten liest man den Namen – *Johanne v. Weissenthurn*.

Wir sind in Wien! Schreiten die breite Steintreppe zwischen dicken, kalten Mauern hinauf! Große eiserne Türen mit Vorlegeschlössern zeigen sich an beiden Seiten, drinnen werden Gelder und wichtige Papiere verwahrt. Wir treten in eine kleine Kammer; die Wände sind hinter Riolen verborgen, worin große Folianten stehen, ringsum liegen Pakete von Schriften, lauter Geschäftssachen. Ein hoher, ernster Mann sitzt vor dem Pulte; es sind keine poetischen Sachen, die ihn beschäftigen! Der barsche Ausdruck seines Gesichtes verwandelt sich in Wehmut, er blickt uns an; es liegt Geist und Gefühl in diesem Blick! Wie oft hat er nicht ihn auf Gottes Natur geheftet und diese sich darin abgespiegelt;

in seiner Jugend sang er uns von dem Kampf in seiner Seele; seine Muse offenbarte sich gespenstig, und doch als eine frische, blühende Jungfrau, das Bild war: »Die Ahnfrau.« In seinem männlichen Alter brachte er uns: »Das Goldne Vlies«, – welches im Tempel der Musen aufgehängt ist, – sein Name prangt darauf: Grillparzer.

HANS CHRISTIAN ANDERSEN

Wiener Landschaften

Während ringsumher auf den Hügeln die Rebe blüht und ihren feinen, ahnungsvollen Duft über Wiesen und Felder streut, ja selbst in die Wohnstuben als frohe Botschaft hineinträgt, sind unten im Tal die Hauer emsig hinter den Fässern her, um den Ertrag des vorigen Herbstes, ein kostbares Naß, in ihren Höfen und Gärten zu verzapfen. Gitarre und Geigen spielen wienerische Tanzweisen, unter den jungen Leuten flattern muntere Lieder auf, aber der ernste Trinker, der Weinbeißer, schlürft voll Andacht seinen Wein vor sich hin und denkt alles Gute und Schöne durch, das der Traubensaft in der Tiefe des Gemütes aufwachen und heimlich sprechen läßt. Und dieses Bild voll Frische, Frohsinn und Nachdenklichkeit tut sich mitten in der Stadt Wien auf. Wenn sonst der Wald in das gartenreiche Wien hineinwuchs, so ist jetzt Wien ins Freie hinausgewachsen. Seit das alte Wien über die Schranke der Linie hinweggesetzt, seit es sich zu einem Groß-Wien erweitert hat, hegt es den Wald in sich, besitzt es neben dem Ganserlberg und der hochaufgetürmten Vorstadt St. Ulrich Berge und Bergzüge, welche die

Höhe des Stephansturmes übersteigen, hat es seine eigenen Landbewohner und seine eigenen Landschaften. Innerhalb Wiens wird der Pflug geführt und Getreide gesät, wird Wein gebaut, wird Vieh auf die Weide getrieben, werden Fische geangelt, wird Hase, Reh, ja selbst Hochwild gejagt. Die Urbetriebe der Menschheit finden sich hier nebeneinander und steigern sich hinauf bis zum großen Gewerbebetrieb, dessen Sinnbild als mächtiger Schornstein ins Blaue ragt. Es ist eine ganze Welt, es ist mit den vielen vom Wienerwald zu Tal rinnenden Quellen und Bächen und mit der starken Wasserader der Donau die große und schöne Wiener Welt.
Auf dem Lande sein und doch in der Stadt, gibt ein eigenes Gefühl, dem nichts so bald gleicht. Städtischer und ländlicher Luftkreis stoßen aneinander und erwecken durch ihr wechselseitiges Berühren eine gemischte Empfindung, die man im besten Sinne sentimental nennen könnte. Wir genießen durch Gegensätze und in Gegensätzen und daher doppelt. Die Zeitung auf dem Lande ist ein solcher Genuß, dem man stets mit einiger Ungeduld entgegensieht, um sich dann, fern vom Parteilärm, als friedlicher Zuschauer der Weltbegebenheiten zu fühlen. Wem genugsam Muße gegönnt ist (Deus nobis haec otia fecit), den zieht doch immer wieder die nächste Umgebung an. Diese grüne Gegenwart ist unerschöpflich an Anregung. Der ganze Frühling reiht Wunder an Wunder, eines immer lieblicher als das andere. Von der ersten Apfelblüte bis zum aufbrechenden Holunder und dem hochzeitlichen Fest des Flieders, das durch den gleichzeitig in üppiger Fülle hervorquellenden Goldregen verherrlicht wird – welcher Wechsel von Gestalt, Farbe und Duft! Eines hat Eile, das andere einzuholen, bis diese blühende Ungeduld sich in Heckenrosen, Gartenrosen und Lilien erschöpft und der Gesang der Vögel: der kurzgefaßte Schlag des Finken, das gefühlsame Abendgespräch der Amsel, der Glockenton der Goldammer und das mitteilsame,

melodische Geschwätz des Schwarzblattels – unseres Schwarzblattels vom Wienerwald – nach und nach verstummt. Um die Zeit der Sonnenwende stellt sich dieser Stillstand ein; der Sommer zeitigt die Frucht auf dem Baume, die Weintraube, das Getreide. Diese stille Arbeit belebt nur noch die Lerche, diese muntere Schwester der Nachtigall, die über den Feldern unverdrossen ihr Lied schmettert.

Und wie die Lerche in gewissen Gegenden der Landschaft ihr erquickliches Wesen treibt!... Hinter Sievering, am neuen Friedhof vorüber, führt zwischen Wiesen und Weingärten ein von Rosenhecken, wildem Hopfen und Schlehdorn eingehegter Fußpfad zu einer traulichen Stelle, auf der ein Muttergottesbild und nicht weit davon eine bequeme Bank steht. Hier ist für Ohr und Auge reichlich gesorgt. In der Nähe breiten sich Roggen- und Gerstenfelder aus, und hier befinden sich die Lerchen, die wie andere Dichter und Sänger nach Brot gehen, auf ihrem natürlichen Nährboden. Es macht immer Vergnügen, dieses melodische Tier in seinem Gebaren zu betrachten. Wie von einer Hand geworfen, taucht die Lerche in den Luftraum ein. Singend flattert sie auf, höher, immer höher, ein schwärmender Mathematiker könnte sie einen singenden Punkt nennen. Es ist erstaunlich, welche Kraft in einem so unscheinbaren Geschöpf wohnt. Immer flatternd und immer singend, erhält es sich in der Höhe, die kleine Brust voll strömender Musik. Alles ist Klang in ihr. Ob sie den Atem einzieht oder aushaucht, alles singt und klingt. Ihr Reichtum an Mitteln ist bewundernswürdig: sie hat offene und gedeckte Töne, Kropftöne und helle Jubeltöne. Der rein melodische Reiz ihres Gesanges ist freilich nicht bedeutend, aber im Rhythmus höchst mannigfaltig. In anspringenden Anapästen, in schweren Längen, in hüpfenden Kürzen erinnert der Strophenbau des Lerchengesanges an antikes Versmaß. In dem Eigensinn, mit dem

Leopold Kupelwieser: Eine Spazierfahrt des Komponisten Schubert und seiner Freunde in die Umgebung Wiens.

sie, immer energischer werdend, musikalische Figuren wiederholt, erinnert die Lerche an Beethovensche Art und Weise. Was aber den Hauptreiz des Lerchengesanges ausmacht, das ist sein unbedingter Optimismus, seine ungetrübte, jauchzende Freude am Dasein. Er verkündet eine vollkommene Welt. Wenn die Lerche aus der Höhe zurückkehrt, läßt sie sich auf die Erde fallen und singt am Rande der Felder, bevor sie sich in ihre Ackerfurche zurückzieht, den Abgesang ihres Liedes, der so heiter klingt wie das Lied selbst. Der Gesang der Lerche kann derart gefangennehmen, daß man die Umgegend eine Zeitlang nur wie durch einen Schleier sieht. Allmählich, wenn das Ohr gesättigt ist, treten die äußeren Umrisse deutlicher hervor, und man schaut in eine anmutige Wiener Landschaft hinein. Von der Höhe eines Bergrückens, der seitwärts in das Sieveringer Tal abfällt, zieht sich in Form einer mächtigen Futterschwinge ein Weingelände herab bis nahe an die kleinen, reinlichen Häuser von Neustift am Walde, das zwischen Obstgärten in

einer Talfurche behaglich eingebettet liegt. Bei heiterem Wetter liegt die Sonne fast den ganzen Tag auf der grünen Rebenmulde, die sich an keinen Wald mehr erinnert. Auch von der Anhöhe gegenüber den Weingärten hat sich der Wald zurückgezogen und tritt erst gegen Pötzleinsdorf und Neuwaldegg, den jenseitigen Sommerfrischen, wieder hervor. Durch das Weingelände führen zwei Fahrstraßen nach Salmannsdorf, das, den bewaldeten Gipfel nach verschiedenen Seiten erkletternd, hinter Buschwerk und Baumgruppen halb versteckt liegt. Im Hintergrunde schließt der baumreiche Wienerwald bis hinauf zu dem Hameau das Bild in fein gezogenen Linien ab. Neustift am Walde und Salmannsdorf – die beiden blühenden Namen durch Groß-Wien leider zu einer bürokratischen Nummer verdorrt – erzeugen gehaltvolle Weine, die auch von den Feinschmekkern der inneren Stadt nach Gebühr geschätzt werden. Waserburger und Hackermann sind in kundigen Kreisen Namen vom besten Klang. Wenn endlich der nahe Krotenbach – wohl zum Leidwesen der Wiener Landschafter, welche seine schönen Weidenschläge nur ungern missen werden – überwölbt ist und die elektrische Bahn auch diesen, vom Verkehr bisher so stiefmütterlich bedachten Erdwinkel berührt, wird dem inneren Wien ein edler, schmackhafter Tropfen um eine Stunde nähergerückt sein.
Auf der entgegengesetzten Seite, gegen Grinzing hin, wo die Sieveringer Weinrieden liegen, die unter andern mit den Schmeichelnamen »Die Rose und die goldenen Füße« benannt werden, nimmt die Landschaft einen größeren Charakter an. Steigt man beim Schulhause den Reitweg hinauf, so geht man dem Wienerwald zu, der sich vom Hermannskogel in kuppelartigen Bergen hinzieht, bis er in zwei großen Wellen, die eine vom Kahlenberg nach dem Leopoldsberg, die andere vom Leopoldsberg, vollends hinunter in die Donau abstürzt. Die nächsten Wege führen in eine Buchen-

waldung hinein, an deren Saum sich Sommerfrischler angesiedelt haben, während in ihrem Schatten die Restauration »Am Himmel« liegt, die an Sonn- und Feiertagen die jungen Leute der ganzen Umgegend zu ihren Tanzunterhaltungen heranzieht. Unterwegs zurück über Sievering hinwegblickend, sieht man am Horizont den breitrückigen Anninger, der in langem, sanftem Linienschwung, nur noch einmal sich aufbäumend, bei Gumpoldskirchen in die Ebene abfällt. Dreht man sich aber völlig um, mit dem Rücken gegen den Wienerwald, so sieht man das große, schöne Bild vor sich, wie es von dieser Gegend aus Grillparzer und Anastasius Grün gesehen und besungen haben. Über Rebenhügel hinweg liegt das alte Wien mit seinen die Häusermasse überragenden Türmen und Kuppeln, mit blitzenden Fenstern und häuslich rauchenden Kaminen. Es grüßt uns vor allem der Stephansdom, dessen Turm mit eiliger Verjüngung und voll Temperament als ein echter Sohn Wiens aus dem Wiener Boden schießt. Neben St. Stephan macht sich namentlich Ferstels Votivkirche geltend, deren heiter aufsteigende Zwillingstürme und das am Chor angebrachte spielende Strebepfeilersystem gute Wiener Gotik sind. Gleich da drüben in Grinzing hat Ferstel am Wege zum »Himmel« mit derselben leichten Hand ein Sommerhaus gebaut, von dem aus er seinen Kirchenbau sehen konnte. Stieg er einige Schritte aufwärts, so konnte der Meister mit seinem Auge die ganze große Lage Wiens umfassen: die glänzend aufleuchtende, mächtig strömende Donau, jenseits und diesseits des Wassers das von goldenem Korn schwellende Marchfeld, den grünen Kranz des Wienerwaldes und über die Stadt hinweg die ungarischen Berge, welche die weite, blauende Ebene wie mit einer Mauer abschließen.

LUDWIG SPEIDEL

Klosterneuburg

Wien, 2. Mai 1837

Seit kurzem ist das Wetter, das dem langen Winter folgte, wieder so schön, daß wir alle Klagen, die wir über das Klima aussprachen, zurückzunehmen bereit sind. Sonntag war ein Tag, an dem sich Frühling und Sommer geradezu vereinten, und es war kaum zu glauben, daß genau einen Monat zuvor noch Schnee den Boden bedeckte und im Prater Schlitten gefahren wurde.

Die Straße, die entlang der Donau nach Klosterneuburg führt, ist wohl sehr schön, doch läßt sie keineswegs dieses herrliche Plätzchen Erde, auf dem das Stift steht, vermuten. Die Flucht geradezu fürstlicher Empfangsräume gewährt Aussicht auf den breiten Strom und beherrscht darüber hinaus eine wahrhaft herrliche Landschaft.

Der Abt, der uns mit vollendeter Artigkeit und Gastfreundschaft empfing, verbrachte mit uns den Morgen mit der Besichtigung jener Gebäudeteile, zu denen Frauen der Zutritt gestattet ist, und wir sahen die großartigen Anbauten, die gerade im Werden sind. Nach deren Vollendung dürfte dieses Bauwerk selbst des Papstes würdig sein. Darnach saßen wir eine Weile in der prachtvoll ausgeschmückten Kapelle und hörten dem Spiel auf einer der schönsten Orgeln der Welt zu. Die kurze Pause bis zur Mittagstafel verlief in so lebhaft angeregter Konversation, wie sie nur je in einem Salon bester Gesellschaft zustande kommt. Die Tischrunde bestand hauptsächlich aus den Senioren des Stiftes und noch einem anderen kirchlichen Würdenträger, der mir, wenn ich mich recht entsinne, als Bischof von Linz vorgestellt wurde.

Die Bewirtung war äußerst vornehm, es gab Champagner

erster Qualität, und die Unterhaltung verlief lebhaft und angeregt. Kurz, der Tag in Klosterneuburg wird zu den rotangestrichenen *fêtes* in unserem Wiener Kalender gehören. Als wir nach Tisch noch Kaffee nahmen, zeigte uns der Abt seine prächtige Münzensammlung und entwickelte große Kenntnisse auf diesem Gebiete. So endete dieser herrliche Tag, oder besser, der Klosterneuburger Teil dieses Tages, denn die köstlich kühle Heimfahrt war nur die Vorbereitung zu einem anderen Feste.

Der französische Botschafter, Graf Sainte-Aulaire, gab in dieser Nacht, anläßlich des Geburtstages des französischen Königs, einen glanzvollen Ball. Ich muß gestehen, ich war durch die Anstrengungen des Tages (so unterhaltsam er auch gewesen) so ermüdet, daß ich versucht war, auf der Galerie, die um den ganzen Ballsaal führte, in ein weiches Sofa zu sinken und das glänzende Fest von dort aus zu betrachten, so lange, bis Strauß und seine Walzer mich in Schlaf gewiegt hätten.

FRANCES TROLLOPE

J. E. Liotard: Das schöne Schokoladenmädchen
(das Modell war eines der schönsten Stubenmädchen von Wien).

Die Stubenmädchen

Seit einigen Jahren beklagen unsere Wiener Bürgermädchen, unsere halben und ganzen Fräuleins und sogar die gnädigen Frauen aller Gattungen sich heftig über die Stubenmädchen, weil sie ihnen teils ihre Liebhaber abfischen, teils ihre Männer wankelmütig und nicht selten gar untreu machen.

Die Ursache ihres gefährlichen Reizes liegt klar in ihrer Tracht. Sie ist die vorteilhafteste, die anziehendste für den weiblichen Körper; sie setzt die Formen aller ihrer Gliedmaßen in ihr wahres Licht; sie zeichnet Lenden und Hüften vortrefflich aus – kurz, sie reizt das Auge.

Eine andere Ursache, warum viele Männer und Jünglinge so gerne nach den Stubenmädchen blicken, liegt darin, daß sie vorzüglich bedacht sind, sich immer nett, weiß und reinlich zu tragen.

Man gehe nur durch die Straßen der Stadt und betrachte diese Geschöpfe genauer, so wird man erstaunen. Die sogenannten Böhmischen Hauben (das einzige Kennzeichen, daß sie Stubenmädchen sind) verlieren sich schon sehr ins Kleine, viele fangen schon an, sich zu frisieren und geheftete Hauben zu tragen. Ihre Haare um die Stirn herum sind à la Rippamonte kurz geschnitten und in das Gesicht gekämmt. Sie tragen tintüchene Gekröse um den Hals.

Ihr Busen ist so heraufgepreßt, so offen, so bloß wie bei den ersten Koketten. Ihre sogenannten Köckel, oder wie man die Dinge heißt, sind nach der Art wie die hiesigen Jackettkleider gemacht, mit einem Kragen, mit Fischbeinen ausgesteift, um einen englischen Leib zu machen. Ihre Röcke sind mit Fälbeln garniert. Alles ist von Seide oder gar von Mousselin.

Fürtücher von Tintuch, weiße seidene Strümpfe, die schön-

sten Schuhe, große Modeschnallen, Ohrgehänge und Ringe an den Fingern machen den Reiz vollkommen.
Ob das alles sich so schlechterdings von ihrem Lohn bestreiten läßt oder ob andere Akzidenzien dazu erforderlich sind, davon soll besser woanders gehandelt werden.

JOHANN RAUTENSTRAUCH

Spaziergang eines Wiener Poeten auf dem Kobenzlberge (um 1830)

Ebenes Land liegt mir zu Füßen wie ein stilles grünes Meer,
Weit hinaus, wie Möwen, kreisen meine Blicke drüber her;
Gleich wie schmale lichte Furchen, die durchs Meer die Schiffe ziehn,
Schlängeln Donaustrom und Straßen sich als Silberstreifen hin.

Rings empor als inselreicher, stolzer Archipelagus
Ragen Dörfer, Schlösser, Städte, blinkend wie aus Silberguß,
Doch vor allem groß und mächtig ragt ein Eiland aus dem Meer,
Dem als Tannenwald die Stirne krönt gewalt'ger Türme Heer.

Wien, du bist's, Stadt der Cäsaren! Doch wie dünkst du mir
jetzt klein!
Selbst ein Meer sonst meinem Auge, schrumpfst du nun zur
Insel ein!
Riesenwerk, dran müd sich bauend, rastlos ein Jahrhundert
stand,
Sieh nun deine ganze Größe leicht bedeckt von meiner
Hand!

Dreimalhunderttausend Brüder träumen dort des Lebens
Traum!
Dreimalhunderttausend Herzen schlagen in dem engen
Raum!
Draus Entwürfe, weltbewegend, erderschütternd sind gewallt!
Draus gewandelt manche Botschaft, deren Klang die Welt
durchhallt.

ANASTASIUS GRÜN

Die Gärten von Wien

Der Prater bey Wien liegt eine Viertelstunde vom Stadtthor auf einer großen Insel der Donau und erstreckt sich auf eine halbe Meile. Er ist mit dicken Waldungen bewachsen, die mit grünenden Auen und Wiesen untermengt sind. Eine vierfach gepflanzte Reihe Kastanienbäume vermehrt die ungekünstelte Anmut dieser Insel. Sie stand vormals nur den Kutschen des Adels offen; allein Josephs edle Menschenliebe eröffnete hier allen Menschen, Gehenden, Reitenden und Fahrenden, den Eingang. Sogleich wurden die Auen mit Zelten, Hütten, Sommerhäusern zu Erfrischungen, Ringsrennen, Kegelschieben und anderen Ergötzungen besäet. Diese Hütten und Sommerhäuser im Wald verschönerte sich bey dem Zulauf der Menschen von Jahr zu Jahr. Auch fehlt es nicht an Musik.

Ein anderer Volksgarten bey Wien ist der Augarten auf der Donauinsel, welche die Leopoldstadt einnimmt. Er war ehemals der Garten des kaiserlichen Sommerpalastes, die alte Favorite genannt, der 1683 von den Türken verwüstet ward. Von der Zeit an diente der Garten zu einem öffentlichen Spaziergange, ward aber ganz vernachlässigt. Endlich übernahm Kaiser Joseph selbst die Verschönerung des Platzes. Er ließ ihn erweitern, mit neuen Alleen von verschiedenen Arten von Bäumen und nach verschiedenen Richtungen bepflanzen, Terrassen zum Genuß der reizenden Aussichten der umliegenden Gegenden anlegen, Gebäude aufführen, besonders ein schönes Landhaus, das viele Zimmer enthielt, und nicht nur zum Spiel und Tanz, sondern auch zum Speisen mittags und abends eingerichtet ist. Dieser Belustigungsort, der halb eine angenehme Wildnis der Natur und halb gartenmäßig eingerichtet ist, und hinten von der prächtigen Donau bespült wird, war ebenfalls, sobald er verbes-

Johann Ziegler: Im Prater, 1783.

sert war, vom Kaiser 1775 für alle Menschen ohne Unterschied des Standes eröffnet. Die Inschrift bey dem Eingang: Belustigungsort für alle Menschen, gewidmet von ihrem Freund, kündigt es an, und ist zugleich ein Denkmal der Güte des Stifters. Seitdem ist der Augarten, wo den ganzen Tag eine Menge von Spazierenden wimmelt, auf mancherley Art verschönert. Der menschenfreundliche Kaiser steht hier und im Prater oft mitten unter seinem Volke, ohne Gefolge, bloß von der Liebe seiner Unterthanen umgeben; und sieht mit edler theilnehmender Empfindung, wie sie sich frey in große und kleine Haufen zerstreuen, doch alle vereint in der Freude über den Wohlthäter, der, gleich dem belebenden Geiste der Natur, mit freundlicher Wärme über sie hinstrahlt.

C. C. D. HIRSCHFELD, 1785

Auf Wanderschaft in Wien

Am sechsten Tage, spätabends, legten wir in Nußdorf an, und als wir andern Morgens zur Flöße kamen, sagte der Schiffer: »Ich habe hier zwei Tage zu tun; wer nach Wien will, kann zu Fuß in einer Stunde hinkommen.« Mein Erlanger und ich packten sogleich auf, und nach einer guten Stunde passierten wir zur Stadt Wien hinein.

Die Gasse, in der unsere Herberge lag, hieß »Der Salzgries«. Noch am selben Tage, gegen Abend, kamen Polizeidiener mit Soldaten und nahmen uns die Pässe ab. Wir mußten unsere Bündel aufhocken, in Reih und Glied treten und wurden gezählt; es waren einige zwanzig Bäckergesellen, die nun abmarschierten. Vor einem Bäckerhause wurde »Halt!« kommandiert und nachgefragt, wieviel Gesellen nötig seien. »Zweie«, hieß es. Die Polizei griff zwei Stück heraus und gab sie in der Bäckerei ab. Unter »Marsch!« und »Vorwärts!« ging es von Backhaus zu Backhaus; hier wurde einer, dort wurden mehrere verlangt. Der Erlanger und ich wollten gerne zusammenbleiben; ich griff einen Polizeidiener am Arm und sagte es ihm heimlich. Er nickte, blünzte mit den Augen und drückte mir die Hand. Nun ging es rechts herum, eine schmale Berggasse hinauf, das Lorenzer Gässel. Auf der rechten Seite stand eine Haustüre offen; man sah hinten das Feuer im Backofen brennen. Mein Polizist faßte meine Hand und zog. »Wieviel hier?« schrie er. »Zwei Stück«, hieß es, und wir folgten ihm rasch zur Türe hinein. »Wünsche viel Glück, meine lieben Herren«, sagte er und gab auch dem Erlanger die Hand.

»Das ist doch einmal ein höflicher Polizeidiener«, meinte mein Kamerad. »Na, wartet nur, er wird euch schon besuchen«, sagte ein Mann, der das Feuer im Backofen schürte, ging und machte eine Tür auf. »Da geht hinein.« Es war die

Backstube; sechs Burschen befanden sich in Tätigkeit; große Kübel standen umher wie in einer Stärkefabrik; zwei lange Balken liefen hoch durch die ziemlich große Stube. Nur einer der Kameraden kümmerte sich um uns. Er stieg von seinem Sitzarbeitsplatz herab und sagte zu meinem Erlanger: »Du langer Strick mußt Kübler werden, und du«, sagte er zu mir, »wirst Jodel.« Er brannte ein Licht an, führte uns in ein Souterrain, wo links das Backholz lag und rechts eine Art von Betten standen. – »Das sind eure zwei Kotzen, legt hier ab!« – Kotzen, das waren die Betten.
Das war mein Empfang in der großen Kaiserstadt Wien. ›Nun‹, dachte ich, ›schadet nichts! Du bist gesund wie ein Fisch; vielleicht kommt's später schöner.‹ – Nach drei bis vier Tagen hatte ich die Rangordnung meiner Kameraden kennengelernt.

1. Rang: Der Werkmeister, ›Helfer‹ genannt, ein Mainzer.
2. Rang: Der Weißmischer, kommandiert en chef in der Backstube, ein Österreicher, stolzer Dummkopf.
3. Rang: Der Ausschütter, ein einsilbiger, guter Mensch, steht nach dem Helfer am Ofen und macht die kleinen Gebäcke.
4. Rang: Der Schwarzmischer, ein offener lustiger Bursche aus Linz, schön von Gesicht und nicht ungebildet.
5. Rang: Zwei Kipfelschläger aus Wien oder der Umgegend, liederliche, schlechte Bengels.
6. Rang: Der Semmler, einfältiger Hannes, in schöne Kleider gesteckt.
7. Rang: Der Vicé, ein durchtriebener Gaudieb. Zwölf Jahre in Wien; trug die Ware in die Gasthöfe und zu den Kunden.
8. Rang: Der Kübler – mein guter Erlanger.

9. Rang: Der Jodel, meine Wenigkeit.
10. Rang: Der Bua, achtzehn Jahre alt. Stockböhm und stockdumm.

So hatte ich also doch noch einen unter mir. Was Jodel heißt, wußte ich schon von Linz aus: Hauspudel, der aller Welt gehorchen muß. Mit diesen Titeln wurden wir angeredet und gerufen, sowohl unter uns, als vom Herrn, der Madame, der Ladenmamsell und der Köchin. Nach wenigen Tagen hatte ich es aber doch so weit gebracht, daß sie mich alls ›Sachs‹ riefen; nur der Weißmischer tat es nicht; er sei zwei Jahre Jodel gewesen, sagte er, und nie anders genannt worden. Noch nicht vierzehn Tage waren verstrichen, als eines Nachts beim Semmelwirken der Schwarzmischer von seinem umgestürzten Kübel, worauf er saß, abstieg und ich, der das Stehn satt hatte, mich draufsetzte. »Jodel, gleich vom Kübel runter! Ein Jodel muß stehn«, grölte der Weißmischer. Ich verbiß meinen Ärger und sagte: »Wenn ich meine Arbeit ordentlich fortmache, so hast du mir weiter nichts zu befehlen.« – »Was?« fuhr er von seinem Trogkopf herunter, »der Weißmischer hat dem Jodel nichts zu befehlen? Das will ich dir gleich zeigen!« Er packte mich von hinten und riß mich zur Erde. In meiner Wut fahre ich auf, greif nach einem Garpflock; der geht unglücklicherweise aus der Wand heraus; ich schlage damit aus Leibeskräften auf den Kerl los; es tut einen harten Knall und – plump – lag er an der Erde und zuckte kein Glied. Mir stand vor Angst der Atem still; einige nahmen Licht und beleuchteten ihn; der Vicé brachte einen Topf kalt Wasser und goß ihm aufs Gesicht, da schüttelte er sich.

»Der Hund verreckt noch lange nicht«, sagte der Vicé. Jetzt hörten wir es am Boden sachte fluchen und knurren. »Helft mir auf.« Einige griffen zu, doch er konnte nicht stehen. »Der Esel hat mir die Hüfte inzweigeschlagen«, knurrte er. »Aber ich habe ja nur einmal geschlagen«, wandte ich

Sebastian Mansfeld: Bierwirtsjunge und Bretzenbäck'.

schüchtern ein, froh, daß er noch lebte. »Nein, Sachs, du hast dreimal geschlagen«, sagte der Schwarzmischer sachte zu mir, »und der dritte Schlag ging vor den Kopf.«
Der Weißmischer blutete an der Stirne; mehrere faßten ihn und trugen ihn hinaus auf seinen Kotzen, kamen aber gleich wieder zurück, denn die Arbeit durfte nicht unterbrochen werden. »Wasch dich«, sagte einer zu mir, »dein Gesicht ist voller Blut.« Jetzt fühlte ich auch den Schmerz – ein Stück Haut war mir von der Backe gerissen; aber ich wusch das Blut nicht ab. Alle Morgen, gegen fünf Uhr, kam der Herr in die Backstube, überblickte uns, sah nach der Ware und ging hinaus zum Helfer. Diesmal blieb sein Blick an meinem Gesicht haften. »Wie sieht der Jodel aus! – der Sachs wollt' ich sagen! Habt's gerauft? – Wo ist der Weißmischer?«
Nachdem ihm berichtet worden war, ließ er sich zum Weiß-

mischer leuchten, kam aber nicht wieder in die Backstube. Später sagte der Helfer zu mir: »Der Herr scheint dich gern zu haben; er hat mit dem Weißmischer gezankt; es kommt heute noch ein anderer herein.« Und so wurde es.
Die Bäckerei ging, ohne Aufhören, Tag und Nacht fort. Die oberen Chargen hatten kürzere Zeit zu arbeiten und bekamen mehr Lohn als die andern. Der Helfer hatte in der Backstube gar nichts zu tun; des Weißmischers Arbeit dauerte von abends acht bis morgens sechs bis sieben Uhr; der Ausschütter hatte von morgens acht bis abends acht Uhr zu arbeiten, der Schwarzmischer von morgens vier bis abends sechs Uhr, die Kipfler von abends zehn Uhr bis den andern Nachmittag ein Uhr, der Semmler von abends acht Uhr bis den andern Mittag; der Vicé, der gar kein Bäcker zu sein brauchte, mußte den Korb aufhocken und Waren austragen, mit dem Hefenfäßchen auf dem Rücken-Reff in die entfernten Bierbrauereien gehen und auch die Nacht Semmel wegsetzen, wobei es aber immer Krieg gab. Der Kübler hatte schon keine regelmäßige Arbeitszeit, wurde stets kommandiert und mußte sich die Zeit zum Schlafen fast stehlen; der Jodel war der Pudel für alle und nur, weil hier auch noch ein Bua war und auch wohl, weil sie meine Überlegenheit in manchen Dingen fühlten, schonten sie mich.
Es war nun bald Weihnachten, und ich war schon einige Male mit dem Schwarzmischer im Leopoldstädter Theater gewesen, als er mir erzählte, daß nächsten Januar wieder ein Sprechtag sei. Diese Sprech- oder Kündigungstage waren abgeschafft worden, weil es in der übervölkerten Stadt an Bäckerware fehlte; kein Bäckergeselle durfte ohne gewichtigen Grund aus der Arbeit gehen. Ich erfuhr, daß der Ausschütter zum Sprechtag abgehen würde und bekümmerte mich nun sehr um seine Arbeit. Er mußte täglich Hopfen kochen zur künstlichen Hefe und die Gärung führen bis zum – Ausschütten – in den Backtrog. Dazu gehörten fünf

Mann; die rief er mit dem Worte ›Ausschütten!‹ zusammen. Auch mußte er die kleinen Kipfelgebacke einschieben und ausbacken und den Ofen mit dünnen Spreißeln dazu heizen. Ich stellte mich gut mit ihm, und er ließ mich zuweilen seine Arbeit machen; als der Sprechtag herannahte, war ich complètement in die Mysterien des Ausschütters eingeweiht. Am Sprechtage, früh acht Uhr, mußte jeder zum Herrn hinauf und sagen, ob er bleiben wolle oder nicht. Es ging nach dem Range, und an Mußbachen – nämlich an den Jodel – kam es zuletzt. »Herr Pfitzinger«, sagte ich, »ich will recht gerne bei Ihnen in der Arbeit bleiben, aber nicht mehr als Jodel, sondern als Ausschütter.« – »Sachse, plagt dich der Teufel! Bist vier Wochen in Wien und willst Ausschütter werden? Weißt du, daß du dir damit eine Rute aufbindest? Kannst viel verderben, und ich habe das Recht, dich von der Polizei strafen zu lassen. Als Jodel bist du ein wahrer Freiherr und kannst nichts verderben.« – »Aber auch nichts gutmachen. Ich will kein Freiherr sein, Herr Pfitzinger, hergegen verspreche ich Ihnen, all meinen Fleiß und die größte Aufmerksamkeit anzuwenden, wenn Sie mich als Ausschütter einstellen wollen.« – »Na, es ist gut, du sollst es sein. Du wirst zwei neue Kipfer und einen Jodel bekommen; beobachte sie, daß du mir darüber referieren kannst« – und er winkte ab wie Napoleon oder jeder große Herr, wenn er einen fort haben will.

Mit Hochgefühl ging ich die Treppe hinunter in die Backstube und machte mit glänzendem Gesicht meine Standeserhöhung bekannt. Der Schwarzmischer umarmte mich, und meinem guten Erlanger standen Freudentränen in den Augen. Auch der Semmler und der Vicé gratulierten mir freundlich, was mich ganz glücklich machte, denn ich war doch über sie hingesprungen. –

CHRISTIAN WILHELM BECHSTEDT

Wiener Elegie

Wieder leuchten die Kuppeln, beschienen von wärmerem Strahle,
Und in mildestem Blau breitet der Himmel sich aus.
Sonnige Lüfte umkosen das Antlitz der wandernden Menschen,
Frühlingshütchen zur Schau tragen die Schönen bereits.
Duftende Veilchen verkauft man und zarte, goldige Primeln,
Mit verlangendem Griff strecken die Hände sich aus.
Woche vor Ostern, du stillste des Jahres, wie bist du belebt doch!
Kirchen- und Gräberbesuch füllen die Straßen der Stadt.
Fernher drängt sich die Schaulust zum Auferstehungsgepränge:
Fahnen, Posaunen, Gesang, funkelnder Priesterornat.
Ich doch wandle hinaus ins Freie und suche die Pfade,
Die zum Kahlengebirg' führen allmählich hinan.
Weiter und weiter erschließt sich im Kreise die liebliche Landschaft;
Dort schon schimmert der Strom, schimmern die knospenden Au'n.
Tiefes Schweigen ringsum; nur von noch scholligen Feldern
Schwingt sich mit Jubelgesang einsam die Lerche empor.
Blühende Bäume umfrieden vereinzelte stille Gehöfte,
Und in bräutlichem Schmuck stehen die Büsche am Rain.
Endlich ist sie erreicht die ferneneröffnende Stelle,
Wo ich als Knabe bereits schwelgenden Auges geweilt.
Dort eine Bank auch – vielleicht noch dieselbe! – nun ruh' ich im Anblick,
Hehr aufschauert in mir wonniges Heimatgefühl.
Ja, da bin ich im Herzen der alten, der herrlichen Ostmark,

Deren Banner einst stolz flatterte über dem Reich –
Über dem Reich, von dem sie getrennt nun, beinahe ein Fremdling:
Östreichs Söhne, man zählt kaum zu den Deutschen sie mehr.
Aber nicht deshalb neig' ich die Stirn jetzt in bangender Trauer,
Weil du, mein Vaterland, ganz auf dich selber gestellt.
Proben kannst du die eigenste Kraft, die Kraft des Gerechten –
Und es sinkt und es steigt ewig die Woge der Zeit.
Aber o Schmerz! du bist auch getrennt von den eigenen Gliedern,
In Verblendung und Haß wüten sie gegen das Haupt.
Doch du *bist* noch, o Wien! Noch ragt zum Himmel dein Turm auf,
Uralt mächtiges Lied rauscht ihm die Donau hinan.
Und so wirst du besteh'n, was auch die Zukunft dir bringe –
Dir und der heimischen Flur, die dich umgrünt und umblüht.
Sieh, es dämmert der Abend, doch morgen flammt wieder das Frührot –
Und bei fernem Geläut' segnet dich jetzt dein Poet.

FERDINAND VON SAAR

Stock im Eisen

O lieber Stock im Eisen,
Du warst ein Baum zumal,
Mit Blättern und mit Zweigen
Im grünen Gartental.

Der Städter wohnt in Frieden
In hoher Häuser Nacht,
Seit dich hier anzuschmieden
Der Schlosser war bedacht.

Gleich einem müden Greisen
Was lehnst du am Gestein?
O lieber Stock im Eisen,
Wo sind die Zweige dein?

Es scheint der Mond herunter,
Der Stern auf Wolken hängt;
Die Nachtgespenster munter,
Der Mensch in Schlaf versenkt.

Die Eule weint, die Eiche
Hoch in den Winden saust,
Der Schlosser naht zum Streiche,
Die Axt in schwerer Faust.

Er leget an die Zweige
Die Axt rotglühend an –
Da weint der Stock im Eisen;
Was hat man mir getan?

Carl Schütz: Stock-im-Eisen-Platz.

»Herr Gott, auf meinen Zweigen
Der Vogel dich lobpries!
Der Schlosser heißt ihn schweigen
Und macht ihm ein Gebiß!«

Der Schlosser liegt im Flaume,
Vom schweren Handwerk müd,
Die Seele von dem Baume
Durchs Eisen glänzt und glüht.

In schauerlichen Weisen
Der Adler oben schreit;
»Macht flink aus Holz und Eisen
Einen Sarg, ihr Zimmerleut'!«

Und die vorüberreisen,
Viel Nägel schlagen ein;
O lieber Stock im Eisen,
Das ist die Rinde dein.

Es schaun den Stock im Traume
Die kleinen Junker an;
»Wer zog, wer zog dem Baume
Die schwarze Rüstung an?«

SPINDLERS DAMENZEITUNG
1830, Nr. 269

4.
ES WAR EIN SOMMERHELLER NACHMITTAG

Was macht denn der Prater, sag, blüht er recht schön?
Die Blätter falln ab, es ist völlig nicht z' gehn.
D' Häuser und Straßen, stehn s' kreuz noch und quer?
Ist alles verschönert, man kennt s' gar nicht mehr.
Grad auf der Burgbastei war einst ein Zelt?
Jetzt sein drei Gärten dort, ein ganz neue Welt.
O, das muß ja prächtig sein, dort möcht ich hin,
Ja, nur ein Kaiserstadt, ja, nur ein Wien!

FERDINAND RAIMUND

Der Kunstmarkt

Der Haupttrummel auf dem Gemüsemarkt ist zu Ende. Die Häferl-Gouvernanten, wie die Dienstmädchen hier gern genannt werden, haben ihre Einkäufe an Kohl und Kraut, an gelben Rüben, Petersilie und Porree, Schwammerln und Knoblauch besorgt, ihren Morgentratsch gehalten, in langen Konferenzen die Nummern festgestellt, die bei der nächsten Ziehung im kleinen Lotto kommen müssen, ihre traurigen Erfahrungen mit den immer mehr degenerierenden Frauen gegenseitig ausgetauscht und die wenigen guten Haare, welche sie ihnen noch gelassen, bis auf die Wurzel entfernt.

Nun fängt es an, einsam auf dem Markt zu werden. Die Damen vom Stande räumen ihre blühenden Kinder der Flora und Pomona ein, zählen ihre Losung zusammen und gehen in das nahe gelegene Gasthaus, um sich einen Pfiff Wein oder ein »Lackerl« Suppe zu kaufen. Der Greißler macht der Frau Sali den Hof oder erzählt die Vorfälle aus seiner Gasse, und die Frau Kathl liest ihren Kolleginnen die Fortsetzung des Kaiser-Josef-Romans vor.

Wenn die Losung gut war, ist jetzt der günstigste Moment für allerhand Kleinkrämer, ihre Ware an den Mann zu bringen. Strümpfe, Strumpfbänder, Hosenträger, Seife, Geldtäschchen, Kämme, Bürsten, Besen, Glanzwichs, Abstauber, Bastwaschel können dann auf sicheren Absatz rechnen.

Aber auch für die edleren Erzeugnisse des Menschenwitzes ist das Gemüt einer »Fratschlerin« in solchen Augenblicken nicht unzugänglich. Daher erscheint von Zeit zu Zeit ein Mann mit einer Kraxn, auf der eine ambulante Bildergalerie aufgestapelt ist, und kann sicher sein, bei einer oder der andern Gemüsedame auf reges Kunstverständnis zu stoßen. Heute kommt er wieder und stellt seine Bilderschätze –

Farbdruckbilder mit möglichst grellen Farbeffekten –, ohne ein Wort zu sprechen, längs der Wand auf den Tisch und wartet ruhig ab, bis der schlummernde Kunstsinn durch Rede und Gegenrede allmählich erwacht. »Schau, schau, die heilige Kathrein mit'n Rad. Das war' was für mein' Alkoven«, sagt die Frau Kathl. »Wie s' fleißi bet' und die Augen zum Himmel aufschlagt; da gibt ma do sei Geld net umsunst aus. Hernach is die Kathrein außerdem no geg'n 's Zähndweh.«

»Was Ihna net einfallt«, antwortete die Frau Wabi, »die Kathrein hat sie sei' Lebta um kan Zahnd net kümmert. Da müassen S' zu der heiligen Appolonia beten.«

»Heilige Appolonia? Bitte, hier ist die heilige Appolonia«, sagt der Händler und zeigt das Bildnis einer frommen Märtyrerin. Sie ist bis auf die Knochen abgemagert, von den blauen Augenrändern rieseln blutige Tränen, ihr zu Füßen eine riesige Zange, mit der man Brunnenröhren ausreißen könnte.

»Ja, ja«, sagte die Frau Sali, »die is schon; sechts, da hat s' die Zang'n. O Gott, die hat mir gar oft g'holfen, wann i schon glaubt hab, i wir a Narr. Da geht nix über die Anrufung:

> Appolonia fruh und spat,
> Gibst du jeden guten Rat.
> Sag auch mir, wie ich die Zähnd-
> Schmerzen bald verlieren könnt'.«

»Alsdann, geben S' mir die heilige Appolonia«, sagt darauf die Frau Kathl, »obwohl i mit den Fegfeuer gar net einverstanden bin; das is bei mir ka Fegfeuer; der Maler muaß an saubern Begriff von Fegfeuer hab'n; das wär' eh guat, wann die Flammen nur bis zu die Knia gingeten. Und zweni rot san s' a, viel zweni rot. Na, geben S' her, die Flammen laß i mir halt von mein Franzl dazuamal'n.«

Georg Emanuel Opitz: Marktszene auf dem Hohen Markt.

»Da hab'n S' scho recht, Frau Kathl, daß S' Ihna die Appolonia ins Haus nehmen. – I hab alle die Nothelfer beisamm«, sagt jetzt wieder die Frau Sali; »für jede Krankheit gibt's an extrigen Heiligen. I sag Ihna, das is g'scheiter als jede Hausapotheken. Die heilige Barbara werd'n S' do haben?«
Die Frau Kathi muß verneinen.
Der Bildhändler ist mit der heiligen Barbara schnell zur Hand.

Diese findet indes keine Gnade in den Augen der kunstverständigen Frau Sali. Die echte Barbara hat rote Haare –
»Das wird halt die Rhabarbara sein«, liefert der Greißler seinen Beitrag, »die is fürs Bauchweh.«
Die Barbara wird demnach abgelehnt, und alle Anpreisungen des Händlers vermögen den groben Verstoß gegen die historische Wahrheit nicht wettzumachen.
»Was hätt' i denn g'macht«, fährt die Frau Sali fort, »wie i mir vorigen Winter die Füaß derfrärt hab, daß s' voller Sprüng' war'n, wann i net in heiligen Peregrini g'habt hätt'. Der Peregrini is nämli soviel gut für die wechen Füaß:

Peregrini, Schutzpatron,
Nimm der wechen Füaß dich an,
Mach an End' der grimmen Pein,
Hilf mir in die Stiefeln 'nein.«

Ein bethlehemitischer Kindermord brachte das Blut der gutherzigen Frauen in stärkste Wallung.
»So a Ruach, so a ölendiger, was er davon hat, daß er die armen Würmerln so hinmurden laßt«, sagt die Frau Sali.
»Aber es is eahm schon hamkumma, den rotschädlerten Spitzbuabn, den Herodes; bei lebendig'n Leib hab'n eahm d' Würm z'sammg'fressen«, sagt die Wabi.
»Gehst net, du Hundling!« schreit die Frau Kathl entsetzt, als sie auf dem Bilde einen römischen Soldaten erblickt, welcher eben im Begriffe steht, ein rotbackiges Knäblein, das nach der Lanze wie nach einem Spielzeug greift, aufzuspießen. »Schamts euch net, ös Klach'ln, so a arm's Würmerl aufzuspieß'n. Die Müatter, die armen Müatter! Daß aber a net g'schaut hab'n, die Kinder in Keller oder auf der Bodenstiag'n z' verstecken. – Geb'n S' es weg, das kann i net seg'n, da tramt mir heut nacht davon. So was kummt bei uns do net vor. Da zahl' i gern no amol soviel Steuer, wann i nur waß, daß meine Kinder net abg'stochen werd'n.«

Rudolf von Alt: Marktstände auf dem Hof.

Die profanen Bilder fanden weniger Anklang. Der Adler Jupiters, welcher den Ganymed in den Olymp entführt, fand eine eigene Auslegung.
»Da schau'n S' her, a Lämmergeier!« sagte die Frau Sali. »Weil aber die Leut a net achtgeb'n können. Da gengan s' aufs Feld und lassen die Kinder ohne Aufsicht, bis nachher an Unglück g'schiecht.«
Als ihr aber der Bilderhändler erklärte, daß der Adler Jupiters den Knaben nur deshalb in den Himmel entführe, damit dieser den Göttern Speis' und Trank verabreiche, schüttelte sie ungläubig den Kopf.
»Wann er das wollt', der Jupeter«, antwortet sie, »so brauchet er ja nur auf die Kellnerinnung z'schicken, da gibt's Brotschani gnua, die sie a Ehr' draus macheten, in Olump, oder wia das haßt, zu dienen.«
Ein nächtliches Städtebild von Venedig empört ihren koloristischen Geschmack.

»In Vinedig muaß grad Waschtag sein; denn das is ja alles mit Waschblau ang'strichen.«
Eine Parforcejagd auf einen Hirschen wird nur mit Worten des Abscheus betrachtet.
»So a Viechermarterei«, sagt die Wabi. »Das arme Tierl; was hat er eahna denn 'tan? Die Todesangst, wia die Hund' hinter eahm her san! Der ane is schon aberpurzelt von sein Pferd; war ka Schad', wann er si an Haxen brechet, was laßt er den armen Viechern ka Ruah!«
Der Händler kann zufrieden sein. Er hat eine Anzahl von Bildern zu hohen Preisen abgesetzt, und wenn er sich auch manch herbes – oft merkwürdig zutreffendes – Urteil gefallen lassen muß, so hat er doch ein gutes Geschäft gemacht. Freilich muß man den Geschmack dieser Damen genau studiert haben.

VINCENT CHIAVACCI

Wiener Dialekt

Johannisbeer ist süße Frucht,
doch süßer klingt: »Ribisel«;
der Deutsche sagt: »Ein hübsches Gesicht«,
der Wiener: »A hübsch Gfrießel!«

Die deutschen Jungfrauen zieren sich
spröd-ernsten Wesens, strengens;
die Wienerin hält sich den Mann vom Leib
und lacht und sagt: »Jetzt gengen S'!«

Und wenn er dringend wird und spricht
von seinem gebrochenen Herzen,
dann schaut sie ihm ernsthaft ins Gesicht:
»Sonst haben S' keine Schmerzen?«

Und will er die Pistole gar
nach Brust und Stirne richten,
da nimmt sie ihn freundlich bei der Hand:
»Gehn S', machen S' keine Gschichten!«

EDUARD BAUERNFELD

Die Pferdebahn wird am 4. Oktober 1865 eröffnet

Die Menschenmenge, die von der achten Morgenstunde an den »Pferdebahnhof« vor dem Schottentor umlagert hielt, hatte sich bis 2 Uhr, der Stunde der feierlichen Eröffnung, wenigstens verzehnfacht. Die Aufsichtsorgane hatten alle Mühe, die Passage für Wagen und Fußgänger freizuhalten. Einige Fiaker, die sich als Logen etablieren wollten, wurden zum großen Mißbehagen ihrer eleganten Insassen »abgeschafft«, dafür blieben die Galerien: fünf oder sechs Anstreichleitern, auf deren Sprossen ein schaulustiges Publikum Platz genommen hatte, unbehelligt.
Etwa ein Viertel nach 2 Uhr setzte sich der erste der sechs

Erste Fahrt der Pferdebahn auf der Strecke Dornbach–Schottenring. Im Hintergrund links Gerüst für den Bau der Votivkirche, Holzschnitt 1865.

mit Laub bekränzten Wagen, in welchem u. a. Se. Exzellenz der Herr Statthalter Graf Chorinsky an der Fahrt teilnahm, in Bewegung, und nach je drei Minuten folgten die übrigen. Die prächtigen Viergespanne, an den Scheuklappen mit Blumensträußen geziert, machten ihre Sache vortrefflich; trotz der starken Krümmungen der Schienenstränge und der vielfachen Hindernisse, die der Tagesverkehr, wohl nicht immer absichtslos, bereitete, langten sämtliche Wagen in etwa 20 Minuten an der Haltestelle jenseits Hernals an.
Dort war die Wagenhalle in einen Bankettsaal umgewandelt worden, und der Besitzer des »Weißen Rössels« gab ein »Dejeuner«. Als der Champagner perlte, eröffnete der Herr Stadthalter die Reihe der Trinksprüche mit einigen freundlichen Worten für das Unternehmen, das an dem im ganzen Reiche gefeierten Tage ins Leben trat.

WIENER ZEITUNG
5. Oktober 1865

Über Einladungen

Größere Tafeln werden meist auf drei Uhr angesetzt. Hierzu wird man durch Einladungskarten gebeten, die, je nach dem Rang des Gastes, acht oder zwei Tage vorher zugestellt werden. Ist der Geladene ein Fürst, so läutet bei seiner Ankunft der Portier dreimal mit der Hausglocke; einem Grafen oder Feldherrn gebühren zwei Glockenschläge, anderen Besuchern nur einer. Im Stiegenhause stehen zwei Diener oder Jäger in reichen Livreen mit goldenen Fangschnüren oder Epauletten. Der eine öffnet die Türe, während der andere die Überkleider des Gastes übernimmt und ihn durch eine Reihe von prächtigen Räumen zu dem Empfangssaal der Dame des Hauses geleitet und anmeldet. Diese empfängt den Gast sitzend mit einem leichten Kopfnicken und gewährt einem vertrauten Besucher den Handkuß. Nach einigen Minuten des Gespräches werden die Türen des Speisezimmers geöffnet, und das Mahl beginnt. Gewöhnlich besteht die Gesellschaft aus einer gleichen Anzahl von Herren und Damen. Wieviel Teilnehmer ein Fest auch zählen mag, dreizehn dürfen es beileibe nie sein. Der Hausfrau gebührt der oberste Platz an der Tafel, wo jedem Gast ein Sitz derart vorgeschrieben ist, daß eine Dame immer links und rechts einen männlichen Tischnachbarn hat. Die Zahl der Gänge beträgt gewöhnlich drei, wobei die Suppe nicht zählt. Der erste Gang umfaßt meist eine Hirschkeule, Würste oder sonstige appetitanregende Leckerbissen. Dann folgen gekochtes Rindfleisch mit Ragouts, Puddings und Fische. Den zweiten Gang bilden Fasane, Wildbret und gebratene Hühner; den dritten der Nachtisch. Der gute Ton verlangt rasches Essen, und die zwölf oder fünfzehn Schüsseln der drei Gänge verschwinden in fünfundvierzig Minuten oder einer Stunde. Die Getränke sind meist vorzüglich, und die Wahl der Weine steht den Gästen frei. Leichter Rheinwein oder gewässerter Ungarwein dienen als Tafelgetränk. Zum Rindbraten folgt dann ein Glas Malaga, zum zweiten Gang wird alter Johannesberger oder Steinwein gereicht. Beim dritten Gang trinkt man ein Glas Champagner, und der Nachtisch wird durch ein Gläschen des Königs der Weine, des herrlichen Tokaiers, verschönt. Trinksprüche und Gesundheiten werden nur bei feierlichen Festmahlen ausgebracht. Nach aufgehobener Tafel verbeugt sich jeder Gast vor der Hausfrau und den Damen und führt seine Tischnachbarin in den Nebenraum, wo Kaffee und Liköre aus Triest und Italien gereicht werden. Die Damen setzen

H. Temple: Eine Schubertiade bei Ritter von Spann.

sich wieder und die Herren bleiben stehen. Die Gäste, welche nicht für den Abend gebeten sind, verschwinden jetzt ohne weiteren Abschied.
Eine Einladung für den ganzen Tag schließt gewöhnlich einen Ausflug in den Prater in sich, den man mangels eigener Equipage im Wagen des Hausherrn unternimmt, welchem die Karosse der Hausfrau unmittelbar folgt.

CHARLES SEALSFIELD

Brief an Katharina Schratt

Wien, den 5. Februar 1889

Theuerste Freundin,

heute nur wenige Zeilen, denn Sie dürfen und sollen nicht lesen, um Ihnen zu sagen, daß ich in meinem unsagbaren Schmerze viel und mit den Gefühlen innigsten Dankes an Sie denke. Ihre treue Freundschaft und Ihre wohltuende, ruhige Teilnahme waren uns ein großer Trost in diesen letzten, entsetzlichen Tagen. Die Einladung zum Besuche für gestern war von der Kaiserin ausgegangen, die Sie so gerne

Katharina Schratt. Aus dem »Kikeriki« 1884.

Kaiser Franz Joseph I.

sieht; ich hätte mich kaum getraut, Sie wieder zu belästigen, aber unendlich dankbar war ich für ihre Absicht. Nun kann ich aber nur die Bitte, eigentlich Befehl, wiederholen, mit welchem bereits Frau von Ferenczy beauftragt war, daß Sie sich vollkommen schonen, den Ärzten genauestens gehorchen und gewiß nicht früher ausgehen, als es diese gestatten. Hoffentlich werden Sie bald wieder ganz hergestellt sein und wir die ersehnte Freude haben, Sie bei uns zu sehen.

Frau von Ferenczy hat uns ausführlich über den Besuch bei Ihnen berichtet, und täglich hoffen wir, durch die unvergleichliche Netti Nachricht von Ihnen zu bekommen. Heute wird mir noch eine schwere Aufgabe: den besten Sohn, den treuesten Unterthan in die letzte Ruhestätte zu geleiten. Der liebe Gott, vor dessen Wille und Gnade ich mich dankbar beuge, der mich bisher aufrechterhalten hat, wird mir auch dazu die Kraft geben. Da ich weiß, daß es Sie freuen wird, kann ich Ihnen übrigens melden, daß es mir körperlich gutgeht. Auch die drei Engel, die mich mit ihrer unendlichen Liebe, mit ihrer bewunderungswürdigen Kraft, mit ihrer innigen Sorgfalt umgeben, sind wohl. Wie kann ich der erhabenen Dulderin, der wahrhaft großen Frau anders gedenken, als mit einem Dankgebete zu Gott, der mir so viel Glück beschieden hat. Der Brief ist doch länger geworden, als ich wollte, allein es thut wohl, das Herz in ein treues Herz auszuschütten, und ich hoffe nur Ihren Augen nicht zu schaden. Ich verbiete Ihnen, mir zu schreiben und befehle Ihnen nochmals, sich zu schonen. Das ist die größte Freude, die Sie mir jetzt machen können. Und nun leben Sie wohl, theuere, liebe Freundin, und beten Sie für den armen Rudolph.

Ihr dankbarer, treu ergebener

FRANZ JOSEPH

Der Prater

Der Prater grenzt an die Vorstädte Wiens. Auf einer der Donauinseln gelegen, wachsen hundertjährige Bäume da, die überall einen majestätischen Schatten spenden und den Rasen erhalten, den die Sonne nie bleichen kann. Herrliche Alleen durchschneiden ihn; wie in Schönbrunn und den meisten deutschen Parks sieht man an den Hügelabhängen oder auf den Wiesen Hirsche und Rehe wandeln, die dieser herrlichen Einsamkeit Bewegung und Leben geben. Rings eine jungfräuliche, ländliche Natur, die mit allen Geschenken der Kultur und Kunst geschmückt ist. Wenn man von der Stadt kommt, dehnt sich links eine weite Rasenfläche für Feuerwerke, zur Rechten steht ein Zirkus, der mehrere Tausend Zuschauer faßt; geradeaus ist eine breite Kastanienallee, zu beiden Seiten Budiken, Kaffees, Gesellschaftslokale, in denen das Wiener Volk nach Herzenslust sich seinen musikalischen Neigungen hingeben kann.
Für den Wiener hat der Prater überdies noch einen besonderen persönlichen Reiz, den Reiz der Erinnerung. Für ihn bedeutet er ein Buch des Lebens: hier hat er als Kind gespielt, die Träume der Jugend und ersten Liebe geträumt, hier hat er in reifen Jahren sein sorgloses Glück nach des Tages Lasten in den Abend getragen.
Tritt man in eins der Etablissements, sieht man Männer und Frauen mit einer Ernsthaftigkeit Menuetten tanzen, die fast vermuten ließe, das Vergnügen wäre ihnen bloß anbefohlen. Häufig trennt die Menge der Zuschauer die Tanzenden voneinander, aber augenblicklich nehmen sie mit unerschütterlicher Kaltblütigkeit die unterbrochenen Tanzfiguren wieder auf, als wenn sie tanzten, um sich mit ihrem Gewissen abzufinden. Auf diese einfache Musik folgt dann der belebtere Rhythmus des Walzers; die Parole der Fröhlichkeit ist

gegeben, und dieselben Paare, die eben noch so ruhig erschienen, drehen sich mit einer anmutigen Beweglichkeit eine ganze Stunde in diesem halb leidenschaftlichen Tanze. In einem bürgerlichen Karussell lernt das Stadtkind mit Geschicklichkeit den Ring stechen, ohne sein Gleichgewicht im Sattel zu verlieren. Dort wieder sitzen ganze Familien von Kaufleuten und Handwerkern um reichgedeckte Tische und trinken friedlich ihren Ungarwein. Überall erinnern wandernde Musikanten unter freiem Himmel an einen ewigen Jahrmarkt.
Was am meisten am Wiener auffällt, ist sein Ansehen von Zufriedenheit und Wohlhabenheit. Seine Ausgaben, sein ruhiges Glück sprechen für seine Arbeitsamkeit und die väterliche Regierung, der er untertan ist. Kein Streit stört diese Menge; ihre Freude ist ernsthaft, aber dieser Ernst kommt nicht aus einer Anlage zur Traurigkeit, sondern hat seinen Grund im sichern Wohlbehagen.
In der schönen Kastanienallee mit den unzähligen prachtvollen Equipagen und den Reitern, die mit ungarischer Geschicklichkeit Pferde aller Rassen tummeln, möchte man glauben, daß aller Luxus der österreichischen Staaten vereinigt ist. Der Kaiser selbst fährt in einer bescheidenen Equipage mit der Einfachheit eines Bürgermannes, während ein nach der Stunde gemieteter Fiaker, keine Konkurrenz fürchtend, dem Kaiser den Weg abschneidet, um bald selbst von einem böhmischen Magnaten oder einem polnischen Palatin, der vierspännig vom Bocke kutschiert, überholt zu werden. In leichten Kaleschen mit Pferden, deren Mähnen im Wind flattern, erscheinen Damen in Weiß und Rot wie Blumen in Körben. Der Wechsel der Bilder, das Gedränge der Fußgänger, der allgemeine Tumult, der durch die Menge von Fremden noch größer, durch deutsche Gravität aber gemildert wird, bietet das lebhafteste, bewegteste Schauspiel: eine Szene von Teniers in einer Landschaft von Ruysdael.

Ferdinand Georg Waldmüller: Silberpappeln in der Praterau.

Was mir im ersten Augenblick am meisten auffiel, waren die vielen Wagen von derselben Form und Farbe, alle mit zwei oder vier Pferden bespannt. Das war eine Aufmerksamkeit des Kaisers, der nicht gewollt hatte, daß die Souveräne oder irgend jemand aus ihrem Gefolge sich anderer Equipagen bedienten als der seinigen. Daher hatte er 300 ganz gleiche Wagen bauen lassen, die zu jeder Stunde des Tags und der Nacht seinen erhabenen und berühmten Gästen zur Verfügung standen.
In wenigen Minuten hatte das lebende Panorama an mir alles vorbeigeführt, was Wien an Berühmtheiten zu jener Zeit in sich schloß.

COMTE AUGUSTE DE LA GARDE

Im Prater

Es keimen die Blüten, es knospen die Bäume,
Der Frühling bringt seine gold'nen Träume,
Ein lauer Wind weht mich freundlich an,
Die Felder sind bräutlich angetan.

Dort unten flüstern die Wellen vorüber,
Zu duftigen Bergen schau' ich hinüber,
Die Vögelein singen und fliegen vorbei,
Und lispeln von Sehnsucht, von Liebe und Mai.

Und jetzt erst erklärt sich das heimliche Beben,
Jetzt ahnd' ich erst, Frühling, dein Wirken und Weben,
Jetzt weiß ich erst, was die Nachtigall singt,
Was die Rose duftet, die Welle klingt.

Denn auch in mir ist's Frühling geworden,
Es schwelgt die Seele in Blüten-Accorden.
Der Sehnsucht Stimme, der Liebe Drang
Klingt Wellengeflüster und Lerchengesang.

Und freundlich, wie die heiligen Strahlen
Der Sonne den lieblichen Tempel mahlen,
So steht meine Liebe mir nimmer fern,
Und glüht in der Seele, ein günstiger Stern.

Und jeder geschlossene Kelch meines Lebens,
Und jede Knospe des freudigen Strebens,
Wird von dem Sterne zur Blüte geküßt,
Ein Hauch, der das Tote erwecken müßt'.

Und alle Blumen, die in mir keimen,
Und alle Strahlen aus meinen Träumen,
Bänd' ich gern in einen Strauß,
Der spreche mein Leben, mein Sehnen aus,

Mein Lieben, mein glühend unendliches Lieben.
Wo ist all' das andre Treiben geblieben?
Versunken in Sehnsucht nach deinem Licht,
In den einen Wunsch, der für alle spricht.

Und du lächelst mild dem Freunde entgegen,
Und pflegst die Blumen auf seinen Wegen.
O, was hat der Himmel für Seligkeit
In das kalte, nüchterne Leben gestreut!

Drum mag der Herbst in den Blättern säuseln,
Der Winter die silbernen Flocken kräuseln,
Die Lerche schweigen, die Schwalbe zieh'n,
In meinem Frühling bleibt's ewig grün.

THEODOR KÖRNER

Praterfahrt

Es kann kein großartigeres, unterhaltsameres und bunteres Bild geben als eine Wiener Praterfahrt. Unmittelbar hinter dem Staatswagen der Kaiserin kommt ein Zeiselwagen, ein drolliges Lieblingsfuhrwerk der bescheideneren Wiener. Dieses eigentümliche Beförderungsmittel ist besetzt von nicht weniger eigenartigen Gästen und beschwert mit Schinken, Weinflaschen und allem, was der Wiener für einen Sonntagsausflug benötigt. Dann naht wieder ein eleganter Phaeton oder der leichte Wagen eines ungarischen oder böhmischen Edelmannes mit Leibhusaren oder Jägern in überreichen, prunkvollen Livreen, während sich der Kaiser mit seinem würdigen Oberkämmerer, dem Grafen Wrbna, in einer einfachen, anspruchslosen Kalesche sehen läßt. Hinter ihm erblickt man einen fremden Botschafter und dann wieder einen reichen türkischen Kaufmann, eine ernste, stolze, regungslose Persönlichkeit mit schwarzen Dienern. Dieser ganze Wagenzug bewegt sich in einem feierlichen Tempo und mit einem Prunk, der jedes andere ähnliche Schauspiel übertrifft.
Die Alleen zur Rechten und Linken der Fahrbahn wimmeln von Reitern, unter welchen man aus Tausenden die Ungarn durch ihre edlen Pferde und ihre hervorragende Reitkunst herausfindet.

CHARLES SEALSFIELD

Alexander von Bensa: Praterfahrt (Ausschnitt).

Eine Fahrt auf dem Zeiselwagen

Das is a Stoßerei und a Beudlerei, als wann der Wagn mit unserein Ballon spieled, daß ein 'n Lumpel und Leber, Herz und Milz, Mag'n und Darm aus'n Leib kugeln möchtn. Amahl sagns mir, is ani abgstiegn von den Zeislwagn, und da is ihr ganz's Eingwad auf'n Sitzbredl daglegn, so daß 's ganz ausg'wand'nder hat fortgehn müssen.
D' Bredln auf a so ein'n Laterwagn sind natürli sehr eng beisammen (grad wie bei ein hölzernen Glachter), nur damid mehr Leud auffigengen; hat aner also langi Fueß, so sitzt er völli da als wann er in'n Bock g'spannt wär. Had m'r an oder ani mid ein dickn Gsass vor seiner, so hat m'r durch a Dreivierdelstund ein halbn Zentn Fleisch aufn Knien ztragn, daß aner völli marodi is bei'n Absteign. Kummd m'r aufn mittlern Sitz, wo d'Kedn über zwerch geht, so bringt m'r völlichi Perigrinifüess von'n Platz; oft kumd d'Fuedertruchn, dö

mastns hintn in der Flechtn liegt, durch das Beudln nach und nach abergrutscht, wie an Zilln, dö von Oberlandl aberschwimmend; gibt m'r ihr ein Renner midn Fueß, daß's wieder auf a Weil zruck auffi mueß, puff had's da Teufl wieder da und karambolierd mid unserein sein Füessn, daß m'r blaui Fleck kriegt, mehr als z'Fressn.
Kumd m'r auf die zwaa letztn Sitz hintn z'sitzn, die auf der Axtn aufliegen, so schupft's ein'n so in d'Höh, als wann m'r a Rakedl wär, dös allweil losgeht. Raukt mein Vormann Tabak, so sitz i die ganzi Zeid in aner Wolkn von den köstlichn Gstankn. Oft fallt ein Funkn auf mi, der m'r a Loch in d'Hosen brennd, wie denn, ohni Gschbaß, ein'n Frauenzimmer durch ein'n Tabakraucher auf den Wagn a großmächtigs Loch in ihrn Rock is ausbrennd wordn, ohni daß 's sie's gmerkt had, bis ihr's d'andern Leud gsagt habn, wie schun der halbi Kidl ausbrennd war.
A so a Zeislkutscher – das weiß d'ganzi Weld, der is schun mid alln Wassern g'waschn und mit all'n Salmen g'schmierd – a so a Glachl laßt seine Gäst zu drei Viertlstunden in der Sunn bradn und mid Staub einmelbeln, bis er fortfahrd. Wann er nur ein'n Hechtn so bei Sankt Veit ob'n wageln sieht, so gibt er kein'n Fried bis er 'n g'schnappt had. Wann endtli 's Trum 'n Gästn abreißt, daß 's ihm drohen, wieder aberz'steig'n, wann er nid glei fahrd, so fangd endtli d'Tortur an.

FRANZ XAVER GEWEY

Briefe des neuangekommenen Eipeldauer
an seinen Herrn Vetter in Kagran
(Jg. 1817, Wien)

Das Panorama im Prater

»... Genug gegessen! Mischt erquickt euch wieder
In das Gewühl, um Manches noch zu schauen
Was uns vielleicht der Hain bis jetzt verborgen.
Dort blickt ein seltsam Häuschen uns entgegen,
Von ädler Form; laßt sehn, was es enthält!
Die Aufschrift klingt gelehrt, ihr fasset nicht
Des langen griech'schen Wortes eignen Sinn;
O säumet nicht das Treppchen zu ersteigen,
Das vielversprechend zum Verborgnen führt.
Ha, welch ein Anblick! Von erhabner Zinne
Sehn wir erstaunt die weite Kaiserstadt
In vollem Glanze majestätisch strahlen;
Erfüllt mit Menschen sind die weiten Gassen,
Dumpf tönt des regen Volks Gewühl herauf,
Paläste schimmern, Thürme zahllos heben
Das stolze Haupt empor in Wolkennebel.

Die Panoramarotunde in der Hauptallee des Praters.

Dort prangt die herrliche Karoluskirche,
Hier schimmert hell die Kuppel von Sankt Peter,
Der Michaelisthurm erhebt sich kühn,
Doch weit noch über alle ragt empor
Sankt Stephans Dom, die Kaiserstadt beherrschend,
In weiter Ferne blinkt die blaue Donau,
Die beyden Berge schirmen ihre Ufer,
Und rings bekränzt in lieblicher Abwechslung
Die schönste Landschaft Vindobonas Mauern.
Je länger unser Blick darauf verweilt,
Und desto täuschender ist die Bezauberung;
Wir sehn Bekannte auf der Promenade,
Es reißt uns mächtig fort dahin, dorthin,
Wo öfters uns die Freunde hold gelächelt.
Oh, hohes Lob dem wackern deutschen Künstler,
Deß Zauberpinsel *den* Genuß uns schaffte!
Schwer fällt die Trennung von dem Panorama...«

FRIEDRICH FRÖHLICH

Wurstelprater

Wir betreten den labend kühlen Wald. O blicken Sie rechts und links! Welch Menge von Häusern und Häuschen und Hütten, Ringelspielen, Schaukeln, Marionettenbuden; dazwischen Taschenspieler und Gaukler, Panoramas und offene Theater, Musik und Gesang bei Wein und Bier! Betäubend ist das Geräusche. Hier schmettert eine Orgel von metallenen Instrumenten aus dem Karussell, hier spielt eine Militärbande; da, unter jubelndem Beifallsklatschen der an

Laurens Janscha: Das neue Ringelspiel im Prater.

Tischen gelagerten, wacker zechenden Handwerker mit Frauen und Mädchen bei Harfen und Violinen die lasziven Bänkelsänger, die kleine Possen teils einstudiert, teils und größtenteils improvisiert aufführen; dort der Klang von Gitarren zum Gesange von üppigen Dirnen in kecker Tracht und Haltung, und von dort die Trompete des Bajazzo, der zu Niegesehenem einladet; dazwischen das Gekicher der geschaukelten und gehaspelten Mädchen, das Geschrei der Salami und Käse ausbietenden Italiener und die überlaute Konversation des Stammpublikums! Wer zählt da die genießende Menge, wer nur die Lokalitäten? Halten Sie sich dicht an mich, sonst trennt uns der Strom dieser Masse.

JEAN CHARLES

Sonntag

Gestern habe ich nun (an einem Sonntage) den Prater im Sonntagsstaate gesehen. Vier Reihen der gesundesten alten Kastanienbäume formiren drey Alleen, welche von der Leopoldstadt anfangen und eine halbe Stunde in gerader Linie an der Donau hin führen. Die mittelste ist 45 Fuß breit zum Fahren, die beyden Seitenalleen 24 Fuß breit für die Fußgänger. Nun bewegen sich mehrere hundert Equipagen, zum Theil von der größten Pracht, und Fiacres in der Mitte, und daneben die Fußgänger, Gruppen, paarweise und einzeln so anmuthig durcheinander, daß es eine Lust ist, so viele schöne, geputzte Frauen und Männer in größter Charakterverschiedenheit wie ein Schattenspiel bey Tage spaziren zu sehen. An den Seiten sind Kaffeehäuser und Ruhestellen im Schatten der schönsten Baumgruppen, alles musterhaft reinlich, sauber, nett. Man setzt sich. Aus dem Gebüsch auf den Seiten ertönt Musik, bald ist man in der Oper, bald auf dem Ball, dem Paradeplatz. Der Kaffee kommt, dabey Gebäck. Ein Kind präsentirt Blumen, ein hübsches Mädchen trägt Kristallwasser, ein altes Weib Zahnstocher; dies alles wird mit kupfernen Kreuzern honorirt, die man froh ist auf so gute Art wieder loszuwerden, weil sie schwer sind wie das Gewissen und die Taschen bis auf die Füße ziehen. Diese Allee ist es jedoch nicht allein, was den Prater formirt. Eine zweyte und dritte Allee ähnlicher Art breitet sich von der Leopoldstadt fächerartig gegen die Donau (es ist ein Arm der Donau) hin. Hier ist gleichsam der andere Pol des Planeten, das eigentliche Volk. So wie die Räume gegen die Donau zu breiter werden, erscheinen in diesen Räumen Erfrischungsplätze, wo gleichfalls Bier, Wein, Essen und (außer Kaffee) Getränk aller Art, Eis usw. zu haben sind. Kaffee dürfen nur die drey einzigen Kaffeehäuser in der großen Allee par excellence schenken.

Johann Ziegler: Das Lusthaus im Prater.

Diese zweyten Erfrischungsplätze sind jedoch in solcher Anzahl und unmittelbar beyeinander, daß die Gäste des einen Wirths von den Gästen des andern nicht zu unterscheiden sind und man in Gefahr seyn könnte zu verzehren, was ein anderer bezahlt hat. Hier nun ist das eigentliche Wien: zwischen diesen Tischen und Sesseln und Schenken und Tabackspfeifen, Carousseln und Orchestern streift nun alles bequem und fröhlich einher. Man geht, man bleibt, man kommt, man erkennt sich, es ist eine ununterbrochene Ruhe und Bewegung zugleich. Nirgend eine Verzäunung, ein Hinderniß, denn die Besitzer der Häuser sind zwar Eigenthümer; doch der Grund und Boden gehört dem Kaiser und darf nirgend abgegränzt werden. Der Eindruck dieses Wesens nun, Gewühl möcht ich's nicht nennen, ist ein leises Vergessen. Ich wüßte mich nicht zu erinnern, daß ich gedacht oder bemerkt hätte, und was ich hier schreibe erfinde ich eigentlich, ohne sagen zu können: so ist es, so war es. Was die Sache endlich zu einem wahren Sonnenanblick macht, ist die Menge der behaglichen Physiognomien aller Art, die heut mit ihrem Gott versöhnt, die Welt ansehn, wie sie sie gern haben. Da ist kein Mann, kein Weib, kein Alter, keine Jugend, wie sie seyn sollte. Es ist eine Idee in der Existenz, wie es eine Existenz in der Idee ist. Den ersten Tag, als ich ins Theater trat, stimmte ein Violonist sein Instrument. Der Kellner trat ins Parterre und sang in dem Tone des Violonisten: Chocolade, Limonade, Bavaroise, Punch, ein anderer nach ihm: Chocolade, Limonade, Bavaroise, Punch, und nun stimmte das Orchester nach dieser Melodie; ich habe so laut darüber gelacht, daß die andern Anwesenden mich wie einen Verrückten angesehen haben. Mögen sie von mir denken, was sie wollen, was mir hier nicht gefällt, habe ich zu Hause ebensogut und hoffe es wiederzufinden.

KARL FRIEDRICH ZELTER

Das sehr beliebte neue Lied:

Musik-Direktor Lanner im Olymp

(Arie nach den »Schönbrunner Walzern« von Lanner.)
Wien 1844.
Zu finden bei Franz Barth in der Mariahilf.

Mein Verwandter – sehr bekannter
Mann von Jahren – hoch erfahren,
Starb vor Zeiten – schickt mit Freuden
Aus dem Elisium mir einen Brief.
O, lieber Vetter, schreibt er dann,
Er ist bei uns, der liebe Mann,
Um den die Götter mir seit Jahr'n,
Weg'n seine Walzer neidig war'n.
D'rum hat sich Juno kaprizirt
Und dem Jupiter kascholirt;
Der hat dem Typhus streng befohl'n,
Daß er den Lanner schnell soll hol'n.

Lieber Himmel – das Getümmel
Dir zu b'schreiben – laß ich bleiben,
Wie die Narren – sind's umg'fahren,
Wie hab'n die Götter den Lanner ob'n g'seh'n.
Es war a Drängen und a G'schrei,
So, daß die Götter alle glei',
Ohne einander lang zu frag'n,
Mit die Fäust' hab'n drein geschlag'n;
D'Musiker haben ihn im Schwarm
Ja gleich angepackt bei die Arm',
Und im Triumph statt in ein' Wag'n,
So in Olymp hinein getrag'n.

Lanner-Konzert im Paradiesgärtl.

Der Apollo – fangt ihn solo,
Thut ihn küssen – hätt' ihn z'rissen,
Hätt' nich ana – g'schrie'n, der Lanna
Muß heut auf unsern Ball Walzer da spiel'n.
Kaum haben die Götter das gehört,
War'n ihre Köpf' auch gleich verkehrt,
Und springen alle froh in d'Höh',
G'freu'n sich auf d'Walzer und Françée,
Ich bitte, schaffen S' doch an Ruh'r,
Sagt jetzt der Lanner zum Merkur,
Eh' Sie den Ball thun arrangirn
Thun S' mir den Mozart präsentirn.

Auf Verlangen – kam gegangen
Mozart freudig – und geschmeidig;
Ich kunnt wana – sagt der Lanna.
Hast du einst komponiert den Don Juan?
Ja, sagt der Mozart, ich bin der;
Zu meiner Zeit war's aber schwer,

Denn damal hat's für unser Plag'n
Noch keine Brillanten trag'n.
O, sagt der Lanner, stichel nit,
Wir nahmen keiner etwas mit,
Mein kleiner Ruhm wird bald vergeh'n,
Dein Monument wird ewig steh'n.

Durch das Loben – hoch erhoben
Ruft mit Freuden – sehr bescheiden
Mozart's Kehle – an der Stelle:
Bacchus, füll's Glas mit Champagner-Wein! –
O, deinen Gusto kenn' ich a,
Champagner lieb'n wir alle zwa,
Sagt d'rauf der Lanna, ich hab's g'hört,
Daß er dir, Freund, war auch was werth! –
Und beide stoßen fröhlich an,
Die Musen eilen mit Sturm heran,
Sie rufen Vivat mit Gewalt,
Daß der Olymp davon erschallt.

Cherubini – und Bellini
Sammt den Haydn – kommt mit Freuden,
Und Beethoven – ganz betroffen,
Sagt! von dem Lanner hab' ich noch nix g'hört;
Kaum haben alle konversirt,
Hat's gleich der Lanner arrangirt,
Und sagt, heut geht's nach Gusto z'samm,
Kan bess're Gesellschaft könnt' ich hab'n; –
Könnt ich in Wien drunnt bei der Birn
Mit diese Geister musizir'n,
So wahr ich im Olymp da steh',
Zehn Gulden Münz' wär' g'wiß Entree.

Und der Lanna – war gleich ana,
Sprach gesellig: – Ist gefällig,
Mitzuspielen – ganz nach Willen?
Weil ich herob'n jetzt die Schönbrunner mach!
D'rauf packt der Haydn 's Bombardon
Und der Bellini d' Geigen on,
Jedoch der Mozart setzt sich schnell
Mit Begierd' zum Violoncell;
Und der Cherubini blast Fagott,
D'rauf wird erst der Beethoven flott,
Daß bei dem Ganzen soll nichts fehl'n,
Schlägt er mit Kräften die Chinell'n.

Nur der Lanna – und sonst kana
Hat vor allen – sehr gefallen.
Und sein Bogen – hat gezogen,
Weil gleich der Saal war mit Göttern angefüllt.
Jupiter macht den ersten Tanz,
Mit der Frau Juno ganz im Glanz,
Apollo führt d' Minerva auf,
Alle Grazien tanzen d'rauf,
Der Vulkan mit dem steifen Fuß
Tanzt mit der Venus zum Beschluß.
So macht die Götter alt an Jahr'n,
Der Lanner oben noch zu Narr'n.

Zumal im Prater fällt einem die Ungezwungenheit und die Wohlhabenheit der Wiener auf. Diese Stadt steht in dem Ruf, an Nahrung mehr zu verbrauchen als jedes andere Gemeinwesen von gleicher Größe, und niemand wird ihr diese Art einer etwas gewöhnlichen Überlegenheit bestreiten wollen. Um fünf Uhr nachmittags kann man die Bürger- und Handwerkerfamilien in den Prater ziehen sehen, wo sie einen Imbiß im Grünen zu sich nehmen, der so kräftig ist wie in anderen Ländern das Abendbrot. Und das Geld, das

Fr. Siemering: Ein Spaziergang zu Biedermeiers Zeit.

sie dabei ausgeben, beweist zur Genüge, wie arbeitsam sie sind und wie behutsam man sie regiert. Zur Abendzeit kehren sodann Tausende von Männern zurück, mit ihren Frauen und Kindern am Arm. Kein Zank stört diese Menge, deren Stimme man kaum vernimmt, – dermaßen still ist ihre Freude! Diese Stille rührt gleichwohl von keiner traurigen Seelenneigung her, in ihr bekundet sich vielmehr ein gewisses körperliches Wohlbehagen, das den Süden Deutschlands von Empfindungen träumen läßt, so wie der Norden den Ideen nachhängt.

MADAME DE STAËL

Brigittentag in Wien

Der Brigittenkirchtag ist der echte Fasching für Wien; in der Brigittenau bei Sonnenbrand und Sternenschein, in Staubwolken, in allen Düften des Himmels und der Erde feiert er sein lustig Regiment; statt Masken vorzunehmen, wirft dort ein ganzes Volk die Masken der Konvenienz beiseite. Da ist keine Fessel als die des Weines. Der Fiaker hat endlich gleiches Recht wie der herrschaftliche Kutscher, und der Zeiseler nennt sich im schönen Bunde mit ihnen den Dritten. Der Soldat, der Bettler, der Stutzer, der Beamte, der Lastträger, der Schriftsteller, der Ellenritter, die Dame, die Köchin, die Orgelfrau, die Dirne sind sich für wenige Stunden gleich, die goldene Zeit Saturns scheint wiederhergestellt und – Saturnalien sind's, durch welche sie sich verkündigt.
Eine große Wiese, auf welcher die Wagenburgen der Fiaker, der Linienbauern, der Equipagen, Piquets von Linienmilitär, Polizei zu Pferd und zu Fuß, bildet den Vorhof des ei-

gentlichen Festes. Niemand darf weiter als hierher fahren; hier hört das Privilegium auf, hier beginnt Freiheit und Gleichheit. Bei diesem großen Schauspiele, das einmalhunderttausend Menschen sich selbst geben, wird nur der als Zuschauer geduldet, welcher mitspielt. Dafür hörst du auch nie von irgendeinem Unglück auf dem Brigittenkirchtag; mitten in den entfesselten Orgien, die alle Büsche durchschwärmen, hält eine unsichtbare Macht Ordnung und Sicherung.

»Platz da!« Eine Familie kommt, der Meister mit dem Mädchen; die Meisterin mit dem jüngsten Buben auf dem Arm, der Lehrjunge karrt ein Bierfaß und kalte Küche hinterdrein; auf dem Fasse sitzt rittlings der älteste Sohn des Meisters und bläst die Backen voll, stolz wie ein König auf seinem Thron und vergnügt wie ein Gott!

Wie der Strom des Volkes, bis hierher in drei langen, schmalen Kanälen geleitet, nun auf einmal sich nach allen Seiten hin ergießt und die Au überschwemmt! Und immerzu neues Anströmen! – Kann das Becken (die Insel) diese Zuflüsse alle fassen, die kein Ende zu nehmen scheinen? Welches wachsende Tosen! Welche Sprachverwirrung! Hier poltert breit und ungeschlacht das reinste Lerchenfelder Deutsch, diese unverschämteste Faulheit, diese massivste Brutalität des Dialekts. Herrgott! haben sich alle Schusterjungen verschworen, Musik zu treiben?

»All's her! meine Herren und Weibsvolk, wer sein Glück probieren will! Das Rössel gewinnt. All's her! – Wer setzt auf den Bauer? – Wer setzt auf den Hirsch? Der Jäger ist leer. Wer will Ohrring' gewinnen? Alleweil' hat der Dicke das Glas'l gewonnen. – Wer setzt auf die Mamsell? All's her! Der Hirsch ist leer!« So kreischen zwanzig alte Vetteln durcheinander, die am Saume eines Wäldchens ihre Hazardbanken en miniature auf kleinen Tischen und Tragbuden, auf defekten Strohstühlen aufgeschlagen haben, in einem fort mit den Würfeln klappern, die Würfelbecher hart aufstoßen und, um Gewinnlustige herbeizulocken, auch selbst mit einsetzen. Ihr Gewerb ist verboten, aber der Polizeimann steht selbst vor dem Tisch, guckt eifrig zu und freut sich, wenn die Würfel fallen und ein Glücklicher ein Kinkerlitzchen gewinnt, das er mit drei- bis vierfachem Einsatz teuer genug bezahlt.

»Wart' Lump!« Der Polizeimann, dem dieser Titel, begleitet von einem Stockstreich, galt, guckt sich dumm erstaunt um; sein Wachtmeister, der ihn so angerufen, steht hinter ihm und fährt also fort: »Weißt du nicht, was deine Schuldigkeit ist und stehst da, als wärst d' bezahlt dafür?« – »Ja schaun S'...« stammelt der verwirrte Polizeimann... »Nix schaun S'!« ruft der strenge Wachtmeister, den Stock hebend, »Marsch mit den Vetteln. Fort treib' sie.« Als er sich zu den Bankhalterinnen wendet, um zu exekutieren, sind sie schon in bester Flucht, Tragbuden auf den Rücken, Tische, Stühle wie Sonnenschirme überm Kopf und suchen sich ein neues Plätzchen für ihr Gewerbe.

FRIEDRICH REIMANN

Brigittenkirchtag

In Wien ist der Sonntag nach dem Vollmonde im Monat Juli ein eigentliches Volksfest, wenn je ein Fest diesen Namen verdient hat. Das Volk besucht es und gibt es selbst; und wenn Vornehmere dabei erscheinen, so können sie es nur in ihrer Eigenschaft als Glieder des Volkes. Da ist keine Möglichkeit der Absonderung; wenigstens vor einigen Jahren noch war keine.

An diesem Tage feiert die mit dem Augarten, der Leopoldstadt, dem Prater in ununterbrochener Lustreihe zusammenhängende Brigittenau ihre Kirchweihe. Von Brigittenkirchtag zu Brigittenkirchtag zählt seine guten Tage das arbeitende Volk. Lange erwartet, erscheint endlich das saturnalische Fest. Da entsteht Aufruhr in der gutmütig ruhigen Stadt. Eine wogende Menge erfüllt die Straßen, Geräusch von Fußtritten, Gemurmel von Sprechenden, das hie und da ein lauter Ausruf durchzuckt. Der Unterschied der Stände ist verschwunden; Bürger und Soldat teilt die Bewegung. An den Toren der Stadt wächst der Drang. Genommen, verloren und wieder genommen, ist endlich der Ausgang erkämpft. Aber die Donaubrücke bietet neue Schwierigkeiten. Auch hier siegreich, ziehen endlich zwei Ströme, die alte Donau und die geschwollnere Woge des Volkes, sich

Johann Ziegler: Brigittenau.

kreuzend quer unter und über einander, die Donau ihrem alten Flußbette nach, der Strom des Volkes, der Eindämmung der Brücke entronnen, ein weiter, tosender See, sich ergießend in alles deckender Überschwemmung. Ein neu Hinzugekommener fände die Zeichen bedenklich. Es ist aber der Aufruhr der Freude, die Losgebundenheit der Lust.

FRANZ GRILLPARZER

Der Billard-Aufschreiber

Wenn es Menschen gibt, deren Tun und Lassen nicht vom Egoismus geleitet wird, so sind es entschieden bloß die freiwilligen Billard-Aufschreiber in den Wiener Kaffeehäusern. Wenn diese guten Kerle nach ihrem Tode das Himmeltor nicht unangehalten passieren, dann nützt es überhaupt nichts, auf Erden geduldet, anderen Wohltaten erwiesen zu haben und dafür noch beschimpft worden zu sein. Ich bitte, mir nicht etwa mit der platten Phrase zu kommen: »Ja, was ist denn das Aufschreiben beim Billard für ein sonderliches Verdienst? Der Mann malt eine Tafel mit Ziffern voll, weil er Langeweile hat, die Spieler danken ihm dafür, und er geht seiner Wege.« Die Sache verhält sich eben anders. Man muß nur einmal ein vorstädtisches Kaffeehaus besuchen, wo des Nachmittags vier oder fünf Bürger vom Grunde ihre Preferanzpartie auf dem Billard machen. Zur bestimmten Stunde kommen sie einer rasch nach dem anderen, und während jeder sofort nach seinem eigenen Queue greift und denselben pedantisch sorgsam an dem belederten Ende ankreidet, kann man es vier- oder fünfmal hören: »Wo bleibt denn der Wurzinger?«

Der Wurzinger ist nämlich ihr Aufschreiber; wohlgemerkt, kein Mann geringeren Ranges, der sich diese Dienstleistung zur Ehre schätzen müßte. Nein, Wurzinger ist ein vollkommen gleichgestellter Bürger und Genosse, welcher es vor vielen Jahren einmal aus reiner Herzenseinfalt übernommen hat, das Preferanzbuch zu führen, worüber ihm anfänglich einige Freundlichkeiten gesagt wurden, bis er an diese Tätigkeit gewöhnt war. Von da an behandelten die ihn einfach hundemäßig, denn der gute Wurzinger fand nicht den Mut, den übermütigen Gesellen die Tafel hinzuwerfen. Es schwebte ihm undeutlich das Bild einer blutigen Verwicklung und einer unerträglichen Veränderung seiner ganzen Lebensweise vor, wenn er dieses Kaffeehaus nicht mehr betreten und bei der Preferanz aufschreiben könnte.

So schleicht er denn mit sichtlicher Seelenangst zur Tür herein, wenn die Spieler schon vier- oder fünfmal gefragt haben: »Wo is denn der Wurzinger?«

»Seid's net bös«, entschuldigt er sich, rasch nach Tafel und Stift greifend, »i bin heunt' a bissel aufg'halt'n word'n... Mei' Alte hat an Buam kriegt.«

»Na waßt, dös wär' g'rad ka Grund, uns warten z'lassen. Zu was hab'n s' denn di dabei braucht. Du misch'st di' halt in lauter Sachen, dö di' eigentli' nix angeh'n...«

»Geht's weiter, wia könnt's denn so was sag'n!«

»Na, weil's a wahr is. Uebrigens wir gratulier'n d'r herzli'. Der wievielte is?«

»Der sechste, der's Leben hat.«

»Ah, Tschaperl, i mein', der wievielte heunt' is, daß d' net wieder an falschen Datum aufschreibst und a Palawatsch aussakummt, wann m'r die Partie am andern Tag ausspiel'n.«

»Ah so«, meint Herr Wurzinger und schreibt das Datum sowie die Namen der Spieler in der ausgelosten Reihenfolge.

»Alsdann, geh'n m'r's an. I schreib jeden ein' Hunderter auf.«

»Ka' Spur, zwahundert!«
»Das is a bisserl z'viel; bis das herunterg'spielt is, wird's m'r heunt z' spat. Mei' Alte hat mi' bitt', i soll a bisserl früher kommen.«
»Na, da hab'n m'r's ja. Mei' Liaber, da müass'n m'r uns halt um an andern Aufschreiber umschau'n. Kannst glei' z'Haus geh'n und 's Wärmepfand'l g'recht'ln.«
Diese Drohung empfindet Herr Wurzinger so tief, als ob es sich um den Verlust einer einflußreichen Ehrenstelle handeln würde. Seufzend schreibt er die verlangten zweihundert Points auf und fleht die Spieler bloß an, keine »damischen Verlaufer« zu leisten, welche hemmend auf den Fortgang der Preference einwirken müßten.
Und nun arbeiten die Spieler mit allen Ränken und Listen darauf los, einander schlechte Positionen zu geben, plagen sich wie Saumtiere und wüten beständig über alle erdenklichen unheilvollen Einflüsse, welchen sie durch die schlechte Beschaffenheit des Billardtuches, des Queues, der Kreide, der Kugeln usw. in diesem verfluchten Kaffeehause ausgesetzt seien.
Von Zeit zu Zeit gucken sie dem Aufschreiber über die Achsel, um zu sehen, wie ihre Partie steht. Bei jeder derartigen Annäherung rieselt ein Schauer von Unbehagen über die Haut des Aufschreibers; denn er weiß genau, welches Unwetter sich alsbald über ihm entladen wird.
»Was!« schreit der eine und stemmt die Fäuste in die Hüften. »Was, i bin erst auf 122? Ah, da muaß i bitten! I hab' do' in aner Tour Gute g'macht. Ja, wenn falsch aufg'schrieb'n wird, da muaß man ja von Federn auf Stroh kommen! Das is a G'wissenlosigkeit; i spiel' net weiter, wann der Wurzinger net ord'ntli' aufschreibt.«
»Du hast net mehr g'macht«, versetzt der Aufschreiber gekränkt. »I schreib' net falsch auf, i bin a Ehrenmann.«
»Weg'n meiner kannst zehnmal a Ehrenmann sein, aber im

Rechnen hat dir's der dressierte Pudel vom Orpheum awer. Geh' no' mal in die Taferlklass' und lern' die vier Spezies. Nachher kumm' her und schreib' auf. So a Keckheit. A Mensch, der net amal in' Schießerlgreißler* sei' Wäschbuch führ'n kunnt, reißt si' ums Aufschreib'n bei uns'rer Preferanz!«

»I reiß' mi net d'rum«, murrt Herr Wurzinger, hält aber augenblicklich die Tafel mit beiden Händen fest, als sie ihm der erboste Spieler zu entwinden versucht.

»Na waßt, Wurzinger«, nimmt ein zweiter Spieler im Tone eines väterlichen Freundes das Wort, »da brauchst gar net harb z'sein, wenn dir aner sagt, daß d' mit'n Adam Riese auf schlecht'n Fuaß stehst. Mir hab'n dir unser Vertrau'n g'schenkt, du unterhaltst di' bei unsern Preferanzl wia in aner Nachmittagsvorstellung und jedesmal gibt's an Bahäl mit deiner Aufschreiberei. I will ja net sag'n, daß d' a Einbrecher bist, aber mir hast, wia i g'rad siech, a so viel schlechte (Points) auffidiffidiert, daß mir d' Haar kerzeng'rad' in d' Höh' steig'n; bist a rechter Andümmel!«

»Und bei mir hat er so viel Stricherln g'macht, daß mei' Seiten ausschaut wia a Schubleiter – rein, als ob i no' gar nix 'troffen hätt'. Auf so a Auffschreiberei pfeif' i. Geh' baden, mei' Liaber, und schreib' denen Spiegelkarpfen im Wasser drinnat auf. Valleicht san dö dumm gnua, daß s' deine Fehler net mirken, du mordionischer Patzer du!«

»An mir laßt er sein Zurn aus«, weiß der vierte anzuklagen, »weil i letzthin zu ihm g'sagt hab': A alte Schneegans wird ehnder a Rechnungsrat, als er a verläßlicher Aufschreiber. Wird nix nutzen, i wir' halt mein Schanerl mitbringen müssen, daß dös G'frett amal aufhört. Da wird m'r ja lebensüberdrüssi', wann aner allaweil so schlecht aufschreibt.« Mord und Totschlag gäbe es, wenn einem anderen so übel

* Die Personifikation eines kleinen Budikers.

mitgespielt würde. Wurzinger aber, der arme, geduldige, hingebende Billardaufschreiber sitzt am nächsten Tage wieder vor seiner Tafel, als ob nichts vorgefallen wäre. Und wenn er nicht gestorben ist, so schimpfen sie ihn heute noch.

EDUARD PÖTZL

Zum Allerseelentage

Von sämtlichen Wiener Friedhöfen liegt keiner höher und freier, als der Friedhof auf der Türkenschanze. Er ist von keiner Seite beengt und sieht weit hinaus auf die Berge des Wienerwaldes, auf seine sanften Täler und traulichen Ortschaften, die zwischen Weinbergen hingestreut liegen, und bis an den Horizont dämmern bedeutsame geschichtliche Erinnerungen auf, die sich auch ungerufen an die Betrachtung dieser Gegenden knüpfen. Ich hatte den Friedhof auf der Türkenschanze noch nie betreten, aber da ich den Sommer über in der Nähe wohnte, fühlte ich doch endlich die Verpflichtung, hinaufzupilgern, um einem teuren Freunde, der da oben liegt und den ich nicht hatte begraben helfen, meinen Besuch abzustatten. Ich trat meine kleine Wanderung an einem Vortage des Allerseelenfestes an. Kommt man von Sievering her, so tritt uns die Türkenschanze als ein ziemlich steiler, langgestreckter Hügelrücken entgegen, von dessen Höhe Wiesen und Felder in mehr oder minder schmalen Bändern zu Tale laufen, die nur hin und wieder von Steinbrüchen und Sandgruben unterbrochen werden. Die Pfade, die emporführen, sind, wie fast überall in diesen Gegenden, in einem mißlichen Zustande. Doppelt fühlt

man diesen Mangel bei unlustiger Witterung, weil der Sonnenschein fehlt, der ja doch selbst das Häßliche verklärt. Heute ist ein wüster Spätherbsttag. Ein schmutziges Grau bedeckt den Himmel, scharf und giftig zwinkert die Sonne aus den Wolken hervor. Sonst, wenn man aufsteigt und sich umdreht, entfaltet die Landschaft bei jedem Schritte höher entgegenkommendere Reize; nun ist sie verdrießlich, mißmutig und antwortet kaum dem fragenden Auge. Wie schön ist an einem heiteren Tage der Blick auf die Weinberge, wenn sie sich bis in ihr Inneres enthüllen und die auserwählten Plätzchen zeigen, wo Pfirsiche angepflanzt sind und Paradiesäpfel gezogen werden, denen es vergönnt ist, sich mit den Reben aus gemeinschaftlichem Erdreich zu nähren. Und wie blitzen die Fensterscheiben aus den Dörfern herauf, und wie klingen in der reinen Luft von nah und fern die Kirchenglocken! Und in den Nächten, wo der Vollmond am Himmel hängt! Welche Ruhe fließt von den Bergen in das Tal, und das Winzerhäuschen im Weinberg, vom Mondschein zugedeckt, schlummert friedlich fort bis in den Morgen. Wenn das Licht verlischt, schwinden alle diese Herrlichkeiten, und der Herbst, der wohl noch über selige Tage verfügt und die letzten Feuerwerke des Jahres abbrennt, ist mit seiner trüben, feuchtkalten Witterung kein Freund der Menschen ... Noch ein Schritt, und die Höhe der Türkenschanze, die sich in einer langen und breiten Fläche ausdehnt, ist erreicht. Der Willkomm da oben ist nicht allzu freundlich. Fliegender Altweibersommer heftet sich an die Kleider an, vor mir tanzt im Winde das raschelnde welke Laub seinen Ringelreihen, und manchmal hüpft ein Blatt aus dem Tanzring und läuft hastig auf mich zu. Was soll das bedeuten? Meldet sich so das Alter an, grüßt so der Tod?
Der Weg nach dem Friedhofe führt am Rande des Hügels entlang, in der Richtung gegen Wien und mündet in eine breite Straße ein, die mit jungen Bäumen wie mit Besen be-

pflanzt ist. In der Ferne sieht man das massige, derbe Gebäude der Bodenkulturanstalt, dort erhebt sich ein venezianischer Glockenturm, der von einer besuchten Gastwirtschaft als Belvedere erbaut ist, weiter gegen den Horizont erscheinen die Kuppeln der Sternwarte, und aus der verdeckten Tiefe sticht der Kirchtum von Gersthof herauf. Die Türkenschanze sieht auf ihrer Hochfläche meistens noch sehr unwirtlich aus, daher wendet der Wanderer gerne seinen Blick gegen Sievering, Heiligenstadt und das Kahlengebirge. Da laufen die Täler aus dem Wienerwald heraus, jedes führt seinen Bach mit sich, den es in das Wiener Becken sendet, jedes hegt sein eigenes Dorf in seinem Schoße. Um diese Örtlichkeiten schweben die Geister einer großen Vergangenheit, ja sie legen noch lebendiges Zeugnis ab von Zeiten, in die keine schriftliche Urkunde reicht. Auf der Jägerwiese hinter Sievering, die so herrlich mitten im Walde liegt und an den Hermannskogel grenzt, treiben unter fremden Namen noch deutsche Götter ihr Wesen, und zu einem Waldbrunnen, der unter Baumwurzeln zutage quillt und keine kirchliche Weihe empfangen hat, drängen sich die Wiener jährlich zu Tausenden und suchen in ihm ihr Glück zu erraten. Eine große christliche Gestalt, der heilige Severinus, ist von der Sage gleichfalls in diesen Gegenden festgehalten, und mit Vorliebe verlegt man seine Zusammenkunft mit dem germanischen Heerkönige Odoaker, dem er seine Zukunft weissagte, nach Heiligenstadt. Und von drüben grüßt uns der Kahlenberg, wo einst einer aus dem herrlichen Geschlechte der Babenberger eine deutsche Burg gegen die Barbaren erbaute. Drüben über den Hügeln dehnt sich das Marchfeld aus, wo einst Rudolph von Habsburg den Böhmenkönig Ottokar auf das Haupt geschlagen, nachdem er in der Nacht vorher geträumt hatte – ein Traum, den noch viele träumen –, daß der Adler den Löwen überwunden habe. Noch einmal erinnert uns der Kahlenberg an ein gro-

ßes historisches Ereignis, an den Entsatz von Wien bei der zweiten Türkenbelagerung. Selbst der Name der Türkenschanze bringt uns jene Begebenheit näher.
Endlich sind wir am Ziele unserer Wanderung. Der Friedhof nimmt uns wie ein Garten auf, sauber und wohlgepflegt, voll Baumwuchs, Sträuchern und Blumen. Man sieht Neugierige, die Grabmäler betrachten, Namen und Inschriften lesen, dann wieder Kniende, Betende, Weinende. Wie mannigfaltig und bitter ist der Schmerz an Gräbern. Ein Kind, eine Mutter, eine Geliebte, wer denkt nach und ist nicht erschüttert? Verloren! Das Wort ist nicht auszudenken. Ich konnte hier nichts tun, als das allgemeine Leid empfinden, und suchte nach dem Grab meines Freundes, das sich auf der israelitischen Abteilung befindet. Der jüdische Friedhof ist vom christlichen nur durch einen Weg und eine niedrige Hecke getrennt, sonst sind sie unter demselben Torschluß und innerhalb derselben Umfassungsmauer, wie Altes und Neues Testament bei den Christen, nur durch ein Blatt und einen Titel geschieden, zusammengebunden sind. Bald fand ich die Stelle, wo der Freund begraben liegt. Ich setzte mich zu ihm auf sein Grab und begann mit ihm zu sprechen, wie man mit Lebenden tut, nur daß es in aller Stille geschah. Sich mit einem alten Freunde wieder einmal auszusprechen, ist immer eine Herzenserleichterung. Es ist doch über sechs Jahre her, daß er tot ist, und wir hatten einander viel zu sagen. Nichts Neues, aber das Alte wiederholt. Wir waren einander immer gut gewesen und wußten es voneinander; wie es aber geht und ein Dämon uns reizt, so hatte ich ihm doch für manches unbesonnene und harte Wort, womit ich sein sinniges Gemüt verletzt, Abbitte zu leisten. Ich sah ihn lächeln und mir zuwinken mit seinen guten dunklen Augen. In ihm ist gewiß kein Arg zurückgeblieben. Ich könnte dafür andere anrufen, denn viele haben ihn gekannt, und alle, die ihn gekannt, haben ihn geliebt. Er war, wie die Schrift

sagt, ein gerechter Israeliter. Er besaß alles Gute vom Judentum, zumal eine rührende, allen Opfern gewachsene Anhänglichkeit an die Familie, aber von einem beschränkten Judentum besaß er keine Ader; in sein Wien hatte er sich mit allen Fasern eingelebt, er hing schwärmerisch an dieser Stadt und betrachtete etwaige Anzeichen ihres Niederganges mit tiefer Bekümmernis. Ich könnte ihn nennen, aber wozu? Er war ein bescheidener Journalist, hielt sich streng an die Sphäre, die ihm angemessen schien, und hat trotz seines Talents für Form und Ausdruck seine Hand nie nach höher hängenden literarischen Kränzen ausgestreckt. Von vielen Lippen wird nach diesen Zeilen sein Name auffliegen, denn in Wien ist er durch alle Stände hindurch geliebt und geehrt worden. Ich ehre seine Bescheidenheit, indem ich ihn nicht nenne.

Bevor ich den Friedhof verließ, legte ich auf dem Grabe des Freundes drei verspätete Mohnblüten nieder, die ich unterwegs in einem verwilderten Weingarten gepflückt hatte. »Schlafen, vielleicht auch träumen.«

Und dann ging ich noch eine Strecke gegen die Stadt hin, die wie ein brodelnder Kessel vor mir lag. Was da gekocht wird, wissen wir ja alle, und wenn man gerade von der israelitischen Abteilung des Friedhofes herkommt, liegt der Gedanke daran nahe genug. Es ist, als ob Österreich stets das Reich bleiben sollte, in welchem die Sonne nicht aufgeht. Jedem Versuche einer Reformation folgt eine Gegenreformation. Viel fröhlich aufsprossender Same des Guten ist schon, wie oft, gewaltsam niedergeschlagen worden. Aller massenhaft angehäufte Haß und Neid scheint sich gegenwärtig wider das Judentum entladen zu sollen. Und doch – die Hand aufs Herz! –, wie viele von uns müßten das beste Stück ihrer selbst wegwerfen, wenn sie vergessen wollten, was sie, sei es in der Religion, sei es in der Wissenschaft oder im Leben, den Juden verdanken. Die Juden haben uns einen Gott ge-

schenkt, sie haben uns eine religiöse Entwicklungsgeschichte der Welt überliefert, sie haben uns eine Moral gegeben. Sie haben uns ein Buch in die Hand gedrückt, »Das Buch« schlechtweg, aus dem wir durch eine merkwürdige Verkettung der Umstände Deutsch lernen. Ihnen verdanken wir auch einen philosophischen Gott, den Gott Spinozas. Den Winkelreformen der bürgerlichen Gesellschaft gegenüber haben die Juden große Systeme geliefert und zugleich die aufopferungsvollen Männer gestellt, welche die neuen Lehren in die Wirklichkeit einzuführen trachten und durch die Tat und den Widerstand, den ihre Tat hervorruft, die künftigen Geschicke der Völker bestimmen helfen...
Und wie ich mit einem letzten Blick von der Türkenschanze nach Wien hinabschaue, brodelt es weiter. Graues Gewölk über dem einsam gewordenen Friedhof. Ich grüße noch einmal hinüber. Im Westen säumen sich die Wolken mit dunklem Rot, das seinen Widerschein ahnungsvoll über das Weingelände hinwirft. Und so bringe ich doch ein Stück Sonnenschein mit mir nach Hause.

LUDWIG SPEIDEL

Ein Wiener Stammtisch

In einer engen, kühlen Gasse, die den Verkehr zwischen den Tuchlauben und dem Wildbretmarkte vermittelt, steht ein Gasthaus, durch dessen gastliche Pforte schon mancher brave Mann seinen Durst getragen hat. Tritt man durch die Glastür in die Schwemme, einen ziemlich großen, länglichen Raum, wo namentlich Kutscher, indem sie nebenher ihr Leibliches besorgen, auf Fuhrgelegenheiten warten, so begrüßt einen der mit allerlei nützlichem Geschirr belastete Schanktisch, hinter dem zwei Hausknechte in Hemdsärmeln und mit weißer Schürze ihres schweren Amtes mit unermüdlicher Kraft walten. Früher sah man hier die Fässer lagern und das braune Naß vom Hahn rinnen, seit aber die Ansprüche an Kellerkühle des Bieres gewachsen sind, ist die Faßwirtschaft in die Tiefe verlegt und wird jedes einzelne Glas, sei es Märzen, Lager oder Unterzeug, aus dem geheimnisvollen Dunkel heraufbefördert. Aus der Schwemme gelangt man links in das ziemlich geräumige, quadratisch angeordnete Herrenstübel, dessen Gewölbe sich auf den beiden in die Mitte gestellten Säulen behaglich ausruht. Eine weitere Räumlichkeit war früher nicht vorhanden, aber als es hier den Herren zu eng wurde, beschloß der Gastwirt, in das Nachbarhaus durchzubrechen, um einen neuen Raum zu erschließen, und an der Mächtigkeit der durchbrochenen Mauer kann man den gediegenen Geist der alten Wiener Bauordnung bewundern. So war in dem neuen Zimmer, das mehr in die Länge als in die Breite geht, eine zwar nur geringe Erweiterung geschaffen, aber für die Tag und Nacht rasch zu- und abströmende Menge, die hier ihr Frühstück, ihr Mittagsmahl, ihre Jause und ihren Abend- und Nachttrunk sucht, war doch den seßhaften Gästen gegenüber eine Art Abzugsraum hergestellt. Diese Erweiterung der Räumlichkeit ward ungefähr zur Zeit des Bürgerministeriums ins Werk gesetzt, als noch Johann Nepomuk Berger und sein Freund, der Finanzminister, der uns die Herstellung der Valuta schuldig geblieben, treue Stammgäste des Winterbierhauses waren. Denn daß hier von dem berühmten Bierhause »zum Winter« die Rede ist, werden jene geschmackvollen Leute, die ein gutes Glas Schwechater zu schätzen wissen, längst gemerkt haben.

In dem neu gewonnenen Bierstübchen hatte sich vor Jahren,

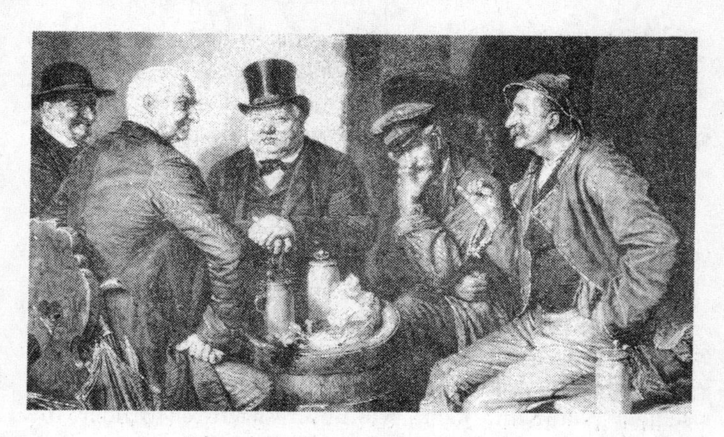

Eduard Grützner: Stammtischrunde.

wie ein Inselchen in dem hin und wieder strömenden Verkehre, ein Stammtisch gebildet, der sich wie eine eigene Institution des Winterbierhauses durch geraume Zeit erhalten hat. Man kann nicht sagen, daß dieser Tisch von irgend jemandem gegründet oder gestiftet worden sei, er ist vielmehr wie alles Gute auf der Welt, von der epischen Dichtung an bis auf die Walderdbeere, von selbst gewachsen. Der elementare Trieb des Durstes und nebenher der Wunsch, sich bei einem Glase Bier behaglich zu unterhalten, hat vielerlei Leute hierhergeführt, die sich nach Bedürfnis gesucht und nach einem Annäherungs- und Scheidungsprozesse, der manches gebunden und manches ausgeschieden, eine schließliche Auswahl getroffen. Durch gediegene Trinkleistungen und sonstiges gute Betragen wußte sich diese Tischgesellschaft bald in Achtung zu setzen, und Herr Franz Obermayer, der jüngst an Jahren und an Ehren reich in eine bessere Welt hinübergefahren, hat vor ihr sein schwarzsamtenes Käppchen stets mit besonderer Rücksicht gelüpft. Während in der ganzen Wirtschaft die blank gebohnerten

Tische aus hartem Holze nicht gedeckt wurden, spreitete man am Stammtische wenigstens schneeweiße Servietten aus, um die höhere Sitte des Tischdeckens wenigstens sinnbildlich auszudrücken. Daß das Bier für diesen Tisch »langsam herabgelassen« und ohne jene tückische Zugabe, die gewöhnlich »Hansel« genannt wird, aufgetragen wurde, versteht sich bei intelligenten und auf die Reinheit des Getränkes bedachten Biertrinkern wohl von selbst. Man braucht das Bier nicht zu überschätzen, um ihm gut zu sein. Wasser ist unvergleichlich, und Wein, der Wärmer Leibes und Geistes, steht unendlich höher, Bier aber (von bibere, trinken) ist das geistige Getränke schlechthin. Es ist bürgerlicher, geselliger Natur und kann, wie unsere nächsten Brüder, die Altbayern, beweisen, ohne bestimmte Grenzen getrunken werden. Es ist weich, einschleichsam, süffig und besitzt die Eigenschaft, den Durst zu stillen und ihn wieder zu wecken, so daß seine dialektische Begabung, Widersprüche abwechselnd hervorzurufen und zu schlichten, die natürliche Widersacherin einer frühen Polizeistunde ist. Indessen, ist der Stammtisch im Winterbierhause je unter dem Banne der Polizeistunde gestanden? Eine Frage, die ziemlich unnötig zu sein scheint, da ja Polizei-Verordnungen, die sich auf eine überschrittene Zeit beziehen, unseres Wissens keine allzulange rückwirkende Kraft besitzen. Was will die Polizei heute machen, wenn es sich herausstellt, daß die Stammtischgesellschaft am 18. November 1889, als sie kritische Fahnenträger der Berliner Naturalisten (meistens jüngere Männer mit großen Glatzen) zu Gaste hatte, ihre Unterhaltungen bis 3 Uhr morgens ausgedehnt habe?
An dem Stammtische beim »Winter« nahmen die heterogensten Menschen Platz. Unterhaltung beruht ja auf der Verschiedenheit und, bei sonst gleicher humaner Gesinnung, auf der Reibung der Geister, wobei Funken springen, die nur leuchten, vielleicht auch prickeln, aber nicht bren-

nen. An diesen Bedingungen eines anregenden Gespräches hat es nie gefehlt. Ein liebenswürdiges Mitglied der Gesellschaft, das zu jeder Zeit kam, ging und wiederkam, war ein hoher Beamter, der unlängst in Preßburg ein tragisches Ende gefunden. Er hatte eine rasche Beamtenlaufbahn gemacht, so daß man, wenn man ihn eine Zeitlang nicht gesehen, nie wußte, mit welchem Titel man ihn anreden sollte. Er machte dieser Verlegenheit seiner Mitmenschen ein Ende, indem er sich mit halb Wien auf den Duzfuß stellte. Am frühesten kam und am frühesten ging ein Professor der Geschichte, ein großer Urkundenleser, der in der Zeit Karls des Großen und der Karolinger zu Hause war wie kein zweiter, und zu den lebenslustigen Töchtern des großen Karl in einem intimen geschichtlichen Verhältnisse stand, kraft dessen er von ihnen Geschichten zu erzählen wußte, die dem christlich-germanischen Ideal des Mittelalters nur zum geringsten Teile entsprachen. Ein herber Wahrheitssinn der Geschichte und dem Leben gegenüber, der sich nicht selten in schneidendem Sarkasmus äußerte, stand diesem strengen Charakterkopf so gut zu Gesicht. Ihm auf dem Fuße pflegte ein Architekt zu folgen, den man seiner Gestalt wegen den kleinen Oberbaurat nannte. Er setzte sich auf einen für ihn eigens bereiteten Polster und ließ seine klugen Augen um den Tisch herumgehen. Manchmal wagte er plötzlich – ein Blitz aus heiterem Himmel – eine eigentümliche Meinung, die er etwa mit einem »jawohl, wie wir Wiener sagen« bekräftigte. Einmal verglich er die Schauspielkunst mit der Glasmalerei, worauf ihn ein neben ihm sitzender Burgschauspieler, dessen Kopf schwarz und scharf ist wie der eines Raben, mit verdutzer Miene ansah. Er suchte seine Meinung zu begründen, verwickelte sich aber in Widersprüche, die der einzige, der ihn verstand, nicht lösen wollte, und seitdem wird der Mann unruhig, wenn ein Wort von Glasmalerei fällt. Ein andermal, als er zur Wölbung des

Zimmers aufsah, entwickelte er seine Ansichten über den Einfluß gewölbter Räume auf die Gemütsentwicklung des Menschen. Meistens wendete er sich bei solchen Auseinandersetzungen an einen Professor der Ästhetik, der gleichfalls zu den Frühkommenden gehörte. Dieser aber lenkte immer bald nach dem Süden ab, berauschte sich an italienischen Künstler- und Städtenamen oder setzte der Gesellschaft, da er früher häufig über die Prager Brücke gegangen war, die Geschichte vom König Wenzel und dem heiligen Nepomuk auseinander. Um neue Beiträge zu der Affäre Weißner-Hederich, über die er allein sachgemäß und in der geistvollsten Weise geschrieben hatte, war er nie verlegen. Wie oft schaute dann Alois Schönn mit seinen offenen Maleraugen zu ihm hinüber oder zeigte Heinrich Natter, der stundenlang beobachten und horchen konnte, lachend seine blendenden Zähne. Soldaten waren ein wichtiger Bestandteil der Gesellschaft. Mit ihrem frischen Tone, ihren gemessenen und doch bequemen Umgangsformen, ihrem vielseitigen Interesse brachten sie eine angenehme Abwechslung mit sich – Infanterie, Kavallerie, Artillerie, alles war vertreten, auch die Marine fehlte nicht. Wer erinnert sich nicht der angenehmen Nachrichten, die ein geistreicher Schiffsleutnant, in dessen Erzählungen etwas vom Ozean rauschte, über die Damenmoden auf den Fidschi-Inseln mitteilte, oder an die Vermutungen, die ihm über den Durchzug der Israeliten durch das Rote Meer an Ort und Stelle gekommen waren? Allein unter allen den Tischgenossen, die zweierlei Tuch trugen oder getragen hatten, war ein Mann, der einst Hauptmann bei den Deutschmeistern gewesen, wohl die frischeste Gestalt. Mit seinem Regiment war er aus dem Urboden Wiens heraufgekommen; bei aller Bildung, die er sich angeeignet, schlugen die ungebändigten Naturlaute der Vorstadt durch, brach sich die Mundart und der Mutterwitz Bahn. Während andere nur in ihrer armen Sprache redeten, konnte er, weil ihn die Volksgunst inspirierte, in Zungen sprechen. Mit Treuherzigkeit trug er eine ihm ganz eigene Lehre von den Birnen und den Äpfeln vor, die eine ganze Weltanschauung umspannte, die aber leider nicht mitteilbar, weil sie ebenso urwüchsig als unschuldig ist. Noch geht von ihm das Märchen, daß er auf seine jährlichen Sommerreisen stets ein mit Geschmeide gefülltes Kästchen mitnehme, das er dann wieder leer mit heimbringe, nicht ohne ein gewisses Gefühl überlegener Weltkenntnis zur Schau zu tragen. Diesem mitteilsamen Zecher hört fein hinhorchend ein Kinderarzt zu, aus dessen ironischem Lächeln die Ansicht zu sprechen scheint, daß die Erwachsenen unheilbare Kinder seien. Teilt der Seelenarzt gegenüber, der treffliche Pater Peter, gleichfalls diese Meinung? Der schwarze Herr spricht sich hier über den moralischen Wert der Welt nicht viel aus; er hat den Geistlichen, sein korrektes Wesen ausgenommen, vor der Tür gelassen und spricht dem Getränk als ein profunder Kenner zu. Punkt 12 Uhr ist sein letztes Glas – das wievielte, wissen wir nicht – geleert, und als ihm einer einmal den scherzhaften Rat gab, nunmehr nach der Prager Zeit zu trinken, wies er ihn durch ein zwar schmerzliches, aber entschiedenes Lächeln zurück. Von dieser Seite kam nie ein streitlustiger Zug in die Gesellschaft hinein, selbst die sonst so giftigen musikalischen Gegensätze platzten nie aufeinander, sondern verpufften in mehr oder minder heiteren Neckereien. Wir hätten auch gleich Staatsanwälte bei der Hand gehabt. Am Stammtische saßen ihrer zwei, ein Baß und ein Tenor, der eine der älteren Juristenschule angehörig, der andere mit allen bunten Federn der neuesten Forschung aufgeschmückt, so daß, wenn der eine ein vormärzliches Gesetz gründlich besprach, der andere etwa über das Strafverfahren der alten Ägypter geistreich plauderte. Manchmal ging wie ein musikalischer Friedensengel einer der feinsten Wiener Tonkünstler durch die

Gesellschaft, den wir nicht näher zu zeichnen brauchen, weil ihn einer vom Stammtisch in den folgenden Versen besungen hat:

> Aur Anmut, Geist und Seele stets bedacht,
> Von Leidenschaft nur maßvoll angefacht,
> Bist du der milde Meister einer Zeit,
> Die ungebärdig nach dem Grellen schreit.

Im innersten Winkel des Tisches aber saß der eigentliche Lokalgenius der Gesellschaft, ein kleiner schwarzer Mann mit scharfem Profil, der aus seinen Augen bald grimmige Blicke schoß, bald wohlwollende, gemütvolle Strahlen versendete. Er hatte eine Meerschaumpfeife im Munde, die er mit Anstrengung rauchte, weil er sie mit Absicht aufs härteste zu stopfen pflegte, denn wie er selbst die glänzendsten Seiten des Lebens mit einer Art Verdruß aufnahm, so mußte auch seinem Lieblingsgenuß einige Mühseligkeit anhaften. Er war ein Mann der Feder, voll Talent, doch ohne Ehrgeiz. Er besaß die Gaben, die Menschen anzuziehen und festzuhalten, ohne sich viel darum zu bemühen. Seit Ludwig Porges tot ist, hat der Stammtisch beim »Winter« seinen eigentlichen Mittelpunkt verloren. Ob sich ein anderer wiederfindet? ... Wenn ein verspäteter Zecher allein und träumend in der Geisterstunde am Stammtisch weilt, so kommen die verstorbenen Kameraden alle herbei, setzen sich aus alter Gewohnheit an ihre Plätze und greifen zum Glas, als ob sie vergessen hätten, daß sie tot sind. »Die Blume!« ruft der eine, »Deinen Rest!« der andere. Schlag eins ist alles vorüber. Sinnend kehrt man heim, gedenkt wehmütig der alten Freunde und wünscht einem jüngeren Geschlechte, daß es so fröhlich und behaglich, wie wir einst gesessen, am Stammtisch auch sitzen möge.

LUDWIG SPEIDEL

Die Wiener Leopoldstadt

Die gute alte Zeit! Das ist eine Redensart, die von Jahrhundert zu Jahrhundert klingt. Alles Vergangene wird zur Autorität und mit epischem Reize umkleidet. Es mag eine Entschädigung sein für unsere mangelhaften Organe zu einem gegenwärtigen reellen Genuß.
Die gute alte Zeit und das alte gute Wien gehören zueinander wie Eheleute. Bei dem einen denkt man an das andere. Es hat etwas Rührendes, mit welch ängstlicher Emsigkeit sich die Wiener den Glauben zu erhalten trachten, es sei bei ihnen noch die alte gute Zeit und Wien bleibe unverändert. Sie wollen es sich kaum gestehen, daß es hie und da an Geld fehle und ihre Theater nicht mehr so besucht seien.
Es war ein sonnenheller Nachmittag, als ich die Jägerzeile entlangstrich, um den Prater zu suchen. Das ist der Weg der großen Praterfahrten, bekannt und berühmt durch Bilder und Erzählungen. Die Straße ist so breit, stattlich und gerade wie keine andere in Wien. Hier fährt der Kaiser am Ostertage mit sechs Schimmeln. Die reichen Kavaliere aus Österreich, Ungarn und Böhmen suchen und studieren ein Jahr lang nach schönen Pferden und Wagen, nach glänzendem Riemenzeug und blitzenden Livreen, um sich auf der Praterfahrt zu Ostern auszuzeichnen. Erinnert das nicht an unsere kindliche Jugendzeit, da wir keine anderen Sorgen kannten als die für Frack und Hose, die wir an einem Festtage spazierentragen wollten, für Busenkrause und die grüne Tuchnadel, mit denen wir zu prahlen beabsichtigten? Harmlose Jägerzeile! Von einem Ostertage zum anderen erzählen sie hier, was die Esterhazyschen Stuten für Sielenzeug getragen – homerisches Wien!
Die Fahrt von Paris nach Longchamps ist vielleicht ähnlich, man fährt mit schönen Equipagen auch im Hydepark und

Regent's Park und zu Berlin Unter den Linden spazieren, aber wo ist an diesen Orten solch kindliches Interesse an Busenkrause und Riemenzeug? Die Leute mit ihren Gedanken sind dort die Hauptsache, nicht mehr die Pferde.
Homerisches Wien! Die Pferde vor Achills Wagen gelten auch für beneidenswert, weil sie historisch geworden sind. Vielleicht geht es mir nicht allein so, daß ich mich bei aller Schönheit in der Iliade doch immer wie in einer verstorbenen Stadt finde. Genauso ging es mir im Prater. Man darf solche Orte nur in ihrem Lüster sehen. Sie gleichen Theatern, die man nicht am Tage betrachten darf, um nicht alle Illusion zu verlieren. Ein stiller, öder Park mit einer verwirrenden Straßenmenge lag vor mir, als ich aus der Stadt hinauskam. Dünnes Harfengeklimper drang aus einer der vielen Buden, die zerstreut unter den Bäumen umherliegen. Ich ging ihm nach. An einzelnen armen Spaziergängern vorüber, die mehr um des Bettelns als um des Vergnügens wegen herumpromenierten. Würstchen fand ich in einer unbehaglichen Sommerkneipe, ich sah eine vergilbte Harfenistin – aber, fragte ich ärgerlich, wo ist denn eigentlich der Prater?
»Euer Gnoden san recht g'spaßig«, war die Antwort, »Se san jo im Prater!«
Um den Anfang des Leopoldstädter Theaters abzuwarten, machte ich Station im ersten besten Kaffeehause. Was man Kaffeehaus nennt, das ist in Wien zu Hause. Kaffee trinken, Billard spielen, Tabak rauchen gilt als nationale Beschäftigung.
Man treibt mit den Kaffeehäusern auch vielfachen Luxus. Es gibt unter anderem ein »Silbernes«. Indessen ist nicht das Haus von Silber, sondern nur das Kaffeegeschirr.
Als es Abend wurde, machte ich mich auf, das berühmte Leopoldstädter Theater zu suchen. Was hatte ich nicht alles davon gehört! Einen Saal des unauslöschlichen Gelächters,

Johann Ziegler: Kloster und Kirche der Barfüßigen Brüder in der Leopoldstadt.

der unerschöpflichen Volkslust, der beharrlichsten Wiener Lieder und Mädchen dachte ich hier zu finden. Denn das Wort »Leopoldstädter Theater« bedeutete immer soviel wie »Vernügen ohne Ende«.
Das Leopoldstädter Theater ist wirklich ein kleines fideles Häuschen. Es sieht sehr bürgerlich aus, und bei seinem Anblick stellt man sich die Frage, ob nicht das ganze Wien nur zum Spaße errichtet sei, zu einem Modell für ein wirkliches Theater, das man nur einstweilen benutzen und später dem Zufall in seinem Geschick überlassen wolle.
Ein beliebtes Singspiel war angekündigt, ich glaube: »Die Liebe auf der Alm«. Aber der kleine Raum war nur dürftig besetzt, und die Leute verhielten sich still und artig. Ein dikker Mann, der dicht neben mir stand, sagte: »Schaun S', da kummt der Wenzel Müller, der is noch aus der olten guat'n Zeit.«

Wenzel Müller, dieser Liebling meiner Schuljugend, der alte Wenzel lebte noch.

»Jo, schaun S' nur, wia er si umschaut!«

Es war ein freundliches, altes Gesicht. Das Haupt umgeben mit der Würde eines liebenswürdigen Alters. Der Kleine nahm seinen niedrigen Präsidentenplatz ein, ergriff sein bürgerliches Taktstöckchen, lächelte links, lächelte rechts zu seinen Musikanten, als bitte er um Erlaubnis, anfangen zu dürfen, und begann endlich seine Leopoldstädter Ouvertüre, wie wenn er seinen Kollegen, den Wiener Vorstädtern, ein kleines Geschichtchen erzählen wolle, »von g'spaßigen Leuten, die a recht guats Herz hob'n.«

Unter solchen Auspizien gewährte die überaus einfache Musik mit ihren kindlichen, anfänglichen Melodien, ohne Duft, Zauber und Romantik, mit gutmütiger Trivialität und frischem, anspruchslosem Herzen gesetzt, einen ganz angenehmen Eindruck. Es wurde mir recht behaglich, zumal ich merkte, wie sich das Häuschen mehr und mehr füllte und über Wenzel Müllers unschuldige Melodien seine naive Zufriedenheit aussprach.

Seine Melodien sind wirklich aus der Zeit der Unschuld und des alten Wien. Guter Wenzel, heute, da ich dieses Buch schreibe, lese ich, daß du gestorben bist! – Wie öde mag es in der Leopoldstadt sein, wo dein weißer Kopf, deine bewegliche Hand und dein glückliches Lächeln fehlen. Ich kenne nichts von dir als jenen Abend und einige Melodien, aber ich glaube, ich kann den Inhalt deines ganzen Lebens erzählen. Wie du dein Glaserl Wein getrunken, einem hübschen Mädel die Backen gestreichelt, zu Mittag mit gutem Appetit gegessen, kleine Nelkenstöcke gepflegt, einen geblümten warmen Schlafrock getragen und jeden Menschen freundlich behandelt hast, selbst den gelben, leberkranken Nachbar, der die Musik nicht leiden konnte.

Auch die Leopoldstadt liegt im Sterben. Man könnte sagen:

vielleicht nur darum, weil es an Talenten fehlt. Aber vielleicht ist der Grund dafür tiefer zu suchen. Auch die Leopoldstädter fangen an, über den Stand der Unschuld hinauszublicken. Ihr bester Komiker, der bekannte Schuster, ist unbeschäftigt. Die Krones ist gestorben, jenes wunderbare Talent der Gemeinheit, die das Unanständige mit Grazie und Zauber produzierte, jenes schöne Mädchen mit den strahlenden Augen und der angenehmen Stimme, mit der ärgsten Liederlichkeit und der vollendetsten Wiener Liebenswürdigkeit, die Krones ist tot. Sie ist auf dem Schlachtfeld geblieben, ein Soldat, der rüstig focht bis zum letzten Atemzug. Keine historische Person wird in Wien so betrauert wie diese Frau. Die Leopoldstädter berufen sich bei etwaigen Anklagen auf dieses Mädchen, so wie die Bonapartisten auf Napoleon. Wien ist die Stadt, wo es noch Zeit und Raum genug gibt, historische Erscheinungen genügend zu würdigen.

Die Krones ist freilich nicht ersetzt worden. Fräulein Jäger gibt sich Mühe, voll Fleiß, Dreistigkeit und Talent etwas Ähnliches darzustellen. Sie reüssiert auch sehr. Die Wiener wissen dergleichen zu würdigen. Aber es fehlt der Funke des Geistes. Es gehört zu nichts größere Genialität als zur Frivolität, die allgemein gefallen soll. Ihr Weg führt ganz schmal zwischen tiefen Abgründen hindurch.

So blieb denn auch dieses Singspiel matt und trivial. Ein solches Volkstheater ohne belebendes Genie wirkt unschmackhaft wie ein Glas abgestandenes Pfennigbier. Die Naivität ohne Folie ist als künstlerische Erscheinung ein lähmender Anblick. Man kann das Alltägliche produzieren, aber man darf dabei selbst nicht alltäglich sein.

Ein wunderliches Gespräch hinter meinem Rücken nahm meine Aufmerksamkeit in Anspruch. Ein Mann sprach französisch-deutsch, eine Dame wienerisch-deutsch, ein anderer Mann gebrochen ungarisch-deutsch. Das gab ein

Trio, an dem Jahn und Professor Zumpt gestorben wären. Die französisch-deutsche Stimme glaubte ich zu erkennen – richtig, es war mein Freund, von dem ich mich in Eger getrennt hatte. Er unterhielt sich industriös mit einer stattlichen Dame.

Das Leopoldstädter Theater ist in jeder Rücksicht Volksversammlung. Man hegt dort die menschenfreundlichsten Gesinnungen, die Damen sind emanzipiert und ohne Vorurteil. Diese Überlegung hatte auch meinen Kommilitonen hierhergeführt. Am Schlusse der Vorstellung verließ die stattliche Dame das Haus am Arme des Ungarn, ihres Liebhabers, der viel Liebe, aber wenig Verdienst haben mochte. Im Gedränge blieb mein Freund zur anderen Seite der Dame, und während der Ungar mit seinem Ellbogen den Weg bahnte, wurden neben ihm mit drei, vier leisen Worten verräterische Unterhaltungen gepflogen.

Auf den Straßen lag eine warme Nacht, die Sterne funkelten, die Lüfte buhlten, und aus dem Hause drang der warme Schein und der Nachklang jodelnder Melodien.

Nach den ersten Begrüßungsworten entwickelte mein Bekannter neben mir uninteressante und unwürdige Ansichten über die Mehrzahl der Weiber, die ich nie glauben werde, solange die Sterne scheinen. Was ich heute gesehen, war ohne Eindruck geblieben, umsonst war der lange Vortrag. Es war Mitternacht, als wir heimkamen, mein Begleiter sprach noch, und die Sterne schienen noch immer.

HEINRICH LAUBE

5.

WIE SIEHT'S DENN AUF DEM ABEND AUS?

Wie sieht's denn auf dem Abend aus,
Wenn alles gessen hat?
Dann geht man ins Theaterhaus
In d'Leopoldstadt naus.
Und dann im Theater,
das ist erst ein Gstanz,
Man hört bald ein Liedel,
bald sieht man ein' Tanz.
Da spielen s' von Geistern,
bald wird's Tag, bald Nacht,
Darnach halt ein Dichter
ein Zauberspiel macht.

FERDINAND RAIMUND

Abend

Abend. Die sich in immer dunklere Schatten einspinnende Welt. Nur noch die Spitze des Stephans-Turmes im Licht der sinkenden Sonne glühend, als ob die Glut aller Andächtigen, die am Tage darin gebetet, sich zum Strahl verdichtet hätte und zum Himmel empor flammte.

FRIEDRICH HEBBEL

Carl Schütz: St. Stephan.

Das Glück

Feierabend! Der Vater kommt aus der Werkstatt und setzt sich mit seiner zahlreichen Familie zu Tisch. Nachdem das frugale Mahl verzehrt ist, bringt ihm die Poldi, sein Liebling, die lange Pfeife, die er gemächlich mit seiner »Mischung« anstopft und anzündet. Während er mächtige Rauchwolken vor sich hin pafft, liest er die Zeitung, wozu er tagsüber nicht Zeit gefunden. Die Mutter versucht es, die deutlichen Spuren von Kraft und Jugendübermut, welche die Hosen des kleinen Gustl wie die Narben eines Kriegers, nur an einer anderen Stelle, ehrenvoll zieren, wieder einigermaßen verschwinden zu machen.
Die beiden Mädl sind mit »Federschleißen« beschäftigt. Valentin, der Altgesell, fertigt eine kunstvolle Kassette von Holz, die er eben mit alten Briefmarken tapeziert, welche er zu schönen geometrischen Gebilden farbenprächtig aneinanderreiht. Wenzel, der Lehrbub aus dem Lande der Überproduktion, »spanelt« Holz. Von Zeit zu Zeit blickt der Meister von seiner Zeitung auf und macht den übrigen mit Gönnermiene eine Mitteilung, die von der Familie begierig, wie die Brosamen vom Tische des Reichen, entgegengenommen wird.
»Alsdann, mit'n deutschen Kaiser geht's wieder besser. Na, Gott sei Dank! Fieber fast verschwunden. Temperatur 38. Is dös gnua.«
Die Mutter hält die Hose ihres Gustl gegen das Licht, um nach einer neuen Wunde auszuspähen, und sagt: »Unser Herrgott geb's, vielleicht wird er do no g'sund. I waß net, i hab' den deutschen Kaiser nia g'seg'n, aber i hab' halt soviel Magnet für ihm; er dürfte mei eigener Bruder sein. I waß gar net, was i tät, wenn der Mann net wieder g'sund wurd'. Du, Alter, sag', is denn das gar net mögli?«

»Mögli! – Mögli is all's. Ma hat Beispiel' von Exempeln, daß aner g'sund is word'n, dem der Doktor schon 's Totenzettel g'schrieb'n hat. Auf die Doktern, was die sag'n, därf ma gar nix geben. Einischau'n kann ihm do kaner, wie's drinn'n ausschaut. Das is all's nur Vermutung.«

»Da hast recht. Die Ärzt reden gar viel, wann der Tag lang is. Etwas müass'n 's do sag'n, b'sonders bei an Kaiser. Da können s' net bloß die Augenbram in d' Höh' ziag'n und die Achseln schupfen. Da hat's unserans no besser; ma kann's do wenigstens mit die Hausmitteln probiern. Wia oft hat schon a alte Tirolerin mit an anfachen Kräutl a Wunder g'wirkt, daß die Doktors dag'standen san wia die Kuah vor an neuchen Tor und net g'wußt haben, soll'n sa si g'freun oder gift'n.«

Der Vater schenkte den Phantasien seiner Ehehälfte längst keine Beachtung mehr. Er hatte sich wieder in die Zeitung vertieft und las mit größter Aufmerksamkeit eine Nachricht, die ihn in Aufregung zu versetzen schien.

»Na, so was«, sagte er und schlug mit der Faust auf den Tisch. »Is das a Glück! Da laßt aner bei aner Bank a paar Los' umwechseln, und wie die Leut' nachschauen, finden s', daß er mit an von die Los' an Haupttreffer mit hunderttausend Gulden g'macht hat.«

»Und die haben eahm den G'winnst auf die umtauschten Los' auszahlt? Sixt, das is schön von die Leut'. Die hätten ja das Maul nicht aufmachen müassen und sich das Geld selber behalten können.«

»Na, der wird Aug'n g'macht haben. Es war sein ganz' Erspart's. Er hat si dafür a klans Häusl draußen am Rand kaufen woll'n. Wia dem g'west sein muaß, wia auf amal zu den Häusl no drei Stöck' zuag'wachsen san.«

Alle ließen nun die Arbeit ruhen und dachten über den sensationellen Fall nach.

»Jessas, könnt's net bei uns amal einschlag'n«, sagte die

Rosi, die Älteste, und blickte schwärmerisch in die Flamme der Petroleumlampe, als ob ihr diese zu einem Haupttreffer verhelfen könnte.
»Geh, du romantische Urschel«, tadelt sie die Mutter, »wer waß, zu was guat is, daß mir kan Haupttreffer machen. Wir wurdeten höchstens leichtsinnig und täten nix mehr arbeiten.«
»Na, das wär' aber weiter ka Unglück«, sagte die Rosi. »Mir liaßt'n halt andere für uns arbeiten.« Sie lehnte sich zurück, schloß die Augen zur Hälfte und ergötzte sich an den Bildern des Reichtums und des Wohllebens, die ihr die Phantasie vorgaukelte. »I waß schon, was i tät'«, sagte sie mehr zu sich selbst. »I saget kan Menschen nix.«
»Du bist a recht a grausliche Person«, fiel ihr die Mutter ins Wort. »Du wärst schon imstand und ließest deine armen Eltern sich plagen und schinden, während du im Wohlleben stecken tätst. Das san saubere Grundsätz'. Du vergißt schnell, was ich alles für dich getan hab'; wieviel schlaflose Nächt' als i bei dein' Bett zuabracht hab'. Ja, ja, die Kinderliab hat bald an End', wann s' amal die Eltern nimmer brauchen.«
Die Rosi hörte gar nicht die bitteren Vorwürfe, die ihr dieser jähe Glückswechsel eintrug. Sie malte sich nur das Bild des Reichtums mit lebhaften Farben aus.
»I saget kan Menschen was«, wiederholte sie. »Aber am andern Tag in der Fruah ginget i mit'n Kruag zur Wasserleitung, wann grad die Hausmasterin in Gang z'sammkehrt, und ließet das Wasser a halbe Stund' rinnen. Und wann mir nachher die Hausmasterin springgifti zuaruft: ›So machen S' doch die Leitung zu‹, so antwortet' i ganz g'schnappig: ›Machen S' Ihnas selber zu‹, und schüttet no extra die Stiagn an; denn auf die Hausmasterin hab i schon lang an Pick.«
»Na, jetzt schauts amal, so a boshafte Person«, sagte die Mutter, innerlich den Racheakt an der bissigen Hausmeiste-

Joseph Danhauser: Mutterliebe.

rin billigend, »jetzt wußt die mit ihrn Reichtum gar nix anz'fangen, als andere Leut z'giften. – Na, was machest denn du, Lori?«
Die Jüngere sah von ihrer Arbeit auf und erwiderte: »I? No, mein Gott, was fanget i denn allan mit den vielen Geld an? I gebet halt a Annonz in die Zeitung: ›Ein junges Mädchen, hübsch und reich, welches geläufig mehrere Sprachen und Klavier spielen – lernt, wünscht die Bekanntschaft eines Generals zwischen zwanzig und fünfundzwanzig Jahren mit einem interessanten schwarzen Schnurrbart zu machen. Berittene haben Vorzug. Alte Generäle werden nicht berück-

sichtigt.‹ Wann i nachdem mit mein General einkaufen ging, und der Schani von der Madam Knauer, der immer so hoppatatschi tuat, müaßt dastehn wia a Bildsäuln, habst acht, und i tät ihm nur so winken, so Gottigkeit: Aha, das is ja der Korporal, der Schani, dem die Madln alle nachlaufen; das hab ich, Gott sei Dank, nicht nötig, ich, die Exzellenzfrau – das wär für mich der höchste Triumph.«

»Geh, geh, i bitt' di«, fiel ihr die ältere Schwester gereizt ins Wort, »du wärst schon als Frau Korporal a glücklich. I waß schon, von wo der Wind blast; du lassest 'n General rennen und nehmest 'n Korporal.«

»Na und das ginget erst recht kan Menschen was an«, sagte die Lori bissig. »I kann mit mein Geld machen, was i will, da laß i mir von niemand was dreinreden.«

Jetzt bemächtigte sich auch Wenzel, der Lehrbub, des Haupttreffers. Sein breites, pausbackiges Antlitz strahlte vor Freude, und sein Mund verlor sich in anmutigen Wellenlinien in der Gegend der Ohren.

»Ich waß ich schon, was ich machen tät«, grinste er.

»Na, was machest denn du, du Schnipfer?« fragte der Meister.

»Ich kaufet ich Haus nebenan und mach ich dann Geschäft auf.«

»So, du Mistbua, du tätst also dein Master z'grund richten? Na wart, i wer dir ›G'schäft aufmachen‹.« Ehe sich der brave Wenzel retten konnte, machte die Hand seines Meisters in dessen borstigen Haaren »ein Geschäft« auf. Wenzel gelobte heulend, niemals einen Haupttreffer zu machen. Und der Meister sagte grollend: »Da kann ma seg'n, wia das Geld die Menschen verblend't. Is nur a Glück, daß die G'fahr net so groß is.«

VINCENZ CHIAVACCI

Abendliche Ankunft

Es war ein sehr schöner Sommerabend, denn der Wind war gar nicht kalt, und die Wellen machten, da wir unter dem Schutze des Wäldchens von Linden und Birken am Ufer sicher lagern, ein angenehmes Schauspiel. Unsere Rudergesellschaft, welche sich unter den Bäumen am Ufer lagerte, fing an, ob sie gleich im Wirtshaus nur schlechte Erholung gefunden hatte, lustig zu werden. Unsere Sängerin hub an, ihre besten Volkslieder zu singen, der Chor stimmte mit ein, und die Trompete akkompagnirte. Dies zog verschiedenes Landvolk herbey, welches die neuen Amphionen bewunderte, bis die einfallende Nacht der Musik ein Ende machte.

Sonnabends den 9ten Junius früh, bald nach drey Uhr, stieß der Schiffmeister wieder ab. Die Luft war angenehm kühl, unsere Brandenburgische Flagge wehte sanft über uns. Der Schiffmeister und mit ihm jeder Mund stimmte an: Wach auf mein Herz und singe! – Eine solche Scene will nicht beschrieben, sie muß auf Einmahl empfunden werden, und damit wirkt sie ins innerste der Seele.

Wir erblickten nun rechts den hohen und schroffen Kalenberg, mit dem alten Schlosse und Amtsgebäude, und dem ansehnlichen jetzt aufgehobenen Kamaldulenserkloster. Gegen 4 Uhr waren wir an dem schönen Dorfe Nußdorf, welches wegen der vielen Lusthäuser einen angenehmen Anblick macht. Überhaupt erschienen nun an diesem rechten Ufer fast beständig einzelne Häuser, Gärten und Gartenhäuser, und in kurzem erblickten wir die Leopoldstadt von Wien, welche aber, so wie die Donau sich krümmte, hinter derselben bergigten Ufern noch einigemal verschwand. Wenn man von Nußdorf vorbey ist, fängt die Donau an sich in vier Arme oder Kanäle zu theilen, welche viele

Inseln in der Nachbarschaft von Wien machen, auf deren einer die Vorstädte Leopoldstadt und Jägerzeil nebst dem Prater liegen. In vorigen Zeiten befuhr man hauptsächlich den dem Ufer nächsten Kanal, der sich bey den jetzigen Vorstädten Lichtenthal und Rossau durchkrümmet. Dieser alte Kanal war schon in der Mitte des vorigen Jahrhunderts bey seichtem Wasser unbrauchbar, so daß die großen Schiffe bey Nußdorf oder gar bey Kloster Neuburg liegen bleiben mußten. Wir fuhren aus der großen Donau in den mittlern Arm, jetzt der neue Kanal genannt, kamen zwischen der Spitalau und der Brigittau und dem Augarten durch, sahen die Vorstadt Rossau rechts und die Leopoldstadt links liegen. Die Ansicht fiel unvermerkt aus dem Ländlichreizenden ins Städtische. Die hohen Thürme von Wien, besonders der majestätische gotische Thurm von St. Stephan, fielen uns in die Augen. Wir langten um halb 5 Uhr zu Wien an, an der gewöhnlichen Anfurt an dem sogenannten Schanzl, gerade der Leopoldstadt gegenüber.

FRIEDRICH NICOLAI

Abend in Wien

Es war zur Abendzeit an einem klaren frostigen Sonntag. Die untergehende Sonne lag glühend in den Wipfeln der Bäume und warf bunte Lichter über die flimmernden Wiesen. Aus dem dritten Kaffeehause klang ein Straußscher Walzer: »An der schönen blauen Donau«. Ich blickte durch das Fenster und sah die frohen Paare walzen. Noch lange klang mir die heitere Musik nach, als ich durch die neuen

Anlagen hindurch nach dem »Schüttel« wandelte. Hier blieb ich vor einem fremdartigen Anblicke wie gebannt stehen. Ein Haus war hier aus dem Boden gewachsen, von dem ich wohl hatte munkeln hören, daß ich aber noch nie mit Augen gesehen hatte. Ich lehnte mich an einen Baum und musterte das ungewöhnliche Gebäude. Giebel, Erker, ein Turm; Butzenscheiben, eiserne Fensterkörbe; Mauerriegel, Wasserspeier. Auf einer Fläche des Turmes erlegte St. Georg, hoch zu Roß, den Drachen; auf dem Giebel saß ein Hahn, an der Wetterstange des Turmes stieg ein goldener Löwe auf. Altdeutsch angeheimelt, dachte ich an Albrecht Dürer und an sein »Marienleben«. Auf einem Blatte dieses Werkes höhlt der Zimmermann Joseph einen Balken mit der Axt aus, während kleine geflügelte Buben, die unbefangen ihre Blößen zeigen, die Holzspäne auflesen und in einem

Johann Strauß Sohn. Wiener Karikatur von 1884.

Korbe sammeln; die heilige Maria sitzt daneben am Spinnrocken und wiegt ihr einschlummerndes Kind. Aus dem Hause, welches den Raum abgrenzt, sprechen alle Zauber deutscher Gemütlichkeit. Neben Dürer mußte ich auch an unsern Moritz von Schwind denken, der in seinem Bilderbogen »Der gestiefelte Kater« ein Herrenschloß aufgeführt hat, welches vom romanischen und gotischen Stil an bis herab zum Barock sämtliche Bauweisen mit heiterer Genialität in sich vereinigt. Ich geriet allgemach ins Träumen, und als der Mond hinter einem Baume aufging, schien es mir, als ob das vor mir stehende Haus zu klingen beginne. Ich hörte eine herbe, gleichsam steile Melodie, wie sie unsere Vorväter zu singen pflegten – nicht unähnlich den Umrissen des klingenden Hauses – und die Harmonie, worin das Lied wurzelte, zeigte schroffe Zusammenklänge, harte Übergänge und doch ein gemütvolles Wesen. Das Klingen wurde immer dringender und stärker, und es fiel mir gar nicht auf, als der Hahn auf dem Giebel zu krähen begann und der aufsteigende Löwe auf dem Turm seine donnernde Stimme erhob. Nach und nach indes wurde die Musik leiser, und dem Mondschein antwortete aus den Fenstern des Hauses eine glänzende Beleuchtung. Ich hörte Wagen vorfahren und ein wirres Geräusch von Stimmen. Plötzlich sah ich mich von einem Menschenstrome ergriffen, die Stiege hinaufgedrängt und von einer seltsamen Gesellschaft umgeben. In einem getäfelten, mit Teppichen behangenen Saale stand in der Mitte ein schlanker, jugendlicher Mann, im schwarzen Mantel mit weißem Kreuz, einen geflügelten Helm auf dem Haupte. Er schien der Zielpunkt der Gesellschaft zu sein, aller der Männer und Frauen, die sich in der Gewandung des ausgehenden Mittelalters um ihn bewegten. Aus diesem verwirrenden Gewühle trat ich bald in ein Nebengemach, wo mich ein neuer Anblick überraschte. In der Nische des Erkers saß Albrecht Dürer in einer Pelzschaube, mit langem Haare, ernst und selbstbewußt, wie er mit eigener Hand sich gemalt. Ihm zu Füßen erblickte ich unsern trefflichen Meister Moritz von Schwind bald zu dem großen Nürnberger aufblickend, bald nach seiner witzigen Wiener Art an die Gesellschaft, die am Tische saß, sich wendend. »Das sind die Architekturbarone von Wien«, sagte Schwind zu Dürer. »Ich könnte mich aber nie entschließen, zu einem Künstler ›Herr Baron‹ zu sagen, selbst wenn ich im Verweigerungsfalle um meinen eigenen Adel käme.« Dürer nickte ihm zu. »Ja, wenn die Frauen nicht wären«, entgegnete einer der Getroffenen, hinter welchem stets, sooft er sprach, ein scharfgeschnittener Künstlerkopf auftauchte, der ihm seine Vordersätze in das Gegenteil verkehrte: »Ja, die Männer!« rief der Scharfgeschnittene. Der hellenische Klassiker unter den Baronen, der so gescheite blaue Augen im Kopfe hat, stieß ein helles Gelächter aus. Neben ihm saß ein bleicher Mann, dem das begabte Wiener Kind aus dem Gesichte sprach; er lächelte, wie einer, der die Eitelkeit dieser Welt zwar mitgemacht, der aber längst darüber hinaus ist. Ein vierter Baron, ein großer, derber Mann, rief dem Meister Schwind zu: »Du bischt ja au einer vom Adel; ob ›von‹ oder Baron ischt gleichgültig. Übrigens bischt du ja scho längscht tot und begrabe.« Auf dieses Wort hin verschwanden die Toten wie im Nu aus der Gesellschaft. Man rückte näher um ein noch jugendliches Paar, das sich durch hohen Wuchs vor den übrigen auszeichnete: der Mann mit einem stark ausgesprochenen Profil, ja mit einer wahren Pferdenase, die Frau blühend, mit sprechenden braunen Augen, die Bewegungen voll herber Anmut, in ihrer verschollenen Tracht recht ein Bild der deutschen Renaissance. Der Mann, den man nach allen Äußerungen der Anwesenden für den Baumeister des Hauses halten mußte, sprach die Wiener Mundart mit einer seltenen Vollendung. In stoßweise hervorgebrachten Sätzen, in denen sich aber Geist und warmes Gefühl für die Sache aus-

drückten, verteidigte er seine künstlerischen Grundsätze. »Gewiß, ich begreife, daß Sie an Ihrem Baustile festhalten«, bemerkte der hellenisierende Architekturbaron, »Sie sind ja mit der deutschen Renaissance verheiratet...«
Nach diesen Worten hörte ich wieder ein Klingen, das plötzlich unterbrochen wurde, als ich eine nasse Kälte auf den Wangen spürte. Ein Luftzug hatte den Baum, unter dem ich träumend stand, geschüttelt und mir Schneeflocken ins Gesicht geweht. Nachdenklich schlug ich den Weg nach der Stadt ein.

LUDWIG SPEIDEL

Auf der Bastei

Von Rechts wegen sollte ich mich in dieser Stunde hinsetzen und einen langen Bericht an S. Majestät schreiben, über eine lange und fruchtlose Verhandlung, die ich heut mit Grf. Buol gehabt habe, und über eine Audienz bei der Erzherzogin Mutter des Kaisers. Aber ich habe eben eine Promenade auf dem hohen Wall, rund um die innre Stadt gemacht, und einen reizenden Sonnenuntergang hinter dem Leopoldsberg dabei gesehn und bin nun vielmehr aufgelegt, an Dich zu denken als an Geschäfte. Ich stand lange auf dem roten Thurm Thor, von wo man in Jägerzeil hinein sieht und nach unserm damaligen Domizil, dem Lamm, mit dem Kaffeehaus davor; bei der Erzherzogin war ich in einem Zimmer, welches auf das heimliche Gärtchen stößt, in das wir damals verstohlen und unvorsichtig eindrangen; gestern hörte ich Lucia, italiänisch, sehr gut; alles das macht mir die Sehnsucht nach Dir so rege, daß ich ganz traurig und untüchtig bin. Es ist doch schauderhaft, so allein in der Welt zu sein, wenn man es nicht mehr gewohnt ist; mir wird ganz lynarig zu Muthe.

OTTO FÜRST VON BISMARCK

Franz Skarbina: Otto von Bismarck.

Der Barbier des Kaisers

Im Jahre 1783 war's, an einem schönen Oktoberabend. Die Sonne war eben hinter dem Leopoldsberg untergegangen, und die Passanten, welche aus den Toren der inneren Stadt gegen die Vorstädte schritten, beeilten sich, das Glacis noch vor Eintritt der Nacht zu verlassen, da die weite Strecke zwischen der Stadt und den Vorstädten damals noch jeder Beleuchtung entbehrte.
Nur auf der Burgbastei, dem sogenannten Paradeplatz, herrschte reges Leben. Sie war damals zwar noch nicht das berühmte Stelldichein aller vornehmen Bummler und verliebten Paare, welches sie nach der Regulierung im Jahre 1798 geworden und welches später wegen der einförmigen Promenade um das schmucklose Gloriett herum den bezeichnenden Namen »Ochsenmühle« erhielt. An schönen Herbst- und Frühlingsabenden jedoch fanden sich hier wegen des weiten Ausblicks auf die Glacis, die westlichen Vorstädte und das Kahlengebirge zahlreiche Erholungsbedürftige und noch mehr müßige Bummler, Modegecken und Damen mit ihren Galans zusammen.
Eine hübsche Musik von Blasinstrumenten, welche in dem kleinen Kaffeepavillon die süßen Mozartschen Melodien zu Gehör brachten, wirkte mit ihrem sanften Rhythmus belebend auf die lustwandelnden Paare, und einige Hundert Öllämpchen, welche eine für die damaligen Zeiten verschwenderische Lichtfülle verbreiteten, ließen den Platz auch bei eintretender Dunkelheit noch behaglich erscheinen.
Die Tracht der damaligen Zeit war eine besonders malerische, wenn sie auch nicht sehr praktisch und für die Gesundheit zuträglich genannt werden konnte. Die Frauen erschienen in der verführerisch schönen griechischen Tracht, das natürliche Haupthaar mit einem schmalen Bande zu-

sammengebunden oder mit einer kleinen phrygischen Mütze bedeckt; die Herren in buntfarbigen Fracks mit großen Schößen und breitem Revers, kurzen Westen, enganliegenden Beinkleidern, niederen breitkrempigen Hüten und kurzen Stulpenstiefeln.
Dieser Platz war schon damals ein berühmtes Rendezvous für zärtliche Paare, und manches galante Abenteuer sowie zahlreiche Skandalgeschichten nahmen hier ihren Anfang. Unsere biederen Vorfahren hielten es in dieser Beziehung kaum besser, wie ihre vielgeschmähten Epigonen, und die Volksmuse hatte durch Jahrzehnte einen stets ergiebigen Stoff für ihre Spottverse, welche mit dem feststehenden Reim endigten:

»Auf der Bastei, auf der Bastei,
Ja, da sieht man mancherlei!«

Am Fuße dieser Bastei, welche auf den äußeren Burgplatz hinausging, entwickelte sich an solchen Tagen ein buntbewegtes Bild. Equipagen und Lohnfuhrwerke, noch mehr aber die damals so beliebten Tragsessel und Sänften mit ihren vierschrötigen Trägern, harrten hier auf ihre Passagiere. Eine Schar von zerlumpten Laternenbuben vertrieb sich die Zeit, bis ihre Herren sie aufriefen, mit Balgereien, Räderschlagen und Anmäuerln. Die Maronibrater und die Bratlbraterinnen boten ihre dampfenden Waren aus.
Zu jener Zeit sah es mit der Beleuchtung der Stadt, noch mehr aber des Glacis' und der Vorstädte noch übel aus. Wer daher nach Einbruch der Nacht den Rückweg in die Vorstadt antrat, mußte sich von einem Laternenbuben begleiten lassen, der ihm mit seinem kärglichen Licht voranschritt. Während sich die übrigen halbwüchsigen Jungen mit allerlei Allotria die Zeit vertrieben, stand ein blasses, aufgeschossenes Bürschchen seitab von ihnen und betrachtete mit sichtli-

cher Unruhe die Passanten, ob nicht einer von ihnen seine Dienste in Anspruch nehmen werde.

Als die Zahl der Personen, welche die Bastei verließen, immer spärlicher wurde, blickte er verzweifelt und hilflos um sich, und dicke Tränen liefen über seine bleichen Wangen.

Ein großer, stattlicher Herr mit einem geschlossenen braunen Überrock kam jetzt langsam und sinnend die geböschte Straße herab, welche von der Bastei auf den äußeren Burgplatz führte.

»Latern' g'fällig?« fragte der Junge mit weinerlicher Stimme.

Der Angeredete blieb stehen und schaute in das vergrämte Antlitz des Jungen.

»Warum weinst du, mein Kind?« fragte er den Knaben in wohlwollendem Tone.

»Ah nix, Euer Gnaden. Der Großvater is krank und hat heut schon zweimal sein' Anfall g'habt. Und da fürcht' ich immer, daß ihm was g'schieht, wenn er so allein is. Wär schrecklich! Und ohne Verdienst möcht' ich auch nicht heimkommen, denn er braucht sein Weinderl, sonst – hat der Bader g'sagt – geht er uns drauf. Bitt' gar schön, nehmen S' meine Latern', Euer Gnaden!«

»Wo wohnst du denn, mein Junge?« fragte der Herr.

»O jeh! Gar weit, bei der klan' Lina«, antwortete der Bursche, »aber das macht nix, i führ' Ihnen überall hin, auf d' Landstraßen, in d' Roßau, wo S' woll'n. Oh, i kenn mi aus in der Wienerstadt.«

Nach kurzem Überlegen sagte der Unbekannte: »Ich habe auch in dieser Gegend zu tun. Führe mich in die Wohnung deines Großvaters. Ich verstehe mich ein wenig auf Medizin, vielleicht kann ich ihm helfen.«

Während die beiden über das Burgglacis der Vorstadt Laimgrube zuschritten, fragte der unbekannte Herr den Knaben um seine Verhältnisse.

»Wissen S', Euer Gnaden, i bin a Soldatenkind, und wann mei Vater noch lebet, so ging's mir besser; denn mei Vater war Offizier unter der hochseligen Maria Theresia – ja, das war halt eine, so eine kommt nimmer.«
»Wie meinst du das, Kind?« fragte der Unbekannte.
»Ich mein halt, unsere Maria Theresia war a Muatter für ihre Landeskinder, und unser Kaiser Joseph, so guat und so brav er is, wia ma sagt, is halt doch nur a Vater. Und zwischen Vater und Muatter is halt doch noch a Unterschied, das weiß ich am besten. Wie die Maria Theresia g'lebt hat, da war der *Kammerbeutel* da; wissen S', das war für die Witwen und Waisen, für Beamte und Soldaten, die schon dienstuntauglich war'n. Die haben halt aus'n Kammerbeutel ihner Zulag' kriegt. Aber der Kaiser hat den Kammerbeutel aufg'hoben – er will ka Bevorzugung, hat's g'heißen – aber bei uns is Schmalhans Kuchelmaster wurd'n, seitdem die Zulag' aufg'hört hat.«
»Warum hat sich deine Mutter nicht an den Kaiser gewendet? Er hätte gewiß eure Notlage berücksichtigt.«
»I bitt' Ihnen, hör'n S' mir auf, Euer Gnaden«, sagte der Knabe verdrießlich. »Der Kaiser und was geben! Der nehmet lieber was, wann er was krieget.«
»Kennst du ihn so genau?« fragte der Unbekannte lächelnd.
»Kennt Ihr ihn vielleicht besser?« entgegnete der Junge.
»Das will ich meinen«, antwortete dieser.
»Habt Ihr mit ihm schon zu tun gehabt?« fragte der Junge neugierig.
»Freilich, ich rasiere ihn ja alle Tage.«
Über diese Antwort erschrak der Knabe nicht wenig, da er befürchtete, dem Hofschranzen gegenüber etwas Ungehöriges gesagt zu haben.
»Ihr müßt das von unsereins nicht so genau nehmen, Euer Gnaden, Herr Barbier«, entschuldigte er sich. »Aber be-

denkt, wieviel Elend und Not der Erlaß des Kaisers über uns gebracht hat. Und gerade jetzt, bei der Teuerung! Denkt Euch, das Pfund Rindfleisch kostet jetzt schon *sechs* Kreuzer! Wer kann denn das erschwingen? Und wer weiß, wie weit es noch kommen wird. Das könnt Ihr Eurem Herrn schon einmal bei Gelegenheit mit dem Seifenschaum um den Mund streichen.«
Der Fremde lachte bei diesen Worten vergnügt auf und sagte: »Na, versuch' es nur einmal und reiche ein Gnadengesuch ein. Ich will dann schon mit dem Seifenschaum nachhelfen.«
Unter diesen Gesprächen waren sie am Jesuitenhof, dem Königsklosterhaus vorüber, durch die Kothgasse in eine mit Wein- und Obstgärten bepflanzte, halb ländliche Gegend gekommen. Vor einem der letzten Häuschen blieb der Laternenbub stehen. Sie traten ins Haus, und der Junge öffnete eine Tür, welche in ein kleines, finsteres Gemach führte. In einem elenden Bett an der Wand lag ein etwa neunzigjähriger Greis, abgemagert von Hunger und Not. Gleich beim Eintritt rief er dem Jungen zu: »Hast etwas gebracht?«
»Ja, Großvater«, antwortete der Knabe, »da bring' ich einen vielvermögenden Herrn, den Barbier des Kaisers, der sich gewiß auch auf deine alten Wunden versteht.«
»Ach was, Wunden«, greinte der Alte wie ein eigensinniges Kind, »a Laibl Brot und a Stuck Preßwurst wär' mir jetzt das liebste Pflaster.«
Der Fremde trat näher ans Bett heran, untersuchte den Alten und erfuhr von ihm, daß er ein Veteran sei, der unter dem Prinzen Eugenius zahlreiche Schlachten mitgefochten und Wunden davongetragen hatte. Bald kam der Alte ins Erzählen, und gerührt hörte der Fremde die Berichte über eine vielbewegte Kriegerlaufbahn.
Dann stand er auf und sagte: »Ich sehe schon, mein lieber Alter, wir müssen schauen, daß sich zuerst die Hauptwunde

schließt, das andere wird sich dann von selbst machen.« Er schrieb sodann einige Zeilen auf ein Blatt Papier, drückte dem Knaben für seine Dienste ein Goldstück in die Hand und empfahl sich.
Auf dem Zettel standen zum freudigen Schrecken der Zurückgebliebenen die Worte:

Rezept für ein Pflaster.
Dem braven Krieger Mathias *Leibl* sind aus meiner Privatschatulle hundert Dukaten auf seine alten Wunden zu legen. *Joseph*

Der Laternenbub wurde später ein angesehener Geschäftsmann und mehrfacher Hausherr und erzählte noch in seinem Greisenalter gerne die Geschichte vom Barbier des Kaisers. Von ihm hat mein Vater sie gar oft gehört, und genauso erzählte ich sie wieder.

VINCENZ CHIAVACCI

Ankunft in Wien

Wer Wagram erreicht hat, der wird auch wohl nach Wien kommen. Hinter Floridsdorf zeigte es sich, daß der Kahlenberg immer noch an seiner Stelle lag, und die Zigeunerbande auf dem Bahnhofe hielt noch immer den Radetzkymarsch für das zur Erquickung und Ermunterung der Reisenden geeignetste Tonstück. Der Sommerabend war sehr schön, die Landschaft in den letzten Strahlen der Sonne unendlich grün und leuchtend, und – dort guckte der Stephansturm

aus dem Grün wie jeder andere Kirchturm hervor – »Bassama –, wär' das auch überstanden! sind wir da, und wünsch' fernerhin glückliche Reis'n«, sagte der alte ungarische Dorfpastor. Mit Sonnenuntergang war man in der Tat in Wien angelangt.
Der alte dicke ungarische Dorfpastor, welcher von Brünn an dem Junker von Lauen die treffliche Vorlesung über die ungarischen Flüche gehalten hatte, und welcher sich zur Belohnung und als einzige Gegenleistung für seine Gefälligkeiten in Hinsicht auf seinen Zwetschgenbranntwein und seinen ausgezeichneten Tabak ausgebeten hatte, der Herr möge ihm einmal einen preußischen Taler – einen »wirklichen preußischen Taler mit dem Alten Fritz drauf« zeigen, hatte den jungen Mann seiner väterlichen Obhut und Führung entlassen. Der junge Prager Geistliche, welcher in Hinsicht auf Gesichtsfarbe, Gesichtsausdruck und Haltung so sehr dem teuren Kandidaten der Theologie Franz Buschmann glich und den braven Ungar seiner »Weltgewandtheit« wegen für einen lutherischen Priester hielt, war in dem Gewühl des Nordbahnhofes verlorengegangen, ohne eine Spur hinterlassen zu haben. Hennig nahm höflichst Abschied von der jungen hübschen Dame, die in Gänserndorf einstieg und so sehr freundlich und zuvorkommend gegen ihn war, und, wie es schien, recht gern eine recht deutliche Spur auf ihrem ganzen Wege bis in die innere Stadt, bis zu ihrem Nestchen in der Entengasse hinterlassen hätte. Es war sehr heiß in Wien, heiß und staubig. Die Bäume vor dem Bahnhof standen weiß bepudert, und das Menschengewühl, die Fiaker und Omnibus trugen nicht dazu bei, die Atmosphäre zu klären.
Der Junker zündete auf dem Wiener Boden die erste der glücklich durchgeschmuggelten Zigarren an; eine Zigarre der Unentschlossenheit. Die leichten Wölkchen, die sich den lieben, langen Tag auf den Wiesen und Feldern von

A. Kühles: Reiseabenteuer in vergangener Zeit.

Krodebeck emporkräuselten, waren ganz andere als die, welche sich hier in der schwülen, stauberfüllten Luft verloren; da war er denn, der Junker von Lauen, und hatte nicht einmal Eile, einen Gasthof zu erreichen.
Er hatte überhaupt keine Eile in irgendeiner Beziehung, und doch fühlte er sich im höchsten Grade unruhig und sorgenvoll. Die lange Fahrt dieses Tages von Prag her konnte nicht allein die Schuld dieser Abspannung tragen; wie eine Drohung von Unheil, Verdruß und großen Widerwärtigkeiten schwebte es über ihm, es überkam ihn plötzlich ein Gefühl, als hab' er sich von jetzt an machtlos, willenlos einem übellaunigen harten Meister zu fügen. Es war ihm, um seine eigenen liebenswürdigen Ausdrücke zu gebrauchen, als werde ihm der Sattelgurt viel zu fest angezogen, und als reite ihn jemand, der um Sporen, Trense und Kandare teufelmäßig gut Bescheid wisse. Andere Leute pflegen derartigen Stimmungen in anderen Bildern Ausdruck zu geben, allein die Sache bleibt unter allen Umständen dieselbe. –

Die Korrespondenz, welche der Lauenhof diese Jahre hindurch mit Antonie Häußler geführt hatte, gab keinen Grund zu irgendwelcher Besorgnis in dieser Richtung. Ein Brief aus Wien war im Gegenteil stets ein Anlaß zum hellern Aufflackern aller Lebensgeister auf dem Hofe gewesen, und wenn der Herr von Glaubigern mit einem solchen zierlichen Blättchen in der Hand erschien, hatte selbst die gnädige Frau, im eilfertigen Lauf ihre Hände in der Schürze trocknend, häufig ihren Schuh auf dem Wege in das gelbe Zimmer verloren. Eine sehr betrübte, tränenreiche Antwort war freilich auf das Schreiben zurückgekommen, in welchem der Chevalier dem Kinde den Tod der Frau Adelheid meldete; allein, was diese Antwort auch an seltsamen, verworrenen Andeutungen und dunkeln, unverständlichen Klagelauten enthalten mochte, der Anlaß dazu war so natürlich gegeben, daß der Ritter von Glaubigern nur bemerkte:
»Sie nimmt es sich mehr zu Herzen, als irgend sonst jemand; – ich hab's mir wohl gedacht, es war immer ihre Art so. Übrigens, bei meiner Ehre, ich könnte nächstens einmal an den Meister Dietrich schreiben, um ihn wegen meiner schlimmsten Befürchtungen um Verzeihung zu bitten.«
Das letztere hatte der Ritter nun doch nicht getan; aber welch ein Teil der Schuld an der jetzigen Fahrt des Herrn von Lauen auf ihn fiel, wollen wir nicht weiter erörtern.
»Es soll mich wundern, wie ich sie finde, ob sie noch hübscher geworden ist, und was der Schuft, ihr vornehmer Herr Großpapa, sonst aus ihr gemacht hat!« murmelte Hennig, seine Zigarre fortschleudernd und einen Lohnkutscher heranwinkend. Er war nicht mehr der Knabe, der Krodebecker Bauernjunge, welcher mit dem wilden Pflegekinde der alten Hanne Allmann sich im Kuckelrucksholze unhertrieb und welcher später mit der schönen Tonie Häußler unter den Hecken der Heimat Veilchen suchte und dann und wann die größte Lust verspürte, den albernen, rohen Franz Busch-

mann mit Ohrfeigen und Fußtritten aus der Idylle hinauszujagen.
Er dachte wirklich an den Pastorenfranz, als er sich in die Kissen seines Wagens zurücklegte, und dann dachte er an den Freund Fröschler, dem er nicht nur den Lauenhof, sondern auch den Chevalier von Glaubigern und das Fräulein von Saint Trouin zur Verwaltung anvertraut hatte, und dabei mußte ihm irgend etwas ungemein komisch erscheinen; denn plötzlich lachte er hell und laut auf. Dann schlug er beide Hände auf die Knie und rief:
»Und hier bin ich – und es ist, als wenn man eine uralte, verquollene Rokokoschranktür mit Stöhnen und Angstschweiß zugezwängt hätte. – Hurra! es ist doch angenehm, hier zu sein, und auf die Kleine freue ich mich unmenschlich! Ob sie wohl noch gewachsen ist? Ich glaube es nicht. Tonie, Tonie, es ist, bei den Göttern, ein hübscher Name, ein Name, wie helle Glocken – selbst wenn die Mutter ihn in Haus und Hof und Garten hineinrief, klang er wie Musik. Wie das alles vorübergeht! Nie hätte ich gedacht, daß ich einmal so fremd an Krodebeck denken könnte, wie in diesem Augenblick. Da bin ich hier, und in acht Tagen bin ich in Venedig, – selbst der Edle von Haußenbleib, unser Herr Großvater, ist mir auf einmal zu einem viel realern Gegenstand geworden als alles, was ich vor drei Wochen am Fuße des alten Blocksbergs zurückließ. Nun glaube ich auch wirklich daran, daß ich den Vesuv und den Ätna erklettern werde, und hier sind wir vor dem National-Gasthof. Bei Gott, es ist doch nicht alles Sattelgurt, Hafer, Roggen, Kartoffeln und Krodebeck in der Welt! O Tonie Häußler, ich meine, du wirst auch dein Vergnügen an der alten Freundschaft haben; und morgen bei guter Stunde werden wir dem alten braven Mädel in großer Gala unsere Aufwartung machen und unsere Kreditivbriefe aus dem Rokokoschrank nicht dabei vergessen!«

Für alle Zeit sollte er sich des Zimmers, welches man ihm in dem Hotel in der Taborstraße anwies, erinnern. Was er auch noch erleben mochte, an keinen Ort knüpfte sich so viel für ihn, als an diese Wände, an diesen Teppich, auf welchem er eine Nacht nach der andern ruhelos, schlaflos hin und her schritt in einer Welt, die eine andere geworden war, mit brennenden Augen, klopfenden Pulsen und geballten Händen. Für jetzt nahm er ein Bad, speiste mit ausgezeichnetem Appetit zu Abend, legte sich mit einer neuen Zigarre ins Fenster und sah behaglich in die Taborstraße hinunter. Er glaubte für alles Zeit zu haben, und glaubte, in allen Dingen sich die gehörige Ruhe gönnen zu können.

Es war vollständig Abend geworden, die Gasflammen in der Straße und in den Läden wurden angezündet, und es war in der Tat kein geringes Behagen, nach den Anstrengungen und passiven Mühen des heißen Reisetages vorerst aus sicherer Höhe eine friedliche halbe Stunde lang in das Getümmel von Ahaliba hinabzusehen, ehe man durch seine eigene Person das Gewühl vermehrte und alle Folgen davon auf sich zu nehmen hatte.

Wir wissen, daß der Junker von Lauen dann und wann das, was man im gewöhnlichen Leben ein beschauliches Gemüt zu nennen pflegt, in einem ziemlich hohen Grade betätigen konnte; und beschauliche Gemütlichkeit war die einzige richtige Bezeichnung für seinen augenblicklichen Seelenzustand.

Im Anfang sah er wohl noch ein wenig verquer und stumpf in das Leben der großen Stadt, allein das dauerte nicht lange; er gehörte gottlob nicht zu den nervösen Leuten, die in der jeglicher Aufregung folgenden Betäubung sich tagelang abzuzappeln haben. Seine Vergleichung des Lauenhofes mit einem zugezwängten Rokokoschrank kam ihm von neuem in den Sinn, und er konnte von neuem darüber lachen.

Dann sagte er:

»Wenn der Himmel doch geben wollte, daß er grade jetzt wieder Verona verproviantierte!« und er meinte hiermit nicht den Rokokoschrank; aber auch diese Vorstellung vergnügte ihn sehr, und er fuhr fort:
»Ja, daß wäre das beste. Da hätten wir uns allein, wahrhaftig, ich könnte viel drum geben, wenn er augenblicklich wieder einmal Verona verproviantierte. Ihm würde es Vergnügen machen, und mir wäre es eine wahre Herzenserleichterung! Da könnten wir zusammensitzen in diesem Wien, wie einst in der Fliederlaube in unserm Garten. Ihr würde es gewiß ebenfalls recht sein, denn wie hat sie oft den armen Franz angeblitzt, wenn er um die Hecke schob, der – Esel!«
Jetzt näselte er dem gottseligen Franz nach:
»Hennig, ich sehe, auch du hast den Weg zur Gnade noch nicht gefunden!« und lachte hell auf:
»Es ist zu gut! Wenn ich mich nicht zu sehr auf morgen freute, möchte ich wohl den Buschmann an meine Stelle wünschen und mich hinter die Türritze; da würden wir wohl vernehmen, ob sie von dem fraglichen Wege mehr weiß als ich.«
»Hm«, fügte er nach einer Weile hinzu, »wenn ich an jene Nacht denke, in welcher der Chevalier an mein Bett kam, seinen leeren Geldbeutel bejammerte und der Welt und dem Herrn von Haußenbleib sein Pflegekind mit seinem Herzblut abkaufen wollte, wird's mir doch ganz wunderlich. Holla, und in diesem Augenblick fährt sie vielleicht dort unten vorüber, und ich bin wahrscheinlich nur deshalb hier in Wien, um auf es aus dem Fenster zu glotzen wie auf einen Krodebecker Düngerhaufen?! Das sieht ihm ganz ähnlich! würde meine Mutter gesagt haben. O Tonie, Tonie, Tonie, wenn er doch Verona verproviantierte!«
Eilfertig griff er nach dem Hut und stürmte, als ob er bereits das Beste versäumt habe, hinaus in den Abend, in das

fremde Leben; und der Reiz, aufs Geratewohl durch die Lichter und Schatten einer großen unbekannten Stadt zu solcher Stunde zu schreiten, bemächtigte sich seiner bald im vollsten Maße. Er geriet an die Ferdinandbrücke und wußte genug von der Topographie des Orts, um überlegen und wählen zu können zwischen einem Gang und Glas Eis im Prater und den Geheimnissen und nächtlichen Reizen der innern Stadt. Der Stephansturm, der schwarz durch die Dämmerung herübersah, gewann natürlicherweise schnell die Oberhand in einem Menschen, welcher daheim der schönen Natur zur Genüge hatte, und der mit der allerschönsten Natur stets nur körperlich durch die trefflichste Gesundheit in Gefühlsverwandtschaft gestanden hatte.

Also kreuzte Hennig diese kleine Donau, irrte ein wenig auf dem Glacis umher und die Trümmer der alten Basteien entlang und fand endlich seinen Weg durch die Kärntnerstraße in immer höherer Stimmung.

»Es ist doch eine vornehme Stadt«, brummte er. »Schade, daß wir sie nicht an unser Berlin anhängen können, wir würden dann, glaube ich, jedes andere Nest rund um den Erdball herum um mehrere Nasenlängen schlagen!«

Nun fiel ihm eine alte Melodie aus der alten, lustigen, längstvergessenen Posse, den Wienern in Berlin, ein, und er summte sie im Weiterschlendern behaglich vor sich hin. So verwöhnt war er nicht, daß er nicht sein Behagen genommen hätte, wo er es fand, und es war in der Tat ein Behagen, sich hier in Wien zu finden, den Chevalier, das Fräulein von Saint Trouin und den Freund Fröschler in Krodebeck sitzend zu wissen, Geld zu haben, mit der schönen Jugendfreundin dieselbe Luft einzuatmen und ein Freiherr in der angenehmsten und tiefsten Bedeutung des Wortes zu sein.

»Am Ende ist es mir auch höchst gleichgültig, ob er Verona verproviantiert oder nicht. Was kümmert mich das, worüber die Alten daheim die Köpfe schütteln? Da fällt einer nach dem andern heraus, und selbst meine arme Mutter hat herausfallen müssen, und das Leben mit seinen Lichtern und Wagenrollen und Kling und Klang geht weiter, und jedermann hat doch nur mit seiner eigenen Gegenwart abzurechnen. Es lebe die Gegenwart! Da wäre ich doch ein Narr, wenn ich mich in Wien an einem Haar ekeln würde, das die andern vor einem Menschenalter in Krodebeck in der Suppe fanden! Und Tonie hat ja in jedem Briefe gemeldet, daß es ihr wohlgehe, und daß ihr kaum etwas zu wünschen übrig bleibe. *Le Nozze di Figaro?* ob das der Barbier von Sevilla ist? Hören wir dem Herrn von Häußler zu Ehren noch einen Akt von diesem Barbier! Zum Teufel, in der richtigen Stimmung kann man alles in Musik setzen, selbst den Barbier von Krodebeck!«

Er geriet wirklich noch zum Finale der Hochzeit des Figaro in das Opernhaus und erfuhr, wie man in Österreich Silber mit Silber zahle. Dazu machte er einige recht freundliche Bekanntschaften, welche ihm allerlei Dinge wiesen, die nur den Ortseingeborenen und den von diesen unter die Flügel Genommenen bekannt zu werden pflegen, und vergnügte sich durchgängig vortrefflich. Seine Laune wurde immer besser; mit sich selber war er recht zufrieden, und mit dem Universum fand er sich im vollkommensten Einklang. Einige Offiziere – Norddeutsche im Dienste des Hauses Habsburg –, welche mit Bereitwilligkeit die Landsmannschaft hatten gelten lassen, geleiteten ihn weit nach Mitternacht nach der Leopoldstadt zurück. Sie wußten von dem Edlen von Haußenbleib, kannten ihn jedoch nicht persönlich, wenn sie ihn gleich als eine sehr bekannte Persönlichkeit darstellten. Im National-Gasthof konsumierte der Junker von Lauen noch ein bedeutendes Quantum Sodawasser und schlief den Schlaf der Glücklichen bis tief in den hellen Sommermorgen hinein.

Puszta-Batta, 17. Juni 1879

Lieber Steiner!

Seien Sie mir nicht bös, daß ich Sie so lange ohne Antwort gelassen habe; aber alles ist so öde um mich herum, und hinter mir knacken die Zweige eines dürren ausgetrockneten Daseins zusammen. Viel ist in mir vorgegangen, seit ich Ihnen nicht geschrieben. Doch ich kann es Ihnen nicht sagen. Nur soviel: ich bin ein anderer geworden; ob ein besserer, weiß ich nicht, ein glücklicherer jedenfalls nicht. Die höchste Glut der freudigsten Lebenskraft und die verzehrendste Todessehnsucht: beide thronen abwechselnd in meinem Herzen; ja oft wechseln sie mit der Stunde – eines weiß ich: so kann es nicht mehr fortgehen! Wenn mich der scheußliche Zwang unserer modernen Heuchelei und Lügenhaftigkeit bis zur Selbstentehrung getrieben hat, wenn der unzerreißbare Zusammenhang mit unseren Kunst- und Lebensverhältnissen imstande war, mir Ekel vor allem, was mir heilig ist, Kunst, Liebe, Religion, ins Herz zu schleudern, wo ist dann ein anderer Ausweg als Selbstvernichtung. Gewaltsam zerreiße ich die Bande, die mich an den eklen schalen Sumpf des Daseins ketten, mit der Kraft der Verzweiflung klammere ich mich an den Schmerz, meinen einzigen Tröster. – Da lacht die Sonne mich an – und weg ist das Eis von meinem Herzen, ich sehe den blauen Himmel wieder und die schwankende Blume, und mein Hohnlachen löst sich in das Weinen der Liebe auf. Und ich muß sie lieben, diese Welt mit ihrem Trug und Leichtsinn und mit dem ewigen Lachen. Oh, daß ein Gott den Schleier risse von meinen Augen, daß mein klarer Blick bis an das Mark der Erde dringen könnte! Oh, ich möchte sie schauen, diese Erde, in ihrer Nacktheit, ohne Schmuck, ohne Zierde, wie sie vor ihrem Schöpfer daliegt; ich wollte dann hintreten vor ihren Genius. »Nun kenne ich dich, Lügner, hast mich nicht getäuscht mit deinem Heucheln, mich nicht geblendet mit deinem Schein! Oh, sieh her! Ein Mensch, umgaukelt von dem gleißendsten Spiele deiner Falschheit, getroffen von den furchtbarsten Schlägen deines Hohns, doch ungebeugt, stark! Angst treffe dich, wo du dich birgst! Aus dem Tale der Menschheit tönt's zu dir herauf, zu deiner kalten einsamen Höhe! Begreifst du den unsäglichen Jammer, der sich da drunten durch Äonen zu Bergen gehäuft hat? Und auf ihren Gipfeln thronst du und lachst! Wie willst du dich einst vor dem Rächer verantworten, der du nicht einmal den Schmerz einer einzigen geängstigten Seele zu sühnen vermagst!!!

18. Juni

Ich war gestern zu erschöpft und zu ergriffen, als daß ich hätte weiterschreiben können. Nun hat meine wilde erregte Stimmung von gestern einer weit milderen Platz gemacht; mir ist zumute wie einem, dem nach langem Zorne die Tränen der Erleichterung ins Auge treten. Lieber Steiner! Sie wollen wissen, was ich die ganze Zeit her getrieben? Nur einige wenige Worte genügen. – Ich habe gegessen und getrunken, gewacht und geschlafen, geweint und gelacht, ich bin auf Bergen gestanden, wo der Odem Gottes weht, ich bin auf der Heide gewesen, und das Geläute der Herdeglokken hat mich in Träume gesungen. Doch meinem Geschick bin ich nicht entflohen; der Zweifel folgt mir auf allen Wegen; ich kann mich über nichts ganz freuen, und mein seligstes Lächeln begleiten Tränen. Nun lebe ich hier auf einer ungarischen Puszta, bei einer Familie, die mich auf den Sommer gemietet hat; ich habe den Knaben Klavierunterricht zu erteilen und hie und da die Familie in musikalische Begeisterung zu versetzen, da sitze ich nun wie eine Mücke

im Spinnennetz und zapple. Doch der Mohr tut seine Schuldigkeit. Doch wenn ich des Abends hinausgehe auf die Heide und einen Lindenbaum, der dort einsam steht, ersteige, und ich sehe von dem Wipfel meines Freundes in die Welt hinaus: vor meinen Augen zieht die Donau ihren altgewohnten Gang und in ihren Wellen flackert die Glut der untergehenden Sonne; hinter mir im Dorfe klingen die Abendglocken zusammen, die ein freundlicher Lufthauch zu mir hinüberträgt, und die Zweige des Baumes schaukeln im Wind hin und her, wiegen mich ein wie die Töchter des Erlkönigs, und die Blätter und Blüten meines Lieblings schmiegen sich dann zärtlich an meine Wangen. – Überall Ruhe! Heiligste Ruhe! Nur von fern her tönt der melancholische Ruf der Unke, die traurig im Rohre sitzt. –
Da ziehen die blassen Gestalten meines Lebens wie die Schatten längst vergangenen Glücks an mir vorüber, und in meinen Ohren erklingt das Lied der Sehnsucht wieder. – Und wir wandern wieder auf bekannten Gefilden zusammen, und dort steht der Leiermann und hält in seiner dürren Hand den Hut hin. Und in den verstimmten Tönen hör ich den Gruß Ernsts von Schwaben, und er kommt selbst hervor und breitet die Arme nach mir aus und wie ich hinsehe, ist's mein armer Bruder; Schleier senken sich herab, die Bilder und Töne werden blässer:
Aus dem grauen Meere tauchen zwei freundliche Namen auf: Morawan, Ronow. Und ich sehe Gärten und viele freundliche Menschen darin, und einen Baum, da steht ein Name eingegraben: Pauline. Und ein blauäugiges Mädchen beugt sich zur Seite – sie bricht mir lachend eine Traube vom Stock – meine Wangen werden bei der Erinnerung zum zweiten Male rot – ich sehe die zwei Augen, die mich einst zum Diebe gemacht hatten – und wieder sinkt alles zurück. – Nichts! – Dort erhebt sich nun der verhängnisvolle Regenschirm, und ich höre die prophetische Stimme, die mir aus

seinen Rippen und Eingeweiden, gleich einem römischen Auguren, Unglück weissagt. Plötzlich steigt ein Tisch aus dem Boden, an ihm eine gespenstische Gestalt, ganz in blaue Wolken eingehüllt: Es ist Melion, der den »großen Geist« besingt und ihn zugleich mit echtem »Dreikönig« räuchert! Und daneben sitzen wir wie zwei Ministranten, die zum ersten Male dem heiligen Amte dienen.
Und hinter uns schwebt grinsend, mit Piquetkarten bekleidet, ein Kobold, mit dem Angesichte Buxbaums, der uns mit furchtbarer Stimme, in der Melodie der Bertinischen Etüden zuruft: »Beuget euch! Auch diese Herrlichkeit wird verschwinden!« Ein Wolkenstrom Melions bedeckt die Szene, und die Wolken werden immer dichter und dichter, da plötzlich blickt, wie auf dem Raffaelschen Madonnenbild, ein Engelsköpfchen hervor, und unter ihm steht Ahasver mit seinen Leiden und möchte hinauf zu ihm in die selige erlösende Nähe, doch der Engel entschwebt lachend, und er starrt ihm in unermeßlichem Schmerze nach, dann nimmt er seinen Stock und ziehet weiter, ohne Tränen, ewig, unsterblich!
O meine vielgeliebte Erde, wann, ach wann nimmst du den Verlassenen in deinen Schoß; sieh! Die Menschen haben ihn fortgewiesen von sich, und er flieht hinweg von ihrem kalten Busen, dem herzlosen, zu dir, zu dir! Oh, nimm den Einsamen auf, den Ruhelosen, allewige Mutter!!

GUSTAV MAHLER

Salomon Kleiner: Gartenpalais Schwarzenberg.

Abends nach halb 8 Uhr zum erstenmale mit Wilhelm allein zum Stubenthore hinaus, Birnen gekauft und einsamer Spaziergang über die Glacis durch die schöne unendliche Allee mit den herrlichen Ansichten auf den Stephansturm und die Vorstädte mit ihren Palästen. Auf den Rasen der Glacis legten wir uns dem Schwarzenbergischen Palais gegenüber und lagen dort, bis es finster wurde.

JOSEPH VON EICHENDORFF

Heimweg

Nichts ist trauriger, als wenn man abends die glühende, leuchtende Innenstadt verlassen und wieder in die Vorstädte muß. Die langen Spaziergänge mit ihren sich am Horizont überkreuzenden Laternenzeilen gilt es zu überqueren; ein beständiger Wind läßt die Pappeln erzittern; stets hat man einen Bach oder einen Kanal mit dunklem Gewässer zu übersetzen, und allein der von allen Seiten kommende schauerliche Glockenton erinnert daran, daß man sich inmitten einer Stadt befindet. Sobald man bei den Vorstädten angelangt ist, glaubt man sich in einer anderen Welt, freier atmet sich's hier, denn dies ist der Ort eines guten, klugen und vergnügten Volkes; belebt und ruhig zugleich sind die Straßen; noch verkehrt mancher Wagen, doch kennt er nur ein Ziel: die Bälle und die Theater; Tanz- und Musiklärm erklingen bei jedem Schritt, und Gruppen froher Gesellen singen Opernchöre; Keller und Tavernen laden mit erleuchteten Schildern und seltsamen Transparenten; steierische Sängerinnen hört man hier, italienische Improvisateure dort; da ist ein Affen-Theater, dort einige Kraftmänner, dort wieder eine Sängerin von der Pariser Oper; ein mährischer Van-Amburg mit seinen Tieren; Gauklergruppen, – kurz: was wir in Paris nur zu den großen Festtagen kennen, wird hier den Tavernenbesuchern ohne Bezahlung geboten.

GÉRARD DE NERVAL

Der schlafende Wagen

Prinz Eugen, der edle Ritter,
dieses Schlachtenungewitter,
mußte trüb an sich erleiden
müden Alters Not und Weh.
Mit zwei adeligen Damen
spielt er nun, in Gottes Namen,
melancholisch und bescheiden
Mariage und Piquet.

Vor der Damen stillem Schlosse
wartet schläfrig die Karosse.
Wackelnd auf dem hohen Bocke
nicken Kutscher und Hatschier.
Schläfrig unterm Sternenhimmel
stehn zwei Isabellenschimmel,
mit dem goldnen Quastenstocke
pendelt gähnend der Portier.

Endlich ist das Spiel zu Ende,
und es küßt die Damenhände
höchst galant der alte Ritter,
zierlich wie ein jüngrer kaum.
In der Träume Land getragen
wird er sanft von seinem Wagen.
Bomben und Granatensplitter
sprühn durch seinen Schlachtentraum.

C. Weigel: Prinz Eugen von Savoyen.

Holpernd rollt die dunkle, schwere
Kutsche nach dem Belvedere.
Auf dem Bocke eingeschlafen
nickt der Lenker, stumm und träg',

Fest entschlummert sind die Diener –
durch das lust'ge Volk der Wiener,
ahnend den gewohnten Hafen,
ziehn die Rößlein flink den Weg.

Wie sie endlich mit der alten
Kutsche am Portale halten,
regt und rührt sich keine Seele,
alles schlummert fest und brav.
Sieh, da naht sich leise, leise
auf den Zeh'n das Volk im Kreise,
sorgend, daß kein Lärm bestehle
seines Lieblings Heldenschlaf.

Stumm umstand das Volk der Wiener
Prinz Eugen und seine Diener,
bis ein Schusterbube lachend
auf zwei Fingern schrillend pfiff.
Er bekam zwar eine Schelle,
doch sie tönte also helle,
daß der alte Held erwachend
jäh nach seinem Degen griff.

Salomon Kleiner: Stadtpalais des Prinzen Eugen.

Und er sah des Volkes Menge
in ehrfürchtigem Gedränge,
sah den Mond erfreulich blinken,
nirgends Wagnis noch Gefahr.
Mit Gequietsche und Gerutsche
schob sich schnell die alte Kutsche
durchs Portal. Ein freundlich Winken,
und der Prinz verschwunden war.

FRANZ KARL GINZKEY

Beim Heurigen

Hier schienen die sieben oder acht Nationen, die Wien ausmachen, zu beliebigem Vergnügen vereint. Am augenscheinlichsten war, daß man viel milden Rotwein, gemischt mit einem Weißwein älteren Jahrganges, trank. Wir nahmen einige Karaffen dieser Mischung zu uns, die keineswegs übel waren. Im Hintergrund des Saales, auf einer Art Estrade, wurden, in unbestimmter Sprache, Bänkelsängerlieder angestimmt; wer sie verstand, schien sich gut zu unterhalten. Der junge Mann, der ohne Begleitung gekommen war, nahm neben mir Platz, und da er, was hier sehr selten ist,

Moritz von Schwind: Franz Lachner, Franz Schubert und Eduard von Bauernfeld in Grinzing beim Heurigen.

sehr gut deutsch sprach, war mir sein Gespräch angenehm. Die Frau, mit der ich gekommen war, war völlig von dem Schauspiel in Anspruch genommen, das vor unseren Augen vor sich ging. Tatsächlich spielte man hinter dem Comptoir wirkliche Komödien. Vier oder fünf Sänger waren da, die hinaufstiegen, eine Szene spielten und in neuen Kostümen wieder auftauchten. Es waren vollständige Stücke, mit Chören und Couplets gemischt.

GÉRARD DE NERVAL

Sperl in floribus

Es war an einem jener wichtigen Tage, da »*Sperl in floribus*« an allen Straßenecken erglänzt. Der ganze Garten Sperls in der Leopoldstraße brennt dann mit tausend Lampen, alle Säle sind geöffnet, Strauß dirigiert die Tanzmusik, Leuchtkugeln fliegen, alle Sträucher werden lebendig. Jeder richtige Wiener steuert am Abend hinaus über die Ferdinandsbrücke, beim »Lampl« vorüber, links um die Ecke.
Es versammelt sich dort allerdings keine *haute volée*, es ist eine sehr gemischte Gesellschaft. Aber die Ingredienzien sind nicht zu verachten, und das Gebräu ist klassisch-wienerisch. Ein Abend und eine halbe Nacht beim Sperl ist, wenn er in aller Üppigkeit blüht, der Schlüssel zum Wiener sinnlichen Leben. Unter erleuchteten Bäumen und offenen Arkaden, die an den Seiten herumlaufen, sitzt Männlein bei Weiblein an zahllosen Tischen, ißt und trinkt, schwätzt, lacht und horcht zu. In der Mitte des Gartens ist das Orchester, von dem verführerische Sirenentöne kommen, die

neuen Walzer, der Ärger unserer gelehrten Musiker, die neuen Walzer, die gleich dem Stich einer Tarantel das junge Blut in Aufruhr bringen. In der Mitte des Gartens, bei jenem Orchester, steht der moderne Held Österreichs, *Napoléon autrichien,* der Musikdirektor Johann Strauß. Was den Franzosen die Napoleonischen Siege waren, das sind den Wienern die Straußschen Walzer. Wenn sie genügend Kanonen hätten, sie errichteten ihm beim Sperl eine Vendômesäule. Der Vater zeigt ihn seinem Kinde, die geliebte Wienerin ihrem fremden Freunde, der Gastfreund dem Reisenden: »Das ist Er!« – »Wer?« – »Er!« – Wie die Franzosen sagen: *»Voici l'homme!«*
Es lebt ein heiteres Volk in Österreich. Napoleon kostete den Franzosen viele Söhne und Brüder und Väter, ehe sie sagen konnten: *»Voici l'homme!«* Die Österreicher zahlen nur mit einigen Gulden und einigen Nächten. Dafür haben sie einen exotischen Vogel mit bunten Lockfedern für die Damen. Wenn auch nicht mit fanatischer Begeisterung, denn darnit geben sie sich nicht ab, so doch mit Entzücken sagen sie: »Das ist der Strauß!«
Er schlug gerade die Kaiserschlacht von Austerlitz, als wir ankamen. Mit dem Fiedelbogen wies er hinauf zum Himmel und die Geigen schrien: »Die Sonne geht auf!« Er dirigierte just seinen neuesten Deutschen! Alle Gesichter waren auf ihn gerichtet, es gab Augenblicke der Andacht. Man wird dich fragen, sagte ich mir, besonders die Tänzer und Mädchen zukünftiger Generationen werden dich fragen: »Wie sieht er aus, der Strauß?« Ich betrachtete ihn genau. Man dichtet immer, wenn man vor einer historischen Person steht. War das Aussehen Napoleons römisch-klassisch, ruhig und antik, und das des anderen großen südlichen Zauberers Paganini romantisch, hofmanneresque und klosterbrüderlich, so ist das des *maestro* Strauß afrikanisch-heißblütig, lebens- und sonnenscheintoll, zappelnd unruhig, modern

Der Gastgarten beim »Sperl«.

verwegen, unschön leidenschaftlich. Nun, das sind Adjektiva zum Auswählen.
Strauß sieht sehr dunkel aus. Sein Haar ist kraus, der Mund melodiös und unternehmend, die Nase abgestumpft. Man hat nur zu bedauern, daß er ein weißes Gesicht hat, sonst sieht er dem Mohrenkönig aus Morgenland, Balthasarius genannt, der zu Neujahr in katholischen Ländern umhergeht, sehr ähnlich. Unter dem höchst unseligen Herodes brachte dieser selige Balthasar dampfenden, sinnebefangenden Weihrauch nach Bethlehem. So ist es auch mit Strauß. Er verzaubert uns ebenfalls und treibt die bösen Teufel aus unseren Leibern, er befängt unsere Sinne mit dem süßen Taumel des modernen Exorzismus seiner Walzer.
Ekstatisch leitete er auch seine Tänze: die eigenen Gliedmaßen gehören ihm nicht mehr, wenn sein Walzerdonnerwetter losgeht. Der Fiedelbogen tanzt mit dem Arme und ist der leitende Kavalier seiner Dame, der Takt springt mit seinem

Fuße herum, und die Melodie schwenkt Champagnergläser in seinem Gesicht. Der ganze Vogel Strauß nimmt einen stürmischen Anlauf zum Fliegen, der Teufel ist los.
Und diese leidenschaftliche Prozedur nehmen die Wiener mit beispiellosem Enthusiasmus auf. Sie haben ein aufmerksames Gedächtnis für ihren Helden und seine Taten. In einem Potpourri, das er aufführte, waren einzelne seiner Walzergedanken zerstreut. Ein großes, gemischtes Publikum kannte das kleinste Straußsche Wort heraus und begrüßte jeden neuen Walzer mit donnerndem Jubel.
Es ist eine bedenkliche Macht in dieses Mannes Hand gegeben. Er mag es sein besonderes Glück nennen, daß man sich unter Musik alles mögliche denken kann, daß die Zensur sich mit den Walzern nicht zu schaffen macht und daß die Musik auf unmittelbarem Wege die Empfindungen anregt. Ich weiß nicht, was er außer Noten versteht, aber ich weiß, daß der Mann sehr viel Unheil anrichten könnte, wenn er Rousseausche Ideen geigte.
Die Wiener machten in einem Abende den ganzen *contrat social* mit ihm durch.
Gewissermaßen tun sie dies freilich beim Sperl. Denn eine Rehabilitation der Sinne geigt er wirklich. Er ist der Repräsentant des jungen Österreich, das gerade so gerne tanzt und küßt, wie es das alte getan. Wenn man das nicht glaubt, so steige man hinauf in die Sperlschen Säle, wo die bacchantische Lust ihren Ausdruck, ihre babylonische Völkersprache findet.
Ich war an eine Säule gelehnt und sah voll Staunen dem Treiben zu. Die Sperlschen Säle verwandelten sich mir in ein indisches Bajaderenhaus. Die nach Freuden schreienden Bekken wurden zusammengeschlagen, die Zimbeln lockten sehnsuchtsvoll, die großen Hörner klangen frohlockend. Die Mädchen drehten sich und lachten kußfreudig. Wie heiße Sonnenstrahlen hüpften sie mit ihrem blühenden Leben umher.

Es ist bemerkenswert, daß die österreichische Sinnlichkeit nie gemein aussieht. Sie ist naiv und keine Sünderin. Die dortige Lust ist die Sünde vor dem Sündenfalle. Der Baum der Erkenntnis hat noch keine Definition, kein Raffinement nötig gemacht.
Bunt wogt die Menge durcheinander, die Mädchen drängen sich warm und lachend zwischen den munteren Burschen hindurch, ihr heißer Atem spielte mir, dem fremden Säulenheiligen, wie der Duft südlicher Blumen um die Nase, ihre Arme drängten mich mitten ins Getümmel. Um Verzeihung bittet niemand. Beim Sperl will man keinen Pardon und gibt keinen.
Nun werden die Anstalten zum wirklichen Tanze gemacht. Um die zügellose Menge in Schranken zu weisen, wird ein großes Seil gespannt, durch das alles, was in der Mitte des Saales bleibt, von den eigentlichen Geschäftsleuten, den Tänzern, getrennt wird. Die Grenze ist aber schwankend und nachgiebig. Nur an den gleichmäßig wirbelnden Mädchenköpfen unterscheidet man den Tanzstrom. Bacchantisch wälzen sich die Paare durch alle zufälligen oder absichtlichen Hindernisse hindurch, die wilde Lust ist losgelassen, kein Gott hemmt sie, nicht einmal die Wärme, die still und eindringlich hin- und herwogt wie ein von Strauß angefachtes Feuer.
Charakteristisch ist der Anfang jedes Tanzes. Die Musik beginnt mit zitternden, nach vollem Ausströmen lechzenden Präludien. Sie klingen tragisch wie Glückseligkeit, die vom tiefsten Schmerz umklammert wird. Der Wiener legt sich sein Mädchen tief in den Arm, und sie wiegen sich auf das wunderlichste im Takt. Man hört noch eine ganze Weile diese langanhaltenden Brusttöne der Nachtigall, mit denen sie ihr Lied anhebt und die Zuhörer bezaubert, bis plötzlich ein schmetternder Triller hervorbricht, der eigentliche Tanz beginnt und die Paare sich in den Strudel der Fröhlichen stürzen.

All das könnte den Leser leicht zu dem Glauben verführen, er befinde sich in einer Kneipe. Dem ist aber keineswegs so. Bei glänzender Beleuchtung, in einem schönen hohen Saale ereignet sich das alles. Daneben laufen offene, freie Speisesäle hin, wo vornehme Bürger ihr Nachtmahl verzehren und harmlos dem Treiben zusehen.
Ich habe nie Exzesse dort erlebt. Das fatale Zauberwort des Nordens, »Branntwein«, fehlt, es fehlen die dumpf Trunkenen, die Sinnlosen. Der leichte österreichische Wein macht nur die Sinne bewußt – und die Wiener haben große Mägen, aber kleine Kehlen.
Die Feste dauern bis gegen Morgen. Da nimmt Österreichs musikalischer Held seine Geige und geht heim, um einige Stunden zu schlafen und von neuen Schlachtplänen und Walzermotiven für den nächsten Nachmittag in Hietzing zu träumen. Die heißen Paare stürzen sich in die warme Wiener Nachtluft hinaus, und das Kosten und Kichern verschwindet langsam nach allen Richtungen. Das ist Sperl in floribus.

HEINRICH LAUBE

Tanzsäle

In den Vorstädten war der beliebteste und schönste Saal auf der Wieden in der kleinen neuen Gasse, genannt »Die Neue Welt«, ein Ballort, welchen die besten Familien besuchten und der auch »Die Schöne Welt« betitelt wurde; ferner der Saal »Zum Mondschein« nächst der Karlskirche mit dem Beinamen der »Langaus-Saal«, weil dort nur »Langaus« getanzt wurde; dann der Saal »Zum schwarzen Bock« auf der

Lászlo von Frecskay:
Narrenabend des Wiener Männergesangvereines, 1880.

neuen Wieden, endlich der Saal der Fabrikanten »Zum Schaf« am Schottenfeld, schließlich der Sperlsaal in der Leopoldstadt, die Säle »Zum grünen Tor« in der Roßau und »Zur grünen Säule« auf der Landstraße. Der Mondschein- oder Langaus-Saal hat sich unsterblich gemacht durch die Sterblichkeit unter den jungen Leuten, die ihn besuchten und den »Langaus« tanzten. Es gehörte damals zum guten Ton, ein Tänzer von Bravour zu sein. Der »Langaus« erforderte die größte Bravour. Dieser schändliche Tanz stellte dem Tänzer die Aufgabe, sich mit seiner Tänzerin im rasenden Walzer von einer Ecke des Saales nach der entgegengesetzten zu drehen, bis etwa ein Lungenflügel gelähmt wurde oder ein Blutschlag eintrat. Wenn es nur bei einer Tour in diesem riesigen Saal geblieben wäre! Aber sechs-, achtmal mußte der Kreis, ohne zu rasten, beschrieben werden. Dabei gab es Menschen, die sich anheischig machten, zwölfmal in einem Atem die Langaustour auszuführen! Der Langaustanz wurde endlich polizeilich untersagt; die Musikanten, die ihn spielten, die Ballunternehmer, die ihn duldeten, kamen in Arrest, die Tänzer ins Spital.

ADOLF BÄUERLE

Das Leopoldstädter Theater

Das Leopoldstädter Theater in der Praterstraße wird von Marinelli dirigiert und ist der Sitz des Kasperle, der noch immer in Ehren und Würden ist und den die Wiener selbst auf dem Nationaltheater noch gerne sehen. Herr Marinelli ist durch den Kasperl reich geworden und befindet sich ganz wohl dabei, ihn nicht aus der Mode kommen zu lassen. Er lebt noch immer, der alte Kasperl La Roche. Es ist mir der sicherste Beweis für den Wiener Geschmack, daß die Bühne immer voll ist, und nicht bloß vom Pöbel, sondern von Herren und Damen aus den besten Ständen. Auch seine Opern hat Herr Marinelli und an Wenzel Müller einen allzeit fertigen Komponisten. Diese sind meistens nach dem Kasperle modifiziert, und die übrigen Stücke, die ohne ihn eines großen Reizes entbehren würden, lenken alle diesen Weg ein. Jedes dieser vorstädtischen Theater hat seinen wohlgerüsteten Dichter, der aus einem Ritterroman drei, vier Nachtstücke produziert, die dann als erster, zweiter, dritter Teil nacheinander gespielt werden; ja, fast jeder Schauspieler dieser Bühne würde es für eine Schande halten, wenn er nicht in 8 Tagen so ein Stück Arbeit fertigen könnte. Da sind Parodien, komische Trauerspiele, Gespenster- und Geister-

Das Theater in der Leopoldstadt, 1845.

geschichten und was die tolle Zeit nur irgend Tolles und Abenteuerliches ausheckt, und die Herren Hensler, Perinet, Giesecke, Schikaneder sind in Wien berühmte Namen.

ERNST MORITZ ARNDT

Aschenlied

In Wien 1832

Es ist halt so bestimmt,
Wie es der Mensch auch nimmt,
Die Welt könnt' nicht bestehn,
Wer kommt, muß wieder gehn.
Bringt uns die Zeit auch Glück,
Sie nimmt's gewiß zurück,
Drum sing' ich ganz timid
Halt auch mein Abschiedslied.
Ein' Aschen!

Wenzel Zinke: Die sogenannte Aschenszene aus Ferdinand Raimunds »Märchen aus der Feenwelt«.

Ich hab' im lieben Wien,
So oft ich auch erschien,
Stets Gutes nur erlebt,
Das freudig mich erhebt!
Mein Zweck war zwar nicht groß,
Vergnügen wollt' ich bloß,
Doch manchmal ist's nicht leicht,
Hätt' ich ihn doch erreicht!
Nur kein' Aschen.

FERDINAND RAIMUND

Das Josefstädter Theater

Das Josefstädter Theater ist unter aller Kritik. Die anderen haben noch einen Schatten von Kunst und bilden sich selbst noch was darauf ein; aber hier fehlt selbst unter den Spielern das Vertrauen, und sie bescheiden sich gern, ihre Obskurität zur Schau zu tragen und mit den erbärmlichsten Jämmerlichkeiten ihre Nacktheit einzugestehen. Dieses Josefstheater könnte man auch das Theater der Dilettanten nennen. Es soll nämlich der Fall sein, daß der Unternehmer in der Verlegenheit um eine Person irgendeine hübsche Kammerjungfer, einen gewandten Markör und Lakaien für einen Abend dingt, die die ersten erotischen Rollen spielen müssen. Von einigen meiner Bekannten weiß ich, daß sie aus Scherz wohl

An der Kasse des Josefstädter Theaters. Wiener Theaterzeitung 1844.

mal aufgetreten sind, um recht tolles Zeug und eine Komödie in der Komödie zu spielen.
Diese Theater sind besonders Rendezvous- und Tummelplätze der Huren, die man hier aus allen Klassen und nach allen Rubriken des Alters und der Preise sehen kann. Dies lockt dann eine Menge alter und junger Lecker her, auch Fürsten und Grafen nicht selten, die auf die Witterung ausgehen. Diese Sachen werden dann während des Stückes betrieben, und man hat die Lust, wenn es munter geht, ein Paar nach dem anderen abfliegen zu sehen, wie dies dann durch Worte, Winke oder Gesandtschaften in Ordnung gebracht wird. Oft gibt es auch lustige Prellereien und Foppereien, die den Neutralen ergötzen, und so hat man doch nie umsonst seinen halben Gulden ausgegeben, wenn man nur ein bißchen Gehirn und Lust, sich zu freuen, mitbringt.

ERNST MORITZ ARNDT

Das Burgtheater

Ich fühle mich ergriffen von diesem geregelten Gang der Geschäfte, von dieser voraussichtigen Beherrschung aller an einer solchen Anstalt vorkommenden Eventualitäten. Die Schauspieler fühlen sich geehrt durch ihre Stellung; sie sind stolz, da zu stehen, wo sie ihr Talent und die Gunst des Zufalls hinstellte. Das Gefühl, vor einem oft zahlreichen, immer aber gewählten und feinen Publikum, vor einer Kritik zu spielen, die gewohnt ist, ihnen unausgesetzte Aufmerksamkeit zu schenken, läßt sie ihre Kunst mit einer gewissen heiligen Verehrung üben. Nirgends habe ich im Wesen des Künstlers auf den Tag, wo er auftritt, so viel Freude, so viel Vorbereitung bemerkt. Die oberen Behörden sind selbst von Achtung vor den Darstellern, vor den Dichtern durchdrungen. Bei einer Bühne, die täglich Schauspiele gibt, kann es nicht fehlen, daß sie sich von den Talenten abhängig weiß.

Das alte Burgtheater.

Sie kann nicht, wenn Kassenebbe eintritt, zur Oper, nicht zu Ballett, zu Virtuosenkonzerten, nicht einmal zu lebenden Bildern, zu Possen greifen, sie muß sich stets in den Grenzen des gesetzten Dramas, selbst im Lustspiel in den Grenzen konventionellen Anstandes bewegen, und das macht diese Bühne zu einer wahren Arena des Talents, zu einer Appellation an die schaffenden Kräfte, einer einschmeichelnd überredenden Vertrauten der Dichter und der Künstler.

KARL FERDINAND GUTZKOW

Wiens Theater

Der Däne, welcher Deutschland bereiset, erkennt immer mehr, wenn er es nicht in der Heimath that, daß die dänische Bühne einen bedeutenden Rang einnimmt. Die meisten großen deutschen Theater besitzen wol jedes ein oder zwei ausgezeichnete Talente; aber die dänische Bühne hat deren viele, besitzt unendlich große Kräfte. Mehrere unserer Künstler und Künstlerinnen würden, wenn die dänische Sprache gleich der deutschen verbreitet wäre, eine europäische Berühmtheit erlangen. Unser Repertoir ist zugleich so reich an originellen Arbeiten, daß man mit diesen gut die Winterabende besetzen könnte, ohne zu Übersetzungen seine Zuflucht zu nehmen. Dieses geschieht natürlicherweise nicht und muß auch nicht geschehen. *Holberg, Oehlenschläger, Heiberg, Overskou* und *Hertz* bilden einen Fünfklee, welcher in der dramatischen Literatur als eine Palme unseres Landes prangt.

»Deutschland hat kein einziges Theater wie das Kopenhagener!« habe ich mehrere Landsleute sagen hören, und ich muß ihnen Recht geben, wenn sie *Wien* nicht mit unter Deutschlands Städte rechnen. Das Burgtheater in Wien steht eben so hoch wie das dänische, ja, in einzelnen Rücksichten höher, durch die Masse großer Talente, welche es besitzt, dieses Zusammenspiel, diese Natur. *Anschütz, Korn, Löwe, Carl La Roche, Wilhelmi, Fichtner* sind Künstler in der wahren Bedeutung des Wortes! Madame *Rettich*, Frau v. *Weissenthurn!* – Ja, das würde eine unendliche Namenreihe, wenn man auch nur die Vorzüglichsten herzählen wollte.

Wir müssen aber nicht vergessen hinzuzufügen, daß das Burgtheater den Vortheil hat, einzig nur für Lustspiel, Drama und Tragödien wirken und athmen zu können*; unser Theater im Gegentheil, da wir nur dieses einzige haben, muß außer jenen Schauspielarten, seine Kräfte zwischen der Oper, dem Vaudeville und dem Ballet theilen.

Das Hoftheater »nächst dem Kärnthner Thore« ist in Wien der Oper und dem Ballet geweiht. Während dieses meines Aufenthalts hörte ich keine deutsche, sondern nur eine italienische Oper, und zwar die vortrefflichste, die ich je gehört; es waren die Sänger *Napoleone Moriani, Badiali, Donzelli* und die Sängerin *Tadolini, Frezzolini* und *Schoberlechner!* – Ich wünschte wirklich, daß die Kopenhagner einmal eine solche italienische Oper hören möchten, sie würde und müßte hinreißen. Bis jetzt kannten sie noch keine, und hatten vor einigen Jahren sogar verachtet und übersehen, was

* Das Repertoire ist sehr abwechselnd und gut. Im Verlauf eines Monats gab man z. B. eine von Terenz' Komödien: »Die Brüder«, Gutzkow's »Werner«, Halm's »Griseldis« und »Der Adept«, Schiller's »Wilhelm Thell« und »Fiesco«, Jünger's »Er mengt sich in Alles«, Blum's »Ich bleibe ledig«, Goethes »Götz von Berlichingen« und »Die Geschwister«.

sie nicht kannten*. Der Bewohner des Nordens kann keine italienische Musik singen, vielleicht kam es daher, daß *»la gazza ladra«* bei uns ausgepfiffen wurde. Die Italiener müssen sie singen, sie müssen die Recitative vortragen! Es ist ein Leben, das von innen hervorströmt! Es ist, als müßten sich ihre Gedanken und ihre Rede im Gesang offenbaren, der ist ihre Sprache.

In den italienischen Städten erhält man nur zwei oder drei Opern während der ganzen Saison; auf dem Theater am Kärnthnerthore war große Abwechslung**; die neueste, welche ich hörte, war *»il Templario«* von *Nicolai;* die Chöre sind besonders hübsch, das Sujet ist dasselbe, welches *Marschner* behandelt hat, aber *Marschners* Composition ist gewiß weit vorzüglicher, und hat für mich nur den Fehler, daß die Recitative fehlen, diese, wie es mir scheint, müssen statt des Dialogs angewendet werden, welcher sonst störend zwischen die Musiknummern eintritt. In dem Reich der Töne muß Alles Musik sein!

Das Theater »nächst dem Kärnthnerthore«, hat außer der Oper auch das Ballet, aber obgleich hier eine große Bühne mit Pomp und Pracht ist, erträgt das Ballet doch nicht den Vergleich mit dem auf dem kopenhagner Theater; dieses erhebt sich in diesem Augenblick zu einer bedeutenden Höhe, und unsere Ballette übertreffen an Geschmack und Poesie alle diejenigen, welche ich in Deutschland und Italien zu sehen Gelegenheit gehabt habe. Natürlicherweise überbieten uns *Paris* und *Neapel* durch die Menge ihrer Tänzer und Pracht der Decorationen, aber nicht in der Composition.

* Erst nach meiner Heimkehr nach Kopenhagen traf bekanntlich die erste italienische Operngesellschaft hier ein.

** In wenigen Wochen wechselten hier die Opern: Norma, Gemma die Vergy, Otello, il Bravo, la figlia del Reggimento, Torquato Tasso, Lucrezia Borgia, il Templario etc. etc.

Das Kärntnertortheater von 1763–1868.

Als der Italiener *Galeotti* bei uns starb, trauerte die Muse des Tanzes; wer sollte *Galeottis* Stelle als Balletcompositeur ersetzen? – Keiner nahm seinen Platz ein; aber ein neuer wurde geboren, der, wie jedes wahre Genie, sich seine eigne Bahn brach; es ist *Bournonville*. Er ist ein wahrer Dichter, sein *Waldemar* ist ein großes mimisches Drama, von *Fröhlichs* genialer, malerischer Musik unterstützt, sein »Festen i Albano«* ist ein lyrisches Gedicht**.
Außer diesen beiden benannten k. k. Theatern hat *Wien* in den Vorstädten mehrere Volkstheater, wo der ehrliche Bürger sich über die Dialekte ergötzt, das Alltagsleben von der bengalischen Flamme der Poesie bestrahlt sieht. Der Nordländer muß mit den Wienern gelebt haben und das Volk

* Das Fest in Albano.
** Das Ballet »Toreadoren« (bei Toreador) habe ich nicht gesehen.

kennen, um recht das sehr Geniale zu würdigen, welches in diesen, oft skizzirten Stücken liegt.
Will man ein deutsches Theater in seinem besten Auftreten, will man deutsche dramatische Literatur kennen, sie kennen, ausgesprochen von der Rednerbühne, für die sie geschrieben wurde, dann muß man sich in *Wien* aufhalten, und man wird nicht, wie ich von Dänen gehört habe, sagen können: Es giebt keine deutsche Bühne, keine deutschdramatische Literatur! Die Vorstellung eines einzigen Abends auf dem Burgtheater kann uns von ersterem überzeugen, das Repertoire vertheidigt seine Sache, was letzteres betrifft. *Schröders* Lustspiel *»Der Ring«**, *Jüngers* »Er mengt sich in Alles«, ein Drama wie *Ifflands »Die Jäger«*, Tragödien, wie *Göthes »Egmont«* und *Schillers »Wilhelm Tell«*, sind frische und unverwelkliche Zweige in einer dramatischen Literatur; und unter den jüngern Männern, was für eine dramatische Kraft und Poesie spricht sich da nicht bei *Halm* und *Bauernfeld* aus, um nur diese zwei namhaft zu machen, die in *Wien* zu Hause gehören.
In Dänemark haben wir eine dramatische Dichtungsart, die die Wiener nicht besitzen, es sind die heibergschen Vaudevilles; aber wie große Wirkung diese auch, theils durch ihren eignen Werth, theils durch eine ausgezeichnete Darstellung in der Heimath machten, so glaube ich doch nicht, daß sie an Laune und poetischem Werth über eine Dichtungsart gestellt werden können, die die Wiener besonders haben und wir nicht, nämlich ihre Volkskomödien und namentlich *Raimunds*!

H. CHR. ANDERSEN

* Daß »Der Ring« nicht ursprünglich von Schröder ist, weiß ich, aber seine Bearbeitung, glaube ich, hat es zu seinem Werke gemacht.

Moritz von Schwind: Franz Lachners Abschiedskonzert in Wien.

Dort klingt Musik und Freude, dort geht die Schar der Spazierenden, hier ein angehender Selbstmörder, dort ein Jüngling, eben aus der Einsamkeit des Landes gekommen, dem sein Herz in diesem Gewirre vor Heimweh zerspringen möchte – und lustige Reiter jagen vorüber und lachen sich zu – indes entzündet sich sachte die Abendröte, und flammet von jenen Bergen herüber dem weiten Lande seinen Abschiedsgruß zu, und auch dem kleinen Pünktchen Wien. Und wenn die Oper ausgeklungen, und die Vorhänge der Theater gefallen, und die Wagen heimrollen, die Zecher die Schenken verlassen, so zünden sich die Sterne an und sehen nieder, und eine Nacht folgt wie die gestrige und ein Tag wie der heutige – und so schieben sie sich fort, einer gleich dem andern, und jeder so verschieden von dem andern, und so bauen sie im eigenen Treiben und Rollen freitätig und doch bewußtlos jenes rätselhafte Ding auf, das Schicksal, vor dem Reiche entstehen und vergehen, ohne es berechnen zu können, und das wir doch selber durch langsamen, tausendfältigen Beitrag an Tugenden und Lastern aufgerichtet haben. Nimm die Menschen und Bilder, wie sie kommen. Jetzt ein kleines, unbedeutendes Wesen, jetzt ein tiefer Mann voll Bedeutung; jetzt Scherz, jetzt Ernst, jetzt ein Einzelbild, jetzt in Gruppen und Massen – und alles dies zusammen malet dir dann zuletzt Geist und Bedeutung dieser Stadt in allem, was in ihr liegt, sei es Größe und Würde, sei es Lächerlichkeit und Torheit, sei es Güte und Fröhlichkeit. So, nun steige hinab, und trete an das nächste beste Individuum, und beachte es und studiere es, und werde gemach auch einer aus diesen allen, welche in Wien leben, und leben und sterben wollen nur in Wien.

ADALBERT STIFTER

6.
UND ES GING AUF MITTERNACHT ZU

»Der Mond über Dir, das Sternenheer, draußen die nächtigen Massen des Kahlenbergs, die flimmernden Vorstädte, der jählings tiefe Graben, und drinnen über dem Wipfelmeer des Gartens die prächtigen Fronten der Basteipaläste, mit ihren erleuchteten Fenstern, das Summen der Musik, der Stimmen – und dazu die Stimmen der Einsamkeit!«

WILLIBALD ALEXIS

Feuerwerk im Prater

Heute war ich im Prater, welches der Hydepark zu Wien ist. Wir trafen keine schöne Welt an, ob es zwar nicht an der Menge der Menschen fehlte. Der Prater ist ein Lustwald, der sich längs dem Donaustrome von der Spitze der Leopoldstadt an auf eine halbe Meile erstreckt. Anfänglich ist der Wald ziemlich licht. Weiterhin wird er dunkler, weniger bevölkert; und in der Tiefe lassen sich einige Hirsche und Rehe sehen. Da dieser Wald eine Halbinsel ist, so dünkt mich, könnte man die Vergnügungen unendlich durch Gondeln und Wasserfahrten vermehren, wenn die Wiener größere Liebhaber vom Wasser wären, als sie nicht sind.

Der Adel bedient sich dieser Promenade bloß für die Cours de Carosse. Der Pöbel schwimmt überall, wo Freßgelage sind, in seinem Element.

Wir blieben, bis das Feuerwerk begann. Es gibt deren zwei zu Wien: das deutsche und das welsche. Jeder Künstler hat seinen Anhang. Dieser Anhang bestehet aus Journalisten, Kunstrichtern und Kombattanten. Beide Parteien sind aufeinander so sehr erbittert und streiten mit so viel Wut, als ob es sich der Mühe verlohnte. Es ist der Streit der Kraniche und der Zwerge. Das heutige Stück trug den Titel: Die Belagerung. Es war der Deutsche, dem es zugehörte. Er hat ein ausschließendes Recht vor seinem Nebenbuhler, im Prater zu spielen, weil es Nationalschauspiel ist. Das Programm, welches der Künstler austeilen ließ, hebt mit einem Kompliment an seine Zuschauer an: weil er beobachtet hätte, daß sie das Knallen am meisten unterhielte, so würde er heute abend ein recht Hauptgetöse machen, um die Ehre ihres Beifalls zu gewinnen. Zu diesem Ende hätte er in Bereitschaft:

Bomben 200, Mordschläge 100, Kanonenschläge 80, Kartaunenschüsse 150, Pelotonfeuer 300, Schnurlaufer 48, Granatfässer 64, Schlagraketen 600, geladene Batterien 3. Der Mann hielt Wort: er machte mehr Getös als Werke.

WILHELM LUDWIG WEKHRLIN

Ein Poet?

Es war zu Mitte Februar und es ging auf Mitternacht. In den stolzen Zeitungspalast nah der Wiener Ringstraße war endlich für kurze Weile ein Schweigen eingekehrt. Das rastlose Leben verstummte, das ihn sonst stoßweise doch heftig bewegt. Aus den Fenstern des zweiten Stockwerkes, in dem sich die Redaktion befindet, brach noch ein einsames Lampenlicht in die Nebel und auf die öde Straße. Auch das erlosch. Die elektrischen Bogenlampen über der Einfahrt gossen ihr weißes, fast schrilles Licht über ein harrendes Zweigespann aus. Auf dem Bocke saß der Kutscher mit nikkendem Kopfe und bis zur Unkenntlichkeit eingemummelt, um sich vor dem rastlosen Winde zu schützen, der taumelnd und irre über der Großstadt dahinfuhr. Das Haustor stand offen, aber nur selten huschte jemand hinein oder trat heraus. Wer dieses mußte, der verhielt ein Weilchen schaudernd und kurzatmig, eh' er in die Winternacht mit ihrem wehenden, formlosen und frostigen Brodem sich wagte. Wenige Schritte, und ihn hatte das Dunkel verschlungen. In der Nachtredaktion selbst brannten noch alle Lampen. Eben war der Metteur mit einem Stück Manuskript fortgegangen; nun stand das Blatt und die Maschinen feierten, der letzten Nachrichten gewärtig, die ein spätes Telegramm oder ein säumiger Bote noch bringen konnten. In dem ziemlich großen Raume roch es muffig: nach Firnis, nach Öl und nach Druckerschwärze. Nur noch drei Personen waren darin anwesend. Der Nachtredakteur spielte zerstreut mit einer großen Schere; an einem Pulte saß im Frack ein Berichterstatter und feilte an seinem Ballbericht, den er offenbar gar nicht schön und farbig genug herausbekommen konnte. Endlich stand noch ein Mann, zum Fortgehen fertig, an einem Tischchen und überflog die jüngsten Depeschen, welche die Stunde gebracht hatte. Er sah dabei überlegt und überlegen aus, wie er so jedes Wort nach Wert und nach Gewichtigkeit abschätzte. Er war auch mit der letzten zu Ende gekommen; sorgfältig legte er das Blatt nieder und wandte sich zum Gehen. Da pochte es an die Türe: kräftig und dennoch ungleich, wie ängstlich. Der Schreibende sah auf; der Nachtredakteur klappte seine Schere hart zu. Die beiden blickten einander an, lächelten und sprachen in einem Atem: Also – der Bernhofer...

Der Eintretende, Joseph Bernhofer, blieb an der Schwelle stehen und sah ein Weilchen wie geblendet in das helle Licht. Ein Ausdruck von rührendem Behagen glitt vor der Wärme über sein verhärmtes Gesicht. Er war offenbar sehr kurzsichtig; und wie er so mit blinzelnden Augen säumte und dabei mit den Fingern an den Gläsern seiner verbogenen Brille herumwischte, schaute er verträumt und ärmlich aus, trotz der Sauberkeit seines Anzuges, der dennoch, bis auf die lichten Beinkleider, der Jahreszeit gemäß war. Er hielt sich schlecht, mit vornübergezogenen Schultern; sein Haar war unordentlich, in förmlichen Büscheln ergraut. Den linken Fuß schleppte er ein wenig, aber so, daß es mehr die Folge einer lässigen Angewöhnung als eines körperlichen Gebrechens erschien. Eine gewisse höfliche Schüchternheit lag über allem, was er begann; man findet sie nicht selten bei Menschen, die fast nur mit Leuten verkehrt haben, die über ihnen stehen, und die den Umgang mit Höheren doch nicht recht gewöhnen können – etwa bei von Natur bescheidenen Erziehern in adligen Häusern also. Und so näherte er sich dem Nachtredakteur und langte aus der Brusttasche seines Winterrockes sauber gelegt ein blaubeschriebenes Blatt Papier: »Ich bin so frei, noch einen Bericht zu bringen. Hoffentlich paßt es. Es ist ein Brand, Herr Doktor.«

»Ein Brand? Steht's jetzt noch dafür? Und hat ihn noch niemand gebracht?«

»Ich hoffe nicht. Es war vor kaum einer Stunde und ein ganz ansehnliches Feuer. Sie mußten mit der Dampfspritze ausrücken, und ein Löschmann wurde nicht unerheblich verletzt. Ich habe mich sehr beeilt, gerade auf dem Heimwege war ich, als die Flammen aufschlugen, und ich habe im Kaffeehaus alles aufs gewissenhafteste notiert. Hierher«, er versuchte ein bescheidenes Lächeln, »kam ich allerdings nicht sofort. Ich wußte, daß die Herren hier am längsten offen haben.« Und damit legte er seinen Bericht auf das Pult und machte seine Verbeugung, um sich zu empfehlen.

»Sie, Herr Bernhofer«, hörte er sich plötzlich anrufen.

Er zuckte zusammen, blieb nicht ohne eine gewisse Ängstlichkeit stehen. Der dritte – Dr. Ferdinand Wortmann seines Namens und erster Leitartikler des Blattes von Beruf – hatte den Bericht aufgenommen und trat nun damit in der Hand auf Bernhofer zu. Er war ein kleiner Mann, fast einen Kopf kleiner als der andere; aber man begriff in diesem Augenblicke die Scheu Bernhofers vor ihm. Bewußte Kraft stand gegen Müdigkeit. Er sah ungemein klug und sehr heftig aus. Die Brille hatte er hoch auf die Stirne geschoben und die tiefen Streifen, welche das Gestänge längs der Schläfen eingegraben hatte, leuchteten ganz rot. Seine raschen Augen funkelten, und die sehr schöne und bis auf den Ehering völlig schmucklose Hand fuhr über das kurzgeschorene

Haupthaar und glättete am spitzgehaltenen Bart. »Sie, Herr Bernhofer!« rief er dabei noch einmal, und seine Stimme hatte einen hellen und nicht unangenehmen Ton. Die beiden andern aber stießen sich an: »Es gibt etwas ...« und lächelten dabei.
»Herr Doktor wünschen?« fragte Bernhofer befangen.
»Sie haben da einen Bericht geliefert, Herr Bernhofer«, es lag eine gänzlich vernichtende Höflichkeit in jeder Silbe, »der ja soweit ganz vortrefflich sein mag. Er geht mich auch eigentlich nichts an und ich warf nur aus Neugierde und weil ich zufällig da war, einen Blick hinein; das Lokale«, er schüttelte es mit einer entschiedenen Bewegung von seinen Schultern, »das Lokale ist sonst durchaus nicht mein Ressort. Aber – auf eine Kleinigkeit haben Sie in Ihrer, sonst, wie bemerkt, vielleicht vortrefflichen Notiz vergessen – bitte: wo hat's gebrannt. Herr Bernhofer?«
»Aber steht das nicht darin?« stammelte Bernhofer ganz verdutzt... »Bei der Augartenbrücke, natürlich!«
»Erlauben Sie mir die Bemerkung: es ist gar nicht natürlich, daß es just bei der Augartenbrücke gebrannt hat. Und bei allem Scharfsinn, den Sie unseren Redakteuren zuzutrauen das Recht haben – und es ist dessen in der Tat ziemlich viel –, Sie dürfen doch nicht verlangen, daß sie das erraten. Also: bei der Augartenbrücke. Gestatten Sie, daß ich das vermerke und Sie an die erste journalistische Regel erinnere: Wo, wann, wie – so geht's in der Welt, wenn's beliebt.«
»Es ist unglaublich, Herr Doktor! Erlauben Sie ...« stotterte der andere.
Sein Widersacher winkte mit einer Handbewegung ab: »Nicht wahr, jetzt finden Sie es selber unglaublich. Sie schildern da den Brand, sehr schön, will ich Ihnen zugeben, sehr poetisch und in einer Novelle auch wirklich wirksam. Aber, Herr! Unserem Publikum haben Sie keine Novellen zu erzählen – vorläufig wenigstens nicht, und die zu beurteilen

wäre wieder nicht meine Sache. Unsere Leser wünschen alles zu wissen, was sich in der Welt begibt; aber nur die Tatsachen, Herr, merken Sie sich das, nichts als die Tatsachen!«

»Ich will mir's merken«, entgegnete Bernhofer demütig, »und man war auch bisher immer mit meinen Leistungen zufrieden, wie ich denn in Zeiten drängender Arbeit auch von der Redaktion aus verwendet wurde.«

»Man war«, unterbrach ihn Dr. Wortmann fast heftig, »ich weiß nicht, ob man's war. Und was heißt das überhaupt? Das heißt: man hat Ihre Notizen gedruckt, wenn sie brauchbar waren, und, wenn sie nichts taugten, hat man sie fortgeworfen. Gedruckt und mehr oder weniger redigiert; ich will in Ihrem Interesse hoffen, weniger. Aber gibt Ihnen das irgendein Recht oder einen Anspruch? Durchaus nicht. Bei einer Zeitung gibt es kein: war; da gibt es nur ein: ist! In ihrem eigensten Interesse muß sie das so halten. Verstehen Sie das? Wir leben vom Augenblicke, heißt das, und nur wer ihm auch im Augenblicke gut dienen kann, der darf mit uns leben und ist unser Mann: nur der!«

»Ich verstehe«, antwortete Bernhofer ganz leise. Ein starkes Rot flammte dabei auf seinem Gesichte und er atmete ruckweise und in Beschämung.

Dr. Wortmann setzte sich und sah langsam und prüfend an ihm auf: »Nicht wahr, Sie machen Verse oder Sie haben doch welche gemacht?«

»Ja!« hauchte der Reporter.

Ein vergnügliches Lächeln lag um den Mund des anderen; man sah, wie sehr er sich seiner Klugheit freute: »Ich habe nur den einen Bericht von Ihnen gelesen und ich wußt' es sofort. Und nicht wahr, Sie sind verheiratet, und zwar schon seit ziemlich langem?«

»Ja!« flüsterte der also Verhörte, »aber woher wissen Herr Doktor...«

Ein seelenvergnügtes Händereiben. »Man hat seine Augen und man hat seinen Verstand. Eines will ich Ihnen sagen: Sie sind ein unpraktischer Mensch; also machen Sie Verse und also sind Sie höchst wahrscheinlich verheiratet, und zwar, weil Sie arm sind. Ich weiß auch jetzt schon: Sie möchten mich in diesem Augenblicke am liebsten niederschlagen, und auch ich bin über Sie, den ich kaum kenne, eigentlich zornig. Sie hassen mich, weil ich Ihnen wehtue. Aber ich tu's nur, weil ich's mit Ihnen gut meine; weil Sie mir leid tun in Ihrer Dummheit. Jawohl, in Ihrer Dummheit!« Er dehnte die Worte, er kostete jede Silbe aus. »Sie haben ein Weib zu Hause in Not und denken an das und vergessen darüber das Wichtigste. Und Sie haben's nicht im Kopfe – und nur dort darf's bei einem Journalisten sitzen. – Sie haben's vielleicht im Herzen. Und das taugt nichts, Herr! Verstehen Sie mich wohl, das taugt nichts, gar nichts!«
Er war in seiner Erregung aufgesprungen, er deutete mit den Händen, seine Stimme überschlug sich und gellte. Und dennoch wirkte er nicht einen Augenblick lang komisch. Dazu war ihm offenbar die Sache zu ernst, die er hier vertreten zu müssen meinte: sein Blatt und sein Beruf; dafür war die Empörung zu ehrlich, die er offenbar vor dieser wie jeder Torheit empfand, die irgendwer auf dieser närrischen Welt beging. Er stellte keine an; gewiß, er hatte nichts in seinem Leben begangen, was er ungeschehen wünschen mußte. Ihm ging's gut, weil er klug war; und weil er dabei doch jedem das Beste gönnte, ereiferte er sich über allen Widersinn. Joseph Bernhofer empfand das genau; und vor dieser Erkenntnis schwand ihm der kurze, männliche Zorn, der sich in ihm zu heben begonnen; die Röte auf seinen Wangen wich, und er stand völlig fahl und farblos vor dem Zürnenden. Der bemerkte das und wurde weicher.
»Ich sagte Ihnen schon: ich mein' es gut mit Ihnen. Und darum rate ich Ihnen, Herr – nehmen Sie sich zusammen!

Oder noch besser: geben Sie das Geschäft auf, wenn Sie können. Sie sind ein gebildeter Mann; beginnen Sie etwas anderes! Sie können sich auch anders forthelfen, besser, menschenwürdiger. Eines, bei dem Sie sich nicht von jedem heruntermachen lassen müssen. Eines, bei dem Sie nur einen Herrn haben. Und nun«, er brach hastig und ruckweise ab, »gute Nacht, meine Herren!«, und behende und mit für seine Kleinheit großen Schritten wischte er aus der Stube. Man hörte die Türe zufallen; dann Stille.
Joseph Bernhofer stand immer noch auf demselben Flecke und starrte ins Leere. Er war so gänzlich niedergedonnert, daß der Spaß, den die anderen anfangs mit der Geschichte gehabt, bald einem tiefen und ehrlichen Mitleiden wich. Der Nachtredakteur nahm das also schlecht gemachte Blatt, in das Dr. Wortmanns Feder die nötigen Änderungen gemalt, an sich und gab es in recht nachdrücklicher Weise einem Setzerjungen, mit dem Ballbericht, der endlich doch fertig geworden war. Sein »Gute Nacht« klang warm und fast tröstend; bis zur Türe ging er mit Bernhofer und drückte ihm dort noch einmal die Hand. Der Berichterstatter aber nahm rasch seinen Winterrock um und eilte dem Mißhandelten nach. »Er hat's heute auch gar zu arg mit ihm getrieben«, flüsterte er. »Es geht aber auch wirklich zu schlecht mit dem Bernhofer. Er ist ein guter Mensch, er schreibt ein anständiges Deutsch, und er hat früher oft ganz schöne Sachen gehabt, so daß man sehen konnte, wieviel Mühe er sich gibt. Aber er vergißt jetzt immer irgend etwas.« – »Ich weiß nicht, was das mit ihm geworden ist«, wurde ihm zur Antwort. »Ich will ihm nach. Ich habe mich heute beinahe vor dem Wortmann gefürchtet. Wie erst er? Und wir wohnen nicht gar weit voneinander; ich will also mit ihm gehn.« Der Nachtredakteur nickte und nahm nachdenklicher als sonst seine gewohnte Beschäftigung wieder auf.
Wenige Schritte vom Hause – noch warf das elektrische

Licht seinen ungewissen Schein bis dahin – holte Fritz Grätzer seinen alten Schulbekannten ein. Er legte ihm die Hand auf die Schulter, und Bernhofer sah sich verstört und mit ängstlichem Mißtrauen um. Grätzer aber schob halb herablassend und halb gönnerhaft seinen Arm unter den des anderen: »Ich gehe noch ins Kaffeehaus; du kommst doch mit?« Bernhofer schüttelte verneinend den Kopf und hatte doch nicht die Kraft, ihm entschieden zu widersprechen; ärgerte sich über seine Schwäche und hatte hinwieder eine geheime Freude über die Einladung. So kamen sie zum Ring, der ganz ausgestorben dalag; nur ein letzter Pferdebahnwagen rollte heimwärts. Das Geklingel seiner Schellen läutete tröstlich durch die Stille, und die blaue Laterne leuchtete hell und freundlich, ehe sie langsam davonzog und verblich. Es roch nach dumpfem Rauch in der Welt und die Brust war beklemmt davon. So wallend zogen die Schwaden, daß man die gegenüberliegende Häuserreihe kaum mehr sah. Die Gasflammen brannten traurig, summend und mit rötlichem Licht. Man fühlte sich unsicher und ängstlich, selbst für die wenigen Schritte. Gespenstig tauchte ab und zu ein rascher Fiaker auf; und so waren sie froh, als sie endlich das Lokal erreicht hatten. Die Helle und die Wärme taten wohl, und Grätzer freute sich seiner Klugheit, daß er den Verstörten nicht allein und nicht unmittelbar hatte heimgehen lassen.
Die gastlichen Räume waren ziemlich gefüllt, aber nicht so stark besucht, daß es unangenehm geworden wäre. Der schwarze Frack und das Ballkleid überwogen; man sah so den Fasching und die Nähe eines beliebten Ballsaales. Es wurde viel und hell gelacht, viel und laut gesprochen. Die beiden nahmen an einem Tischchen in einer Fensternische Platz; Grätzer nicht, ohne zuvor einen prüfenden Blick in einen der Spiegel geworfen zu haben. Er war mit sich zufrieden und er konnte es sein: ein stattlicher Mann, mehr als mittelgroß, mit so kurzgehaltenem Bart, daß die rosige

Haut der Wangen durch das tiefe Schwarz durchleuchtete, wohlgenährt und tadellos gekleidet. Es ging ihm offenbar gut, so gut, daß er beinahe das Recht hatte, es für eine Beleidigung zu halten, wenn jemand die übliche Frage nach seinem Befinden an ihn stellte. Darüber mußte doch schon der erste Blick Aufschluß geben! Ihm schlug alles an; ihm gedieh's. Er durfte sich sogar schon den Luxus gönnen, irgendeinen armen Teufel zu bemitleiden. Das war sein einziger, und den leistete er sich gerne und häufig und auch dem gegenüber, der vor ihm saß und im vollen Lichte erst in seiner ganzen Dürftigkeit erschien. Vor ihm stand ein Glas Punsch; er umschloß es mit beiden Händen, um sie zu wärmen, und man sah so das mannigfache Netzwerk von Adern, die sich darauf verzweigten und so auf höhere Jahre hindeuteten, als Bernhofer eigentlich zählen konnte. Und seufzend rührte er dann mit einem Löffelchen das rötliche, stark und kräftig duftende Getränk um, seufzend hob er's an seine Lippen und tat einen schwachen Schluck. »Es ist eine unbillig große Ausgabe«, sprach er leise. »Ich gönne mir sie auch nicht oft. Heute sollt' ich's schon gar nicht. Aber, ich weiß nicht: ich hatte so sehr das Bedürfnis nach etwas Starkem, ich war so müde...«
Fritz Grätzer kostete gerade feinschmeckerisch den Kognak, den man ihm gebracht. Er nickte wohlwollend und befriedigend. »Du hast dir die Geschichte mit dem Wortmann zu sehr zu Herzen genommen. Eigentlich geht es ihn ja gar nichts an, was du bringst. Das ist Sache anderer.«
Bernhofer schüttelte den Kopf. »Er hat mir sehr weh getan. Aber – vielleicht am meisten dadurch, weil er so ganz recht hat. Jawohl, ich tauge nicht für das Geschäft; ich weiß es. Aber ich habe kein anderes, bei Gott! und ich möchte gerne eines. In ein Amt oder sonst wohin. Nur nehmen sie mich nirgends; und ich bin bald auch schon in Besorgnis, ich tauge in keines mehr. Ich bin das stille Sitzen nicht mehr ge-

wöhnt, noch die regelmäßige Arbeit. Das lernt sich schwer wieder von neuem.«
»Ja, aber zusammennehmen könntest du dich doch, Mensch!« rief der andere und saß dabei da, wie die gehaltene Kraft und das selbstbewußte Streben in Person. Bernhofer sah ihn an; irgendeine alte Erinnerung mußte ihm dabei durch den Kopf geschossen sein. Er lächelte fein, beinahe spöttisch und sah dabei wirklich klug und fast geistreich aus. Aber dies verirrte Licht schwand bald aus seinem Antlitz. Er langte in die Tasche und nahm ein fast völlig aufgebrauchtes Päckchen schlechten Tabaks heraus. Zerkrümelter Tabak, mehr schon Staub, bildete den Inhalt; er drehte sich davon eine Zigarette, verwahrte den Rest wiederum und sprach bekümmert: »Ich weiß das, ich sollte mich zusammennehmen. Aber ich kann nicht! Es ist so eigen«, er dämpfte seine Stimme, »es ist so eigen! Und der Dr. Wortmann hat's bei aller seiner Klugheit nicht recht begriffen. Ich sehe nicht zu wenig; ich sehe zu viel und ich denke mir dabei zu viel. Zum Beispiel: es ist ein Brand; und da steigen dir erst die Garben Funken aus dem Schornstein und dann kömmt der Rauch, dick, ungefüg und so ... so ... qualmend, und danach kömmt's erst rötlich, dann gelb – noch im Rauch – und endlich kömmt's dir fast weiß. Und dann: die Feuerwehr, das Signal – du hörst es durch alles Lärmen der Straße: mächtig, gebietend und so – so gewissermaßen beruhigend. Oder, es springt einer ins Wasser. Was hat ihn hineingetrieben? Und die Leute stehen am Ufer, schwatzen, kreischen durcheinander, laufen ihm nach. Endlich – die Rettungsgesellschaft: erst das schrille, jammernde Pfeifchen, der rasende, grüne Wagen. Und das alles möcht' ich in den Bericht bringen, das soll alles darin stehen; und das geht nicht, das geht nicht!« Er legte seine Zigarette vorsichtig weg und sog wieder andächtig an seinem Glase.
»Aber das kennt ja schon jeder!« entgegnete Grätzer überlegen.

»Ich kenn's ja auch«, und er lächelte wieder. »Und dennoch möcht' ich's schildern. Und das ist mein eines Unglück. Aber nicht das richtige. Das ist: ich bin so ganz vergeßlich. Ich hab' so einen Druck im Kopfe, hinten, ganz hinten, und der schreitet dir langsam vor und preßt dir die Stirne, daß du dich gar nicht mehr besinnen kannst. Mir ist immer, als habe ich noch was zu sagen, oder zu schreiben, oder zu tun, was wichtiger ist als alles sonst, und ich weiß das nicht. Es ist mir aus dem Gedächtnisse fort, fort und für immer weg, und ich such' danach. Das drückt hernach und wird von Tag zu Tag stärker und ärger.« Er fuhr sich mit der Hand durch das Haar und starrte so verloren vor sich hin, daß selbst Grätzer begriff, wie er in diesem Augenblick wieder nach dem wesenlosen Schemen suchte, der ihm so oft durch die Seele rauschte und verstob.

Er legte die Hände ineinander und ließ die Gelenke hart knacken. Und dann, noch immer bedächtig an seiner Zigarette ziehend, fragte er ganz unvermittelt: »Du hast doch Raimund Förster gekannt?«

»Ja!« gab Grätzer äußerst entschieden zur Antwort, und zerstörte damit einen höchst kunstvollen Ring, den er in die Luft geblasen. »Er war ein sehr begabter und tüchtiger Mensch, glaube ich. Was ist aus ihm geworden und wie kommst du gerade jetzt auf ihn?«

»Ein höchst tüchtiger und begabter Mensch. Ja. Immer der erste durch das ganze Troppauer Gymnasium. Und es ist auch nichts aus ihm geworden, das ›auch‹ geht natürlich auf mich«, schaltete er begütigend ein. »Er war gar zu arm von Hause und ist vor lauter Hunger nicht zum Studieren gekommen. Aber er war auch ein närrischer, ein ganz komischer Kerl. Da hatte er einen Dukaten, durch viele Jahre, ich glaube, es war sein Firmgulden oder ein Christgeschenk aus einer Stunde. Von dem hat er sich nicht getrennt, auch nicht, wenn es ihm noch so schlecht gegangen ist. Und einmal

treff' ich ihn am Stephansplatz vor einer Wechselstube, wie er auf und ab geht, ganz nachdenklich, ganz kämpfend und betrübt. Das nimmt mich also wunder, denn er war ein lustiger Bursch, wenn's ihm nur nicht gar zu schlecht gegangen ist oder wenn er nicht im Herzen das graue Elend gehabt hat, daß sich ihm so gar kein Vorwärtskommen, keine gute Stunde, kein Stipendium bieten wollte und er seinen Kummer vertrank – so billig wie möglich natürlich. Was treibst da, Förster? frag' ich ihn. Und er: Meinen Dukaten hab' ich verkauft. – Und warum bist du so traurig? Da legt er mir die Hand auf die Schulter – du weißt, er war Historiker und im Seminar ein Haupthahn – und gibt mir die Antwort: Bernhofer – heut hab' ich Napoleon an der Moskwa verstanden. Man opfert nicht so weit von der Heimat seine letzten Reserven, und dreht sich rasch um und verschwindet mir in einem Durchhaus zur alten Universität.«
»Und nun? Was hat das mit dir zu schaffen?«
»Das verstehst du nicht?« Er sann eine Weile nach und versuchte dabei, sich eine Zigarette zu drehen. Es ging nicht, soviel er auch auf den Staub hauchte, er wollte sich nicht mehr formen lassen, und das Papier riß immer wieder. »Ich hab's gut gemeint«, sprach er endlich, »ich hab' damit nach den Worten der Bibel tun wollen: Staub bist du und zu Asche sollst du werden. Ich muß mir's nämlich einteilen. Acht Kreuzer im Tage darf ich verrauchen. Hast du vielleicht eine Zigarette?« Grätzer hatte keine, aber seinen großmütigen Tag. Auch war die Neugierde seines Berufes in ihm rege geworden, und so ließ er welche bringen.
»Ich danke. Sie sind gut«, fuhr Bernhofer ganz vergnügt nach einer Weile fort, in der er den Rest seines Punsches ausgetrunken. »Aber – es wundert mich –, daß du das nicht begriffen hast, wie sich der meinetwegen schlechte Spaß vom Förster auf mich bezieht. Das ist doch sehr einfach und heißt so viel wie: wir verstehen, so klug wir uns halten mö-

gen, eigentlich doch alles erst, wenn wir's am eigenen Leib erfahren. Dem sein armseliger Dukaten – aber ich rede, als hätt' ich sie nur zu Haufen liegen! – also dem sein Dukaten und die alte Garde Napoleons waren für beide dasselbe. Und so – du weißt, ich war Mathematiker, aber ich habe überall herumgenascht – hab' ich mir viel Nachdenken gemacht über den Kampf zwischen Maschine und Handarbeit...«

»Derlei hat mich nie interessiert«, rief Grätzer dazwischen. Wieder das kluge, doch traurige Lächeln. »Du hast es eben nie nötig gehabt, dich um derlei zu kümmern. Du hattest etwas Zuschuß von Hause, hast rechtzeitig, nach Bismarck, deinen Beruf verfehlt, nahmst dich um nichts an, was dich nicht anging, und es ist dir dabei immer gutgegangen. Anders ich. Und so sag' ich dir: jetzt, seitdem er mir auf die Nägel brennt, versteh' ich den Kampf. Denn ich selber führe ihn. Die Zeitung ist eine Maschine, die Korrespondenzen sind Maschinen. Da arbeiten bei euch viele, alle für dasselbe: Neuigkeiten wollen sie bringen. Und dann hat jede Korrespondenz ihre Reporter, und jeder findet was und jeder nimmt mir was weg. Verdien' ich und erfahr' ich in gewöhnlichen Zeiten überhaupt was, dann ist es Zufall und reines Wunder. Das aber ist selten und wird immer seltener; und so läuft man denn Gass' auf und Gass' ab; so hat man keine Ruhe, nicht eine Minute lang, nicht zu Hause oder sonstwo, denn gerade in dem Augenblicke kann etwas geschehen, was sonst niemand weiß und was also viel trägt, und – dann hat man nichts davon als Kummer und Kränkung.« Seine Stimme brach; er schlug heftig an sein Glas: »Ich lasse mir noch einen Punsch bringen?« sagte er fragend.

»Wie du willst«, gab Grätzer großmütig zurück.

Sie mußten warten. Eine neue Gesellschaft kam. Eine brach auf. So war ein ziemliches Lärmen vom Schließen der Türen, von den Zurufen der Kellner, die alle um die Ankömmlinge oder um die Scheidenden bemüht waren. Endlich wurde der Punsch gebracht, und Bernhofer trank hastig davon. »Du mußt mich für keinen Lumpen oder Trinker halten«, sprach er entschuldigend, »aber ich habe heute fast noch nichts gegessen. Ich bin früh fort vom Hause und mir war immer, als jagte mich etwas. Jetzt – aber das tut besser!« er rieb sich die Hände.

»Fast noch nichts gegessen?« rief Grätzer, zum erstenmal wirklich bewegt. »Aber, das ist ja schrecklich! Und ist da nicht auch deine unbedachte Ehe daran schuld, wenn es dir, einem Menschen, der doch manches kann, so schlecht geht?«

Bernhofer schüttelte den Kopf. »Meine Ehe war keine unbedachte. Und meine Frau«, ein stilles friedliches Licht lag in seinen Augen, »mein liebes Weib ist brav und gut und auch zufrieden. Freilich, jetzt nicht mehr so, wie sie's einmal war. Mir kömmt manchmal vor, sie hat sich gegen früher verändert. Aber, das wäre kein Wunder, gar kein Wunder. Nun ja, wenn alles anders wird, wie es war, wenn's immer und immer schlechter wird, warum soll sie allein bleiben, wie sie war? Das wäre zuviel verlangt, und man muß nur gerecht sein – gerecht gegen das Leben und gerecht gegen sich.«

»Und wenn du's schon bist – was kömmt dabei heraus?«

»Mehr als du glaubst, Grätzer. Vor allem: du trägst leichter, was dir zustößt, wenn du dir sagst: addieren und subtrahieren; Böses und Gutes und immer eines vom anderen, darauf kömmt's an. Tu's nur gehörig, und die Rechnung wird stimmen.«

Fritz Grätzer fühlte das Bedürfnis, einen Scherz zu machen. »Aber besser ist es doch, man muß sich nicht auf Rechenkünste einlassen«, sagte er und lachte gehörig darüber.

Bernhofer lachte mit, aus Höflichkeit. »Es gibt solche, die es nicht müssen. Ich aber hab's lernen gemußt, und, obzwar

ich vom anderen auch weiß, ich kann dir sagen: ich bin jetzt 33 Jahre und es geht bei mir auf. Vielleicht bleibt noch ein bißchen Gutes für mich übrig, ich weiß es so genau nicht. Aber, ich kann dir's gestehen: ich habe viel Glück im Leben gehabt; viel Glück...«
Es zuckte um die Mundwinkel des anderen; aber er hielt an sich. »Und trotzdem geht es dir so schlecht?«
Bernhofer winkte ab. »Ich habe mich ja nicht beklagt. Auch ist das eine lange Geschichte.«
»Wir haben ja noch Zeit. Erzähle!«
Der Reporter hob sein Glas. Hinter ihnen war ein Zutrinken und ein Jubeln; und im gleichen Augenblicke, in dem die anderen miteinander anklangen, leerte er seine Neige. Dann fuhr er fort: »Es ist eine lange und eine ganz gewöhnliche Geschichte. Ich will sie knapp abtun und so ehrlich, wie man's nur kann. Ich habe zuviel Glück gehabt. Ich habe meine Eltern lange behalten, so lang, daß ich ihr Stolz war und bleiben konnte, denn ich war immer ein stiller Mensch und habe für mich viel gearbeitet. Ich bin nie auf den Kneipen gelegen, immer nur auf der Bibliothek, und habe gelesen, was mir dort unterkam. Und so haben sich meine Eltern über mich gefreut; und wenn einmal wo ein Gedicht von mir erschienen ist, so waren sie stolz und glücklich und haben geträumt, ich werde einmal mein Denkmal haben. Jedes haben sie ausgeschnitten und sauber auf ein blankes Blatt Papier in ein Büchlein geklebt; so hab ich's dann gefunden. Was aber sonst mit mir werden will, darum fragten sie nicht. Ich studierte ja immer und das mußte doch zu etwas führen. Ich glaube auch, sie haben immer etwas mystische Begriffe von meinem künftigen Beruf gehabt. Etwas hab' ich auch immer verdient; ich gab Stunden und hatte so mein Taschengeld. Endlich – ein kleines Vermögen war da; und so hätt' ich denn, meinten sie, mein Leben wohlbehütet fortspinnen können, solange es mir gefiel und mir bestimmt war.

Nun, sie sind gestorben. Beide ziemlich rasch hintereinander, im gleichen Monat. Ich kann dir gar nicht sagen, wie mir da war; aber ich habe seitdem Mitleid mit jedem verlaufenen Hund und mit einem Schoßhund gar, und ich füttere ihn, wenn ich kann. Man soll ein Kind nicht zu weich gewöhnen, hat meine Großmutter immer gesagt. Ich war zu weich gewöhnt. Ich wußte mit mir nichts anzufangen. Zum Lehramt taug' ich nicht. Es geht noch mit einem, wie man's in Privatstunden hat; und selbst da muß ich mich sehr zusammennehmen, damit der Junge nicht merkt, daß ich mich eigentlich vor ihm fürchte. Aber – viele Kinder sind mir schrecklich; da – entweder sie haben Angst vor mir oder sie machen sich lustig über mich. Keines von beiden soll sein. Und mir fehlt das Sichere, daß sie sofort spüren: da gibt's keinen Spaß, da heißt es folgen. Also, ich habe mein Probejahr gemacht und war sehr glücklich, als ich's hinter mir hatte. Aussicht auf eine Anstellung gab es bei meinem Fach so nicht. Und ich wurde und werde leicht verlegen, und ist mein Gedächtnis auch nicht so ganz willig. Auch war ich ja so sehr nicht aufs Verdienen angewiesen. Was mir meine Eltern hinterließen, das war genug für mich, und es hat mich oft gerührt, wenn ich so in ihren Büchern blätterte und sah, wie sie Monat für Monat etwas zurückgelegt haben – für den einzigen, und wie meine Mutter vorgesorgt hatte für alles nach ihrem besten Können. Ich glaube, ich sehe sie jetzt wieder; gehört hat sie kein Mensch, solange sie lebte. Ihre Tränen hat sie verschluckt, und gelacht hat sie nur ganz heimlich und in sich hinein; aber wer sie dabei sah, dem mußte ganz weich und froh ums Herz werden. Und so schöne Hände hatte sie und die sauberste Schrift, die man nur denken kann.

Jetzt aber war es schlimm. Ans Wirtshaus habe ich mich nicht gewöhnen können. Ja, solange ich manchmal, als Fest, hingekommen bin, da war's schön. Aber jetzt und täglich!

Mir war so traurig, und da hat sich keiner darum gekümmert. Sie lärmten und zechten, als wäre nicht einer da, der nicht lustig ist. Und das tut wehe. Verwandte habe ich keine und mit 24 Jahren so als Waisenknabe herumlaufen und jedem sein Elend vorweinen, das ist doch komisch.
Es hat aber im selben Haus, überm Gang, eine Witwe mit einer Tochter gewohnt. Ich habe das Mädchen manchmal gesehen; sie hat so was Helles an sich gehabt, daß es mir gefiel. Wir haben auch verkehrt, wie Nachbarsleute das müssen. Da kann eines den Schlüssel zur Wasserleitung nicht finden oder es braucht den zum Boden, der gerade bei der anderen Partei ist, kurz, es gibt schon immer Anlaß. Meine Mutter hat die beiden ganz gut können leiden und manchmal von ihnen gesprochen, und besonders hat sie das Mädchen gelobt. Und das hieß etwas; sie hat mit Lob sehr gespart. Weil ich aber meine Wohnung nicht beibehalten wollte – sie war mir zu groß und für mich allein auch zu teuer –, so steh' ich einmal im Haustor und schau' mir die Zettel an, damit ich nicht aus dem Hause fort muß, in dem ich mich so wohl gefühlt hatte. Und da hängt richtig einer, ganz orthographisch geschrieben, daß ein besserer Herr ein schönes Zimmer allenfalls mit ganzer Verpflegung bei gebildeter Familie haben könne. Es waren wirklich meine Nachbarsleute; ich tummele mich wieder hinauf, und wir machen's in aller Schnelligkeit ab. Sie waren auch in Trauer; der Sohn war ihnen gestorben. Ich habe sein Zimmer übernommen und bald mit ihnen gelebt, ganz wie wenn wir uns nahestünden.
Sie waren stille Leute, und sie haben also zu mir gepaßt. Besonders das Mädchen, die Helene; die war wie ein Schratt, wie so ein kleines Hausgeistchen, das alles tut und nur nicht will, daß man's dabei sieht oder darum lobt. Den ganzen Tag hat sie gearbeitet, und es war eine Freude, ihr zuzusehen, wenn sie gestickt hat. Unglaublich schnell war sie dabei; und im Haus ist nichts geblieben. Ich hab's bald heraus-

gehabt, daß sie die Arbeiten dann verkauft. So, und mit dem, was ich gezahlt habe, ist es im Haus ganz schön und glatt zusammengegangen. Ich wenigstens hätt' mir's nie besser gewünscht und«, er seufzte tief, »ich wollte nur, ich hätt' es noch einmal so gut im Leben, wie ich's damals gehabt. Wenn ich etwas fertiggeschrieben hatte und ich las es vor, dann hat sie hübsch und achtsam zugehört. Kurz, ich konnte sie nicht mehr wegdenken aus meinem Leben und...«

»Und so haben sie dich eingefangen«, ergänzte Fritz Grätzer roh und rücksichtslos.

Bernhofer sah ihn zornig an. »Eingefangen! Das ist ein häßliches und ich möchte fast sagen ein gemeines Wort. Aber du hast es nicht so gemeint, nicht wahr? Das Glück, das sie mit mir gemacht hat! Ein hübsches Mädchen und gebildet und eine Sparmeisterin – und was war ich? Ich hab' meine Dekrete gehabt und meine Zeugnisse – verhungern können wir damit; nicht den Stempel, der darauf klebt, haben sie mir noch getragen. Sie hätte leicht einen Besseren finden können. Aber – sie hat mich eben auch gern gehabt.«

»Du hast eines vergessen, Bernhofer. Du hattest Vermögen.«

Der andere wurde unruhig, begann zu stottern und nach Worten zu suchen: »Vermögen! Sie hat doch auch etwas gehabt! Nicht viel, aber immerhin, die Bettlerin war sie nicht, o nein, das ist sie nicht gewesen, die man vielleicht nur aus Mitleiden heiraten muß. Aber du willst mir weh tun; sonst nichts willst du mir tun, nur weh. Alle Leute haben's auf mich. Warum? Bin ich zuviel auf der Welt? Ich hab' dir nichts getan. Und wenn ich mir denke: sie sitzt zu Hause und härmt' sich und hat vielleicht nichts zum Brot und ich tue mir da gütlich und schlemme Punsch – dann muß sie sich noch solches nachsagen lassen, dann könnt' ich mich an mir vergreifen, Ja, das könnt' ich!« Und ganz unvermittelt und

hart ließ er den Kopf auf die Tischplatte aufschlagen und stöhnte dabei: »Ich fürcht' mich nach Haus zu gehen; ich fürcht' mich nach Haus zu gehen; ich fürcht' mich, bei Gott! vorm Nachhausgehen. O! das ist ein Leben!«
»Um Gottes willen! Du wirst doch keine Szene machen?« flüsterte ihm Grätzer zu.
Bernhofer sah ihn mit roten, schwimmenden Augen an. »Nein«, antwortete er und lächelte, »ich weiß auch noch, was sich gehört. Man macht an öffentlichen Orten keine Szenen. Man benimmt sich ordentlich und läßt seine Sorgen und seine Hunde draußen. Aber – gehen wir?«
Mit eigentümlichen und streitenden Empfindungen hatte Fritz Grätzer der Erzählung des Verkommenden gehorcht. Der tat ihm aufrichtig leid; aber das stieß in ihm die Überzeugung nicht um, daß es eigentlich auf der Welt kein Unglück gebe; daß zumeist dasjenige, was man so nennt, nichts als die Folge von Unverstand und Übereilung sei. Mehr, ihm weckte das Elend des Genossen selbst einen dumpfen und unbestimmten Kitzel; er sah, wie schlimm es einem gehen konnte und somit auch, wie gut es ihm geworden war, der nun in behaglichen Verhältnissen lebte und eine schöne Zukunft vor sich hatte. Auch war er begierig, noch mehr zu vernehmen; das waren Bruchstücke und über das Entscheidende, darüber, wie es eigentlich so weit gekommen war, gaben sie keinen Aufschluß. Aber er wollte nicht fragen. Jede Frage schließt eine gewisse Verpflichtung ein, und auf dem Heimwege mochte noch manches aus der gequälten Seele Bernhofers sich losreißen. So zahlte er denn seine Zeche, und Bernhofer schaute ihm neugierig und hoffend zu. Als sich aber Grätzer ruhig anzukleiden begann, da wallte etwas wie Haß in dem armen Teufel auf. Wollte er sich bitten lassen? Nein, die Freude sollte er nicht haben! Und so suchte er denn sein weniges Geld zusammen. Es reichte gerade; und als sich Grätzer umwendete und, wie sich besin-

nend, sagte: »Die Zigaretten…« da wehrte er mit zitternder Hand und bebenden Lippen ab: »Nein, nein, alles!«
Es ist vielleicht das zur Nachtzeit düsterste Stück der Ringstraße von Wien, dem vorüber die beiden nach Hause schritten. Ihm zur Rechten lag verworren und schwarz die Fläche des Stadtparkes mit dem gedehnten und eintönigen Gegitter davor; ihnen zur Linken ragten, nunmehr eine graue und wenig gegliederte Masse, die stolzen Paläste des Parkrings. Ab und zu durchbrach ihre Reihen eine Gasse, um ins Geheime zu verrinnen. Dann am Eingange zum dritten Bezirke vorbei; vom Bahndamm, der dorten die Straße überspannt, klang ein dumpfes Brausen und ein fernes Klirren herüber, so unbestimmt, daß man nicht wußte, war es ein Nachtgeräusch, das der Wind da herantrug, oder wälzte sich wirklich ein Zug ins Weite.
Ab und zu begegnete ihnen ein Nachtschwärmer; dann kam das traurige Exerzierfeld vor der Franz-Josephs-Kaserne, das einen Eindruck ungeheurer Größe machte; dahinter massig und drohend, mit Terrassen, mit Freitreppen, mit Vorsprüngen, in denen sich die Finsternis eingehaust hatte, der riesenhafte Bau selber. Endlich und heller die Aspernbrücke mit den schildhaltenden Löwen davor und dem Strom, der sehr seicht und unruhig dahinfloß und von dessen Fläche Eisschollen weißlich heraufblinkten. Hier blieb Bernhofer stehen und deutete auf das Gewässer: »Hier hab' ich meinen ersten Bericht gefunden. Ich wollte, ich hätt's nie. Aber es war ein schöner Fall, und alle Blätter brachten die Geschichte ganz so, wie ich sie niedergeschrieben, und ich war damals auch glücklich und meinte, nun wär' ich endlich auf etwas gestoßen, wovon ich und mein Weib leben könnten. Zumeist ihretwegen freute ich mich so; ich hätt' es so gern gehabt, wenn ihr endlich bessere Zeiten gekommen wären!«
»Ja, aber wie seid ihr dann so heruntergekommen, wenn ihr doch Vermögen hattet? Schlechte Wirtschaft, was?«

»Wie? Das ist doch ganz einfach! Wenn's so reicht, daß es eben nur so lange ausgeht, als nichts geschieht, dann kann es einmal nicht ausgehen. Denn etwas geschieht immer – das ist ja eben das Leben. Da ist meine Schwiegermutter gestorben; ihre Pension hat aufgehört, ihre Krankheit gekostet, und der erste Gulden, den man vom Kapital nimmt, der reißt den zweiten mit, und so geht's weiter. Dann ist kein Halten mehr. Sie ist auch zur rechten Zeit fort; sie hat uns noch glücklich, so glücklich gesehen, daß ich sagen muß: ich und für mich bereu's keine Stunde, daß ich geheiratet habe. Dann sind Kinder gekommen; sie sind fort, gottlob, sie sind fort! Aber, was die kosten, was die kosten! Und wenn man sie dann doch nicht behalten kann – das tut doppelt weh! Und die Frau war mir lange krank nach dem zweiten, und ich habe da das Herz nicht, zu sparen, wenn es vielleicht ums Leben geht. Und man sieht so langsam, wie man sich aufißt, ganz unmerklich, und kann berechnen, wie lang das noch vorhalten wird, was man noch besitzt: Monate, Wochen, Tage. Und man sucht nach einer Stellung oder nur nach Stunden und gibt wieder Geld aus: für Inserate, für Vermittler; denn man wird dumm, man verliert den Kopf, wenn man das Elend so kommen sieht, so langsam, so Schritt für Schritt, immer näher, immer näher. Und auf einmal steht's vor einem und starrt einem ins Gesicht: voll, ruhig und mit gläsernen Augen. Ah!« er schrie auf in Pein. »Und dann kömmt's, daß man auf der Straße steht. Der Wind pfeift um einen, als wär' man ihn gewöhnt von Jugend auf. Und wenn du dann einen Erwerb suchst und die Leute merken, daß du darauf anstehst, so tun sie rein, als wenn sie Gnaden austeilten, wenn sie dich überhaupt einen Kreuzer verdienen lassen, und drücken und zwacken dich, daß du schreien möchtest. Und anfangs war ich noch stolz und hatte so mein Gefühl, daß ich immer noch besser sei als die, welche so an mir herumhudelten. Aber – man wird irr' an allem, man wird froh mit allem, was sich nur findet, man duckt sich in alles, nur damit einem nicht das Stückchen Brot wieder aus der Hand fällt, das man kaum gefunden hat. O! sie bekommen einen schon klein, man wehre sich, so stark man nur immer will, und wann sie das erst haben, was sie wollten, dann lassen sie's einen schon spüren. Duck' unter, arme Seele, duck' unter und gib das letzte bißchen Selbstvertrauen auf und leist' Besseres als früher oder laß dich schurigeln, wenn du was von uns willst«, immer schlug das Erinnern an die Kränkung durch, die er kaum erduldet, »und vergiß, was war und was du wolltest. Aber – vielleicht, wenn ich erst tot bin, wird man doch einsehen, ich hätte es besser verdient und leicht Höheres leisten können, als die alle, welche so auf mich herabgesehen haben. Vielleicht, vielleicht! Und das drückt auf mich und nimmt mir die Besinnung und macht mich so vergessen und krank, wie ich bin, und wenn ich nichts tauge, ich bin nicht mehr schuld daran.«

Es war unbehaglich für Fritz Grätzer, so neben dem verstörten Menschen zu stehen, der unablässig in das Drängen und Treiben der Schollen hinabsah, und er wandte sich ab und schritt schneller. Bernhofer aber ging neben ihm und sprach weiter, Hülle nach Hülle von seiner zerrütteten Seele reißend, im dunklen, doch übermächtigen Gefühl, einem, und sei es auch dem teilnahmlosesten Menschen, müsse er die tiefen und ungezählten Wunden zeigen, aus denen sein Leben Tropfen um Tropfen sickernd, doch ungehemmt, verrieselte.

»Ohnedies, es geht mir so immer im Kopfe herum: mit einem Selbstmorde habe ich meine Tätigkeit als Journalist eingeleitet. Das hat etwas zu bedeuten. Das war nicht umsonst so. Aber mein Weib! Und ich weiß bestimmt, sie ist noch wach und stickt noch fort, bis ich nach Hause komme, damit sie doch nach ihren Kräften etwas verdient. Und dann

lügt sie mir vor: sie kann nicht schlafen, ehe sie mich nicht zu Hause weiß; und sie klagt nicht und sie weint nicht und sie spricht nichts über unser Elend. Und das halt' ich nicht aus und das vertrag' ich nicht; denn das geht gegen die Natur. Obendrein – sie ist noch stolz auf mich; und wie das sein kann, bei so viel Herzeleid, in das ich sie gebracht hab', und wie sie immer noch achtgeben mag auf mich, daß ich nicht gar zu heruntergekommen ausschau', das ist mir wieder ein Rätsel. Und wie das alles endigen wird und was dann wird, das beschäftigt mich immer. Dann sollen mir meine Notizen geraten! Und dann soll ich nicht immer irgend etwas vergessen! Zuviel im Kopf und zuviel im Herzen; und nicht einmal den Mut zu einer Aussprache, wenn die, welche eigentlich noch mehr leidet, als ich, nicht einmal murrt! Tät's sie nur einmal und ich wüßte, was geschehen muß. Wär' ich nur fromm! Sie ist's und ich glaube, das hilft ihr in vielem. Aber ich bin's nicht; ich war's nie und wie könnt' ich's jetzt sein?«
Grätzer hatte das Empfinden, etwas sagen zu müssen. »Daß sich doch auch niemand findet, der sich deiner annimmt!«
»Und du? Der du dich immer deiner hohen Verbindungen rühmst und mir gegenüber den alten Freund spielst, tust du's denn? Würdest du denn nur ein Wort für mich sprechen?« schoß es durch Bernhofers Kopf. Aber er war kein Freund von Vorwürfen. »Es tut's eben keiner. Und wozu?« antwortete er einfach und ergeben.
Sie machten halt. Fritz Grätzer zog die Glocke am Haustor. »Gute Nacht; man muß nicht gleich verzagen«, sprach er mit seiner wohlgeölten und etwas näselnden Stimme und verschwand hastig im Flur. Drinnen mäßigte er seine Schritte und stieg langsam die breiten und bequemen Stufen empor, die ins zweite Stockwerk und zu seiner Wohnung führten. Halbwegs oben blieb er stehen und schwankte sogar eine kurze Weile, ob er nicht doch umkehren solle. Ein

Gedanke zog ihm durch die Brust: so wie Bernhofer eben zu ihm gesprochen, so redet nur ein Verzweifelnder, einer, der mit dem Leben abgeschlossen hat und es noch einmal überschaut. Aber – er schlug sich das aus dem Sinn. Was konnte er denn selbst im schlimmsten Falle noch tun? Wer weiß, wo der schon war, und endlich, in wenigen Stunden mußte man ja Näheres erfahren haben. Wozu also sich unnütz aufregen und in Auslagen stürzen? Und so setzte er seinen Weg gemächlich fort.

Auf der Straße aber weilte noch immer Bernhofer. Eine dumpfe Betäubung hatte ihn nach den Aufregungen der letzten Stunden überkommen. Er sah sich um und fand sich in einer fremden Gegend; die Nacht narrte ihn, und durch ein Winkelwerk von Gassen fühlte er sich beirrt. Und mühsam und suchend strebte er dem Strome zu. Er war weit von seiner Behausung und mußte nun doch heimkehren, so sehr er sich davor gefürchtet. Mit ungleichen, aber raschen und fördernden Tritten ging er längs des Wassers und sah auf das Eis, das sich manchmal staute. Dann knirschten die Blöcke vernehmlich, rieben sich aneinander, ehe sie sich nach einer Weile wieder mit leisem, mahlendem Geräusche weiterschoben. Ihn zog ihr Spiel übermächtig an. Dazu fielen Lichtstreifen in die dunkle Flut, liefen über die schneebedeckten Böschungen und teilten das Gewässer in schwarze, hellgesäumte Felder; wechselnd leuchteten die Schollen fast farbig auf, wenn sie so ins Licht trieben und abwärts weiter trifteten. Er blieb einmal sogar stehen, um dies Spiel besser zu beschauen. Plötzlich wandte er sich; ihm war ein Schauer durch die Seele gelaufen, zuckend, unwiderstehlich. Ihm fiel der Aberglauben ein: wem das grundlos geschieht, der ist in diesem Augenblicke über sein Grab geschritten. Aber nein – *den* Tod nicht. Ein schwarzer Gedanke, der bis dahin im tiefsten Grunde seiner Seele in sich gekauert gewesen, erhob sich machtvoll und überschattete Bernhofers ganzes Sein...

Er sah nach der Uhr – einer wertvollen, altertümlichen Uhr, die er sich bisher erhalten hatte, die das letzte Erbstück seiner Eltern war, das sich noch in seinen Händen fand. Sonderbar; ihm kam's dabei, daß sein Weib sie verkaufen könne, wofern er etwa – er deutete sich's so – unversehens stürbe. Denn es war eigen und es befremdete ihn, wie sich ihm alle seine Gedanken plötzlich auf den Tod bezogen. Und inmitten dieser Erwägungen, so unklar, daß sie nur ein unfaßliches Schattenspiel, durch sein vom Punsch und von Erinnerungen an seine Leiden erhitztes Gehirn huschten, kam ihm ein Zorn über sich selbst, daß er seine Seele und sein Grämen vor solch einem windigen Gesellen ausgeschüttet hatte, den er nicht mochte, noch je gemocht. Warum nur? Er betraf sich plötzlich auf einem Grunde, der seine Wangen mit starker Schamröte färbte. Nein, das war doch nicht möglich... Er konnte nicht so tief gesunken sein, sein Geheimstes einem ihm widerwärtigen Menschen zu offenbaren, nur damit ihn der – zechfrei halte. Es war widersinnig, toll; und dennoch preßte er die Stirne in beide Hände, als könne er so das Hämmern in seinen Schläfen niederzwingen, dennoch keuchte er und rang nach Luft. Und ein Haß gegen jenen, vor dem er sich nutzlos so ungeheuerlich erniedrigt und gegen sich selbst, wachte in ihm auf. Dazu aber schnob ein herber Wind, der sich kaum aufgemacht, stromabwärts und stetig ihm entgegen. Der fegte die Nebel fort; man sah weithin die lichterhellen Bogen der Brücken über die finstere Donau gespannt; er sah Dirnen, die aus einem Bezirke in den anderen wechselten – ihm fiel, er wußte nicht wie, das Jägerwort ein. Eine davon trat ihm hart und frech in den Weg, schaute ihm unter den Hut, lachte und wendete sich mit einem kurzen Pfiff. Sonst war ihm eine solche Begegnung immer ein Ekel gewesen; an jenem Tage war er weich und wehleidig. Immer den Fluß aufwärts ging er; noch an zwei Brücken vorbei; einer anderen

Kaserne vorüber, deren roter Ziegelbau mit seinen Zinnen und Türmchen phantastisch in das Dunkel stach. Die hohen Häuser jenseits des Donaukanals waren verschwunden, man sah fast keine Gebäude mehr. Dann kamen Holzplätze nach Holzplatz; ihr scharfer Geruch füllte die Luft. Endlich war er zu Hause; er trat, bevor er die Stiege erklomm, in den Hofraum und lugte aufwärts. Turmhoch überm Pflaster wachte noch ein Licht. Er sah dazu auf und seufzte.
Müde, aber ohne Spur von Schläfrigkeit kam er oben an. Im Vorzimmer legte er vorsichtig die Schuhe ab, um die Leute nicht zu wecken, von denen sie ein Zimmer zu Untermiete hatten. Sein Weib war noch wach; sie kam ihm bis zur Tür entgegen, und sie begrüßte ihn mit einem Kusse, wie ihn Gewohnheit in der Maske der Herzlichkeit gibt und empfängt. Das Bett war aufgemacht und sauber und wohlgehalten; auch ein Ruhebett war schon für die Nacht hergerichtet. Aber die Stube war sehr kahl; man roch den schweren Dunst der Petroleumlampe, die möglichst tief niedergedreht worden war. Der Raum erschien groß, so wenig er eigentlich für zweie genügen mochte; ein Schönheitssinn, der allenthalben an der Unzulänglichkeit seiner Mittel krankte, hatte an seinen Wänden und an den Fenstern herum geschmückt. Er setzte sich an den Tisch, und sie stellte wortlos einen Teller mit etwas Essen vor ihn hin. Der Stickrahmen mit einer fast fertigen Arbeit lag auf ihrem Schoß; schweigend sah sie ihm zu. Ihm aber war, als glömme ein unruhiges, hungriges Licht in ihren Augen, die sonst sehr schön, still und braun waren. Sie hatte sich's schon zur Nachtruhe bequem gemacht; in allem, wie sie sich benahm, war Ruhe, eine gewisse Sicherheit und Anmut, aber auch eine lasse Müdigkeit, die schlecht zu ihren gewellten, glänzenden und eigenwilligen Haaren und der unversieglichen Lebenslust paßte, bis auf dem Grunde ihrer Augen schlief und träumte.
Er schob mit einer fast heftigen Gebärde den Teller von sich. »Ich mag nicht mehr. Hast du schon gegessen?«

Sie lächelte unmerklich und wurde viel hübscher dabei, gewann einen Abglanz ihrer Jugend wieder. »Natürlich? Ich konnte doch nicht warten! Weiß ich denn, wann du in die Wolfsaugasse kömmst?«
»Und du hast bis jetzt gestickt?«
»Nicht immer. Ich muß freilich dazusehen, daß ich etwas verdiene. Aber dazwischen hab' ich gelesen. Auch in deinen Sachen, Joseph.«
»Nun, haben sie dir gefallen?«
Sie sah ihn ruhig und schlicht an. »Du weißt ja – ich hab' sie lieb. Und es ist etwas darin, was mir so ans Herz greift. So ein Dämmern, so ein Klingen; ich hab's gern. Mich ergreift's, es ist mir so, wie der Zug der Wolken; jetzt haben sie Form und, sieht man zu, so haben sie wieder keine. Und ich weiß auch: dein Herz hängt an den Sachen und ist in ihnen. Dein gutes Herz, das sich ausklagt!«
»Ausklagt – und kein Ohr hört darauf«, stöhnte er tonlos.
»Man wird's schon noch. Nur Geduld!«
»Das glaubst du selber nicht mehr«, kam's jäh zurück.
Sie zuckte zusammen, blinzelte zu ihm hinüber, und Tränen schossen ihr in die Augen. »Aber Joseph!«
»Ja, du glaubst es nicht mehr. Ich glaub's nicht mehr. Aber – wir belügen uns. Es geht uns so schlecht, daß wir Komödie mit uns spielen, damit wir nicht gar zu sehr haltlos sind und nicht völlig aneinander verzagen. Aber das hilft nichts, und es geht nicht mehr. Wir haben kein Vertrauen mehr...«
Sie sah ihn entsetzt an: »Aber das wäre ja schrecklich. Du hast wieder nichts gefunden heute? Es ist dir wieder schlechtgegangen?«
»Wie immer«, antwortete er bitter, »und so wird's fortgehen. Bis zum Ende...«
»Aber Joseph... Man muß... Man muß doch...«
Ihm gefiel seine Unerbittlichkeit. »Man muß wahr sein und die Augen offenhalten...«

Sie fuhr sich mit dem Handrücken über die Stirne: »Man muß auch an Gott denken. Freilich, mir kömmt vor, er hat uns vergessen oder ich bin ihm unleidlich geworden, weil ich gar zu oft und gar zu inständig komme. Aber ich kann's kaum mehr erwarten, daß es besser wird, ich kann nicht, ich kann nicht!«

Da war's! Die Klage, die er zu hören gewünscht, da quoll sie heiß und ungestüm aus ihrem Tiefsten! Sie aber fuhr fort: »Und bekämst du nur eine Stelle! Und wär's die kleinste, nur als Schreiber! Ich hätte nie gedacht, daß ich so etwas für dich wünschen müßte, niemals! Ich war zu stolz auf dich...«

»Du warst?«

»Ach, ich weiß nicht, was ich rede. Aber ich bin's noch. Wie wollt' ich sparen! Wie alles zu Rat halten! Ich war nie leichtsinnig, und ich möchte weiter sticken und so auch beisteuern. Und du bliebest auch nicht so klein, wie du anfangen möchtest; ein Mann, der so viel gelernt hat! Nur daß man etwas Gewisses hätte; daß man nicht so leben müßte: Fällt wer vom Dach, wenn du vorbeigehst, oder hörst du's zuerst, wenn sonstwo ein Unglück geschieht. Es ist so schrecklich, eigentlich nur vom Schlechten leben zu sollen, was auf der Welt geschieht. Und es ist so traurig, immer rückwärts gehen, ohne vorwärts zu kommen, auch nur einmal, auch nur einen Schritt. Ich sterbe daran, Joseph, ich hab' den Tod davon. Ich werde wahnsinnig vor solchen Gedanken! Und ich bin so gar viel allein; und ich mag die Leute nicht, bei denen wir wohnen, daß ich bei ihnen meine Ansprache hätte.«

»Und du hast noch vorhin anders gesprochen...«

»Weil ich nicht denken will, das soll immer so sein. Ich will nicht. Eher...«

Er stand auf und trat zum Fenster. »So nahe dem Himmel und man sieht keinen Stern!« raunte er.

Sie stellte sich neben ihn. »Worüber denkst du nach?« Sie sprachen ganz leise, und es lag etwas furchtbar Verstörendes und Aufreizendes in diesem Austausch von Worten, so hingehaucht und abgerissen, als graute den beiden vor sich selber und vor den Gedanken, denen sie Laut gaben.

»Über das Letzte.«

»Und was ist das Letzte?«

Er bog sich zu ihr, sein heißer Atem hauchte ihr ins Ohr: »Der Tod...«

»Um Jesus und alle Barmherzigkeit! Joseph!«

Seine Hand lag an ihrer Hüfte. »Ja! Wir können nicht zusammenleben. Mein Revolver hat sechs Schüsse. Willst du mit mir sterben, Leni?«

Sie taumelte von ihm fort; mit weitaufgerissenen Augen. Auf das Bett setzte sie sich und faltete ganz rührend die Hände. »Nein, nein, Joseph...«

»Und warum nicht? Ist's nicht besser?«

»Nein, nein! Ich tu's nicht. Ich will nicht noch ums andere Leben kommen, nachdem ich um das gekommen bin.«

»Durch mich, Leni?«

»Hab' ich so was gesagt? Nein, nein, ich tu's nicht. Ich bin zu jung dazu. Und bin ich denn so verloren? Es kann besser werden. Ich könnt' mich schon noch fortbringen, allein. Ich könnt' am End' in Dienst gehn. Und ich kann ja manches. Nur etwas Geld, wenn ich's hätte. Nur soviel, daß ich den Zins für eine Zeit hätte und mir eine gute Nähmaschine kaufen könnte und nicht aufs Abzahlen, daß man sich nicht erholen kann. Und da soll ich sterben? Nein, nein, ich tu's nicht!«

So sehr verstörte sie der Gedanke an den Tod durch eigene Hand, daß sie fast schrie. Er fühlte, wie sie sich nach zehnjähriger Gemeinschaft von ihm loslöste und trennte in diesem entscheidenden Augenblick. Er kniete vor ihr nieder und umschlang sie fast leidenschaftlich. »Gute Nacht,

Leni!« Sie streichelte ihm den Kopf, der in ihrem Schoße lag, fuhr ihm durch das Haar. »Nicht wahr, Pepi, nein, nein!« Die Lampe war erloschen. Nur von den beschneiten Dächern drang noch ein fahles Blinklicht in die Stube. Auf seinem Ruhebette lag Joseph Bernhofer und starrte in das Dunkel und nach seinem Weibe hinüber. Das konnte offenbar keinen rechten Schlaf finden, kehrte sich häufig um und flüsterte im halben Schlummer. Er verhielt sich ganz regungslos und dachte viel und verworren. Manchmal nickte er ein, dann schrak er nach einem Weilchen immer wieder in jähem Entsetzen auf, das noch lange in ihm nachzitterte, bis ihn eine Müdigkeit übermannte für Augenblicke. So verging der Rest der Nacht. In der ersten, bangen Frühe erhob er sich. Sein Weib hörte ihn im Zimmer herumrumoren, dann einen Stuhl an den Tisch rücken. Er wollte also arbeiten, und sie war längst gewöhnt, sich dabei ganz still zu verhalten; auch konnte sie sich vor Übermüdung kaum regen. Dann fühlte sie einen Kuß auf ihrer Stirne und hörte die Türe gehen. Es schien ihr, als bleibe er zu lange fort, der sonst niemals vor dem Frühstück ausgegangen war, und sie erhob sich und sah sich um. Auf dem Tische fanden sich einige Briefe, schon in ihren Umschlägen und mit der Aufschrift versehen. Sie sprang auf, Verstörung im Blick und in der Seele. Da sah sie seine Uhr, von der er sich noch nie getrennt, auf ihrem Platze hängen. Ihr Herzschlag setzte aus; sie stieß einen gellenden Schrei aus und stürzte in Ohnmacht zu Boden...

Es war um die zweite Stunde nach Mittag. Dr. Wortmann hatte eben seine Arbeit für das Abendblatt vollendet und freute sich nun der hellen Sonne, die über dem Ring lag und die einen angenehmen Spaziergang vor Tische verhieß. Da brachte ihm einer der Diener einen Brief. Eine fremde Frau, die sehr verweint, aber sonst noch jung und hübsch aussehe, habe ihn abgegeben. Er öffnete ihn mißtrauisch, ein loses Blatt fiel heraus. Und nun las er:

»Hochverehrter Herr Doktor!

Es ist meine Absicht nicht bei weitem, Euer Wohlgeboren Zeit lange und in unnützlicher Weise in Anspruch zu nehmen. Es ist nur mein Wille, Ihnen meinen besten und ehrlichsten Dank für den großen Dienst, den Sie mir gestern zu Nacht erwiesen, geziemend abzutragen. Ich war ein verzagter Mensch geworden; so sehr, daß ich nicht einmal den Mut mehr aufzubringen vermochte, den Kelch der Leiden mit einem kräftigen Zug zu leeren, sondern ihn Tropfen um Tropfen leerte. Nun und durch verschiedene Umstände fand ich ihn; ich klammerte mich nicht mehr an ein trauriges, man könnte fast sagen, an ein gänzlich zerstörtes Leben, nicht mehr an einen Beruf, für den ich keinerlei Begabung zu besitzen fürchten muß. Heute schließe ich ab, und zur Stunde, wenn dies vor Ihre Augen kommt, bin ich nicht mehr, und mein Weib ist eine gänzlich verlassene und aller Mittel entblößte Waise. Ich habe, wie Sie in Ihrem Scharfsinn, obzwar ich meinen Ehering, als verkauft, nicht mehr trug, dennoch richtig erkannten, ein solches besessen. Ich habe das Vertrauen, sie werde sich allein leichter in der Welt fortbringen, als mit mir, und hoffe nun von Euer Wohlgeboren Güte, daß Sie ihr entweder durch Ihre vielvermögende Empfehlung bei der Konkordia, oder vielleicht im Wege einer Sammlung unter Euer Wohlgeboren Kollegen und durch Überweisung dessen, was mir noch an Honorar zusteht, einigermaßen dazu behilflich sein werden, daß sie sich eine Nähmaschine kaufen könne, mit der sie sich das Notwendigste, etwa nur die Notdurft des Lebens erwerben zu können hofft. Wer streng ist, ist auch gut. Dies ist meine Hoffnung, und mit diesem Troste verharrt und stirbt

Ihr unglücklich gewesener

Joseph Bernhofer.«

In starker Bewegung hatte Dr. Wortmann diese Zeilen gelesen. Nun nahm er die zweite Zuschrift auf. In aller Form einer Notiz stand darauf:
»(Selbstmord.) Heute morgen wurde im Prater nächst der Krieau der Leichnam eines etwa 40jährigen Mannes gefunden. Der Unglückliche, der sich durch einen Revolverschuß in die rechte Schläfe getötet hatte, wurde durch die bei ihm vorgefundenen Papiere als der Dr. phil. *Joseph Bernhofer*, der zuletzt ab und zu als Berichterstatter bei hiesigen Journalen Verwendung gefunden hatte, agnosziert. Nahrungssorgen und die Furcht vor der Zukunft mögen den verheirateten Mann in den Tod getrieben haben.«
Mit dem Rotstift in der Hand durchflog er diesen Bericht, der so klar war, wie der Brief verworren gewesen. Dann warf er ihn fast zornig hin: »Es ist schrecklich – jetzt, wo der Mensch schreiben kann, jetzt erschießt er sich«, nahm einen Bogen Papier und schrieb überlegend: »Für die Witwe des« – er strich das »des« – »für die Frau von« – auch das gefiel ihm nicht – endlich: »für die Witwe unseres armen Kollegen Joseph Bernhofer«, und zeichnete sich als erster und mit einem ansehnlichen Betrage ein.

JAKOB JULIUS DAVID

Der Lumpensammler

Der letzte Tramwaywagen, der mit dem blauen Licht fährt, heißt im Volksmund der »Lumpensammler«, und niemand kann mir sagen, woher er diesen geradezu ehrenrührigen Namen hat.

Es ist selbstverständlich, daß der »Lumpensammler« von Döbling ein anderes Antlitz zeigt als der von Penzing oder gar der von »Simmering-Zentralfriedhof«, der wie ein Geisterwaggon einsam und verlassen über den Rennweg humpelt. Der Kutscher nickt ein; und die Pferde lassen die Köpfe hängen. Bleibt der Waggon stehen, dann schreckt der Kondukteur auf und vertraut den Lüften mit einer Stimme, die aus der vierten Dimension zu kommen scheint, den Namen der jeweiligen Haltestelle an.

Wer sich jedoch den »Lumpensammler« zum Gegenstand seiner Studien erwählt, der muß sich an den »Margaretener« halten, der vom Praterstern nach Margareten fährt. Welche Fülle der Gesichter! Welche Gestalten! Was für ein Gewimmel!

Nüchtern und ehrbar rollt er vom Karl-Theater heran, aber am Praterstern ändert sich das Bild im Nu. Ein lärmender und lachender Schwarm stürmt auf den noch nicht stillstehenden Wagen ein, die Schutzgitter werden ausgehängt, und jeder trachtet, unter der Gefahr, gerädert zu werden, sich einen Sitzplatz zu erobern. Denn der Zustand eines großen Teiles dieser *Arrieregarde* des Praters verträgt die vertikalen Schwankungen schlecht.

»Da kummts auffa, g'schwind, seids net so lahmlacket, i begreif euch net, ös därfets an numerierten Sitz im Burgtheater hab'n – na san S' so guat, der Platz is b'setzt«, sagte eine dicke Dame, indem sie sich zu gewaltigen Dimensionen aufbläht wie eine Henne, die ihre Küchlein unter den Flügeln

bergen will. – »Was b'setzt«, antwortete der Platzräuber, »das gibt's in der Tramway net. I bin a b'setzt. Seg'n S' net, daß i überfüllt bin? I kann mi net rühr'n; wann mi a klaner Bua antupft, fall' i um. Die Fräul'n soll nur stehn, daß s' wachsen tuat. Wann i so nüachterne Füaß hätt', nachdem war' i a galant, aber so –«
»Gengan S' weiter, Sie grauslicher Ding«, sagt die Dicke, »lümmeln S' Ihna net so an. – Du, Vatter, so sag ihm do was! I begreif' di net, du lassest mi derdrucken!«
»Aber, Frau Godel«, sagte der Angeheiterte, »i begreif Ihna net, wie können S' denn von an B'soffenen a Ga-lanterie verlangen. Kommen S' muring – na, mu-muring hab' i a an Rausch. Am Frei-Freitag müassen S' kumma, wann S' mi galant seg'n woll'n. Da bi-bin i stier. Sie, das is der Müh' wert. Es gibt weni' Leut, die mi nüachtern g'seg'n hab'n; ausg'numma mei erstes Weib – Gott ha-hab s' selig; die hat das Geheimnis aber ins Grab mitg'numma.« Alle lachen, und die dicke Frau ärgert sich, denn der Betrunkene neigt sein Haupt und entschlummert an ihrem Busen.
Nun kommt der Kondukteur zu dem schnarchenden Unhold, der von seiner dicken Sitznachbarin von Zeit zu Zeit unsanft abgeschüttelt wird, was ihn aber ebensowenig stört wie ein Kind, das man im Schlaf herumträgt.
»Sie, Herr Vetter, wo fahr'n ma denn hin?« fragt ihn der Kondukteur und schüttelt ihn wie einen Zwetschgenbaum.
»Stell 'n derweil auf warm, in Kaffee«, murmelt der Trunkene, der sich einbildet, von seiner Ehehälfte zum Kaffee geweckt zu werden.
»Oho, Herr Nachbar, darmuntern S' Ihna, Sie san ja auf der Tramway«, sagt der Kondukteur und schüttelt ihn nun wie eine Kaffeetrommel.
»Ah so, ah so«, antwortet er endlich und reibt sich die Augen. »Wo ma hinfahr'n? Das müassen Sie ja besser wissen.«

»Wo wohnen S' denn?«
»Hihihi«, lacht er duslig, »wann i das wüßt! Warten S' a bissel – jetzt schau' dir was an! Wann S' mi derschlag'n, so kunnt i Ihna's net sag'n. Merkwürdi – murg'n waß i's wieder. Da sag' i Ihna's dreißigmal hinteranander auf.«
Endlich brachte der Kondukteur heraus, daß der unbeschwerte Fahrgast bei der Pilgrambrücke wohne. Nachdem er noch »'s Herz von an echten Weana, da kann ma no was lerna«, angestimmt hatte, zündete er sich eine Virginier an.
»Heda, hier dürfen Sie nicht rauchen, Herr Vetter!« ermahnte ihn der vielgeplagte Kondukteur.
»Aber Freunderl«, blinzelte der Betrunkene ihn an, »Freunderl: nach zwölfe!«
»Alles eins. Sie genieren die Mitfahrenden.«
»Pflanz, nix als Pflanz...«
Haltestelle Kärntner Ring. Ein fescher Oberleutnant steht erwartungsvoll bei der Laterne und mustert die Insassen des »letzten Margaretners«. Als er die blonde Leopoldine entdeckt, blitzt sein Auge, sie errötet, und mit einem graziösen Sprung ist er im Waggon und an ihrer Seite.
Pilgrambrücke. Er will zärtlich Abschied nehmen, da tritt der Betrunkene auf ihn zu: »Entschu-schuldigen schon, Herr Oberleutnant. Sie müassen Ihna was Rar's denken von mir. Wissen S', wann i was in Kopf hab, bin i a Viech. Hahab i Ihna am End' a beleidigt? San S' net harb – i hab' halt an Schwül. – Was san denn das für Aufschläg'?«
»Gehn S' zum Teufel!« ruft der Oberleutnant, wütend, die kostbare Minute des Abschieds von seiner Leopoldine versäumt zu haben, salutiert ihr höflich und springt elegant ab.
Gefühllos rollt der »letzte Margaretner« weiter.

VINCENZ CHIAVAGGI

Schloß Schönbrunn

Das kaiserliche Schloß Schönbrunn, von den Prinzen des Hauses Österreich begonnen, war der Gegenstand ganz besonderer Vorliebe Maria Theresiens; sie vollendete den Bau, und ihre Ungeduld war so groß, daß sie nachts bei Fackelschein daran arbeiten ließ. Das Schloß hat eine entzückende Lage am rechten Ufer der Wien. Der architektonische Gesamteindruck hat etwas Königliches. Die Gärten sind von edler, anmutiger Einteilung und von Wasserpartien durchschnitten, die kunstreich benutzt sind; üppigbelaubte Bäume, die schönsten Bronzen und kostbarsten Marmorstatuen ergänzen die allgemeine Pracht. Im Parke sieht man zahlreiche Gruppen von Ziegen, Hirschen und Rehen um-

Laurens Janscha: Schloß Schönbrunn.

herspringen, die friedliche Gäste dieses Gehölzes sind und die Nähe der Besucher zu lieben scheinen. Alle Tage, zu jeder Stunde sind die Alleen und Gärten dem Publikum geöffnet. Wagen und Reiter durchkreuzen sie. Der Park ist von Vergnügungsorten umgeben, die zur schönen Jahreszeit Zeugen aller möglichen Lustbarkeiten und Feste sind. Die Ausgelassenheit dieser Freuden scheint bis zur kaiserlichen Wohnung zu dringen und mit der Lebhaftigkeit des Glücks die Reize dieses edlen Wohnsitzes noch zu vermehren.

Die Säle des Palastes sind geräumig und erlesen möbliert; man sieht noch mehrere Zimmer, die ganz mit Schwarz ausgeschlagen geblieben sind, aus der Zeit her, wo Maria Theresia ihren Gatten verlor. Ein kleines Arbeitszimmer ist mit Zeichnungen geziert, die verschiedene Erzherzoginnen angefertigt haben. Dahin zog sich bei seinem Aufenthalt in Schönbrunn Napoleon gewöhnlich zum Arbeiten zurück, und dort sah er auch zum ersten Male das Bildnis Maria Louisens und kam auf die Idee einer Vereinigung, die so viel Einfluß auf sein Geschick gehabt hat.

Aus diesem Zimmer führt eine Treppe in den Garten. Auf einem bewaldeten Hügel erhebt sich ein reizender Pavillon, der von Maria Theresia erbaut ist und Gloriette genannt wird. Dieses elegante Gebäude mit seinen Arkaden, Kolonnen und Trophäen schließt die Perspektive sehr glücklich. Es ist ein Palast und ein Triumphbogen in einem. Eine Doppeltreppe führt hinauf. Die Aussicht, die man vom Hauptsalon aus genießt, übersteigt alle Beschreibung: ungeheure Flächen von Grün lagern sich vor dem Blick; am Horizont die Stadt Wien, der Lauf der Donau und endlich die hohen Berge, deren Umrisse die herrliche Landschaft einfrieden. Es ist schwer, sich ein reicheres Panorama vorzustellen.

Die Gewächshäuser von Schönbrunn sind vielleicht die schönsten in Europa. Sie bergen den ganzen vegetabilen Reichtum des Weltalls. Kaiser Franz, der eine besondere

Neigung für Botanik hatte, zog dort selbst seine seltenen Pflanzen.
Nicht weit davon ist die Menagerie. Jede Tierart hat ihre Wohnung und ihren Garten mit den Pflanzen und Bäumen des Klimas, in dem sie geboren ist. Obgleich Gefangene, leben die Tiere so doch in einer gewissen Freiheit. In der Nähe des Schlosses hatte man eine kleine, sorgfältig gehegte Abteilung gemacht, als Privatgarten für den Sohn Napoleons. Der junge Prinz unterhielt sich damit, dort Blumen zu pflegen, von denen er jeden Morgen einen Strauß für seine Mutter und seine Gouvernante band.

COMTE AUGUSTE DE LA GARDE

Auf der Bastei

Nirgends nährt der Abend mehr den italienischen Charakter, als wo in der Nähe der Burg der Volksgarten zu Deinen Füßen liegt; ein erhabenes Geschenk der kaiserlichen Huld. Zwischen den Terrassen der alten Wälle, die man hier mit dem sanftesten Grün bekleidete, wogt Dir das lichte Saftlaub abendlich entgegen. Lichter, Musik, Jasmindüfte, erleuchtete Hallen, griechische Tempel unter Dir. Dort das vergnügliche Volk im hellstrahlenden Kreise um die Tribüne eines beliebten Virtuosen, Massen von Eis consumirend, hier ein dunkler Laubengang, darinnen selige Wandler, die, jenes vermeidend, ein Licht suchen, das auch im Dunkeln glüht.
Alles das wirkt feenhaft. Jetzt noch im hellstrahlenden Salon, dessen Festons Laubwipfel sind, mitten in glänzender

Gesellschaft, steigst Du in einem Atem hinauf in die stille einsame Nacht. Über den Häuptern der Frohen und Sorglosen, mit der Fußspitze die Wipfel berührend, die über ihren Häuptern rauschen – und sie hören sie nicht –, stehst Du auf dem umhegten Wall, wo Du, den Young in der Hand, Nachtgedanken träumen magst und Gespenster sehen. Es verirrt sich selten der Fuß eines Wieners her, so lange unten der Walzer schwirrt.
Der Mond über Dir, das Sternenheer, draußen die nächtigen Massen des Kahlenbergs, die flimmernden Vorstädte, der jählings tiefe Graben, und drinnen über dem Wipfelmeer des Gartens die prächtigen Fronten der Basteipaläste, mit ihren erleuchteten Fenstern, das Summen der Musik, der Stimmen – und dazu die Stimmen der Einsamkeit!
Ein Geist muß Dir hier erscheinen, oder Du sahest nie einen.

WILLIBALD ALEXIS

Silvesternacht

Das ist ein richtiger Keller, in der Tat sehr breit und tief ausgegraben: zu rechter Hand vom Eingang hat der Wirt seinen Sitz, umgeben von einem hohen Geländer, auf dem lauter Zinnkrüge stehen; von hier weg strömen die Flüsse des königlichen Bieres aus Bayern und Böhmen und die weißen und roten Weine Ungarns, die sich durch ihre seltsamen Namen auszeichnen. Linker Hand vom Eingang ist ein großes Büfett, voll mit allen Fleischarten, mit Backwerk und Süßigkeiten; beständig rauchen dort die Würstel (»würschell«), des Wieners bevorzugte Speise. Flinke Kellnerin-

nen verteilen die Teller auf den Tischen, während die Kellner die weitaus ermüdendere Bedienung mit Bier und Wein besorgen.
So nimmt jeder sein Abendbrot zu sich, ißt vom Gebäck, das, mit Anis gewürzt oder mit Salz überstreut, recht ordentlich zum Trinken anregt. Doch verweilen wir nicht länger in diesem ersten Raum, der dem Gastwirt als Büro und den Schauspielern als Kulisse dient. Hier trifft man auf Tänzerinnen, die ihr Schuhwerk anlegen, auf junge Geschöpfe, die sich mit Rouge versehen, und auf Soldaten, die sich als Statisten umkleiden; dies ist auch der Ort, wo die Tänzer ihre Garderobe ablegen, Hunde sich vor der Musik und dem Tanz flüchten; der Platz, an dem die jüdischen Händler sich ausruhen, um während der Tanzpausen ihre Ware feilzubieten: allerlei Wohlgerüche, orientalische Früchte und unzählige Glückslose der großen Meidlinger Lotterie.
Mehrere Stufen gilt es zurückzulegen bis man endlich, sich durch die Menge stößend, in den Hauptsaal gelangt. An den Wänden, eng gedrängt, reiht sich Tisch an Tisch, die Mitte des Saales ist frei für den Tanz. Was die Gesellschaft anlangt, so würde man bei uns sagen, sie sei gemischt; gleichwohl ist sie keineswegs nichtswürdig, denn die Kleidung ist eher ungesittet als arm. Die Ungarn tragen zumeist ihr halbmilitärisches Kostüm, mit strahlenden seidenen Borten und dicken Silberknöpfen; die böhmischen Bauern haben lange, weiße Mäntel und kleine runde Hüte, mit Bändern und Blumen geschmückt. Die Steirer bemerkt man an ihren grünen Federhüten und ihrer Tracht in der Art der Tiroler Jäger; Serben und Türken mischen sich selten in diese bunte Völkergesellschaft, aus der Österreich sich zusammensetzt und in der die eigentliche österreichische Bevölkerung vielleicht an Zahl die geringste ist.
Was die Frauen anlangt, so sind diese – von einigen Ungarinnen in halbgriechischer Tracht abgesehen – im allgemei-

nen recht einfach, schön in der Mehrzahl, schmiegsam und wohlgebaut, blond zumeist und von einer köstlichen Hautfarbe; dem Walzer geben sie sich mit sonderbarer Glut hin.

GÉRARD DE NERVAL

Fürchterlicher Sturmwind in Wien

In der Nacht vom 30. September auf den ersten October 1807 erhob sich in *Wien* und auf einer Strecke von mehreren Meilen in der Umgegend der Hauptstadt ein Sturmwind aus Nordwest, der als ein fürchterlicher Orkan, dergleichen man bey Mannsgedenken nicht empfunden hat, wüthete. Der Tag vorher so wie der Abend waren heiter und windstill. Nach Mitternacht erhob sich ein starker Wind, und des Morgens zwischen drey und sechs Uhr tobte der Orkan mit wildem Gebrause, und weckte alles aus dem Schlafe. Fenster und Thüren klirrten fürchterlich, ganze Flügel wurden ausgehoben und auf die Gasse geworfen. Die Erde schien zu erbeben, die Häuser schienen zu zittern. Das Geheul und Pfeifen des Windes, das Zuschlagen der Thore, Thüren und Fenster, die aus ihren Angeln gehoben wurden, das Geklirre der gebrochenen Glastafeln, das Anprellen der losgerissenen Dachziegel an die Mauern und Fenster, das Gekrache der einstürzenden Schornsteine, Feuermauern und Schoppen, alles dieses erfüllte mit Schrecken und Grauen. Viele Familien, welche höher liegende oder baufällige Häuser bewohnten, verließen ihre Wohnungen, weil sie keinen Augenblick vor dem Einsturze derselben sicher waren.
Erst des andern Tages sah man die Verwüstungen, welche

dieser Orkan angerichtet hatte. Bis neun Uhr wagten es nur wenige, auf der Gasse zu erscheinen; denn noch immer wüthete der Sturm, obwohl er sehr nachgelassen hatte, und niemand war sicher, durch die von den Schornsteinen, Dächern und Mauern herabgeworfenen Zigel getödtet oder verwundet zu werden. Alle Plätze, Straßen und Gassen waren mit Trümmern von Ziegeln, Glas-Scherben, Fenster-Flügeln und losgerissenen Bretern bedeckt. Die hölzernen Buden waren niedergerissen, beladene Frachtwagen umgeworfen, die Bäume entwurzelt, entwipfelt oder in der Mitte des Stammes abgedrehet. Die Kuppel des Thurmes von der Kirche der Augustiner in der Stadt lag auf der Erde in Trümmer zerschmettert. Der Sturm hatte sie vom Mauerwerke gehoben, in der Luft umgedrehet, so daß sie in einer ganz verkehrten Richtung auf der Erde längs der Gasse da lag. Hätte er sie auf das gegenüberstehende fürstlich Lobkowitz'sche Haus geschläudert, welche Verwüstungen würde sie durch ihren schweren Fall angerichtet haben? Vom Stephans-Thurme wurde eine steinerne Bildsäule herabgeworfen. Da war kein Thurm, keine Kirche, kein Haus, das nicht mehr oder weniger Schaden litt, mindestens wurde ein oder das andere Fenster zertrümmert. Die hölzernen Trödlerbuden, welche damahls sich außer dem Kärntner-Thore auf dem Wege gegen das Theater an der *Wien* befanden, waren alle ohne Dach und niedergerissen, die Kleidungsstücke und das Leinenzeug, welches darin zum Verkaufe war, lag weit und breit zerstreut herum.

Die größten Verwüstungen hat dieser Orkan in den Gärten, Auen und Wäldern angerichtet. Die stärksten Bäume lagen, mit der Wurzel aus der Erde gerissen oder zersplittert, da. Wo sie mit ihren Wurzeln zu fest in dem Boden hielten, lösete sich ein Ballen Erde, mehrere Klafter im Durchschnitte, mit den Wurzeln los, und der Baum stürzte. Besonders haben der Prater, der Augarten, die Brigitten-Au, und die

Auen zwischen den Tabor-Brücken viel gelitten. Sie glichen Verhauen, so lagen die Bäume übereinander. Noch jetzt stehen viele Bäume im Prater da, welche in diesem Orkane ihre Gipfel verloren haben. Wo sich die jungen Anlagen im Augarten befinden, dort hat der Orkan die alten Bäume entwurzelt und zersplittert.

LEOPOLD CHIMANI

Der Brand des Ringtheaters am 8. Dezember 1881

Es sollte gestern die zweite Aufführung der Offenbachschen Operette »Hoffmanns Erzählungen« im Ringtheater sein. Um $6^{3}/_{4}$ Uhr war es, als die ersten Zuschauer durch das Hauptportal des Theaters mit dem Schreckensrufe »Feuer!« auf die Straße stürzten. In demselben Augenblick drangen bereits aus den Fenstern des vierten Stockwerkes auf der Frontseite des Theaters Rauchwolken. Im Inneren des Theaters erloschen die Gasflammen, und die bereits in ziemlich bedeutender Anzahl, namentlich auf den Galerien, versammelten Zuschauer, welche schreckensbleich nach den Ausgängen drängten, waren mit einemmal im Dunkel – ein Moment, das den Schrecken und die Panik ins Entsetzliche steigerte. An den Fenstern im ersten und zweiten Stocke erschienen hilferufende Gestalten. Auf der Straße tauchten jammernd und rufend Personen auf, deren Angehörige in das Ringtheater gegangen waren. Unter den auf der Straße Versammelten erhob sich dagegen ein wilder Lärm und die tausendfältigen Zurufe »Noch warten – warten – die Feuer-

M. D. Haenen: Der Ringtheaterbrand 1881.

wehr kommt schon – warten!« Es war ein Bild entsetzlichster Verwirrung, welche jeder Beschreibung spottet. Inzwischen hatte sich das Feuer Bahn durch das Dach gebrochen und schoß in weithin leuchtenden Garben zum Himmel, die schauerliche Szene mit gelbem Lichte beleuchtend und den Schrecken unter den noch im Hause befindlichen Zuschauern vermehrend. Endlich, nach zehn wie eine Ewigkeit lan-

gen Minuten ertönten die Hornsignale der Feuerwehr. Spritzen auf Spritzen, Wasserwagen auf Wasserwagen rasselten an, und Rettungsrequisiten wurden herbeigebracht. Schreckliche Sekunden verstrichen, bis das Sprungtuch entfaltet war und zuerst die auf dem Balkon wartenden 84 Zuschauer der Reihe nach herabsprangen, die Weiber und Kinder unter lautem Geschrei, zaudernd und doch zuletzt durch die Angst zum Sprunge getrieben.
Um halb zwölf war das Innere des Theaters bis zum Parterre niedergebrannt, woselbst die zusammengestürzten Überreste einen riesigen Feuerherd bildeten.
Über die Entstehungsursache des Brandes teilt man soeben folgendes mit: Einer der Theaterarbeiter war mit dem Anzünden der Flammen auf der Bühne beschäftigt, wobei durch seine Unvorsichtigkeit eine der Soffitten in Brand geriet. Ein anderer Arbeiter zog in seiner Verwirrung die Courtine in die Höhe, wodurch das Publikum Zeuge des Feuers wurde. Im selben Augenblick wurde der Gasspeicher abgedreht, und das ganze Theater im Zuschauerraum und in den Gängen war in nächtliches Dunkel gehüllt; nur im Foyer und in der Parterre-Garderobe brannten Gasflammen. Durch die Finsternis in den Gängen ward die Verwirrung im Publikum bis zum Entsetzen gesteigert, und es war nicht möglich, die Ausgänge zu finden. Von den Galerien wurden nur jene Personen gerettet, die schnellfüßig als die ersten die ihnen bekannten Stiegen hinabeilten. Unter den Zurückgebliebenen entspann sich um die Rettung ein verzweifelter Kampf.
Um 2 Uhr nachts. Die Löscharbeiten beim Theater sind eingestellt oder auf das allernotwendigste beschränkt worden. Man läßt das Element im Inneren des Gebäudes fortglimmen. Bis heute morgens ist von dem schönen Bau nichts als vier rauchgeschwärzte Wände übriggeblieben.
Ununterbrochen wurden bis halb 2 Uhr nachts Leichen aus

dem Hause des Unglücks gebracht. Es waren verkohlte Klumpen, die in endloser Reihe von Sanitätsdienern ins Hotel Austria gebracht worden sind. Auf Kotzen brachte man sie, oft drei, vier auf einmal. Man zählt zur Stunde, wo dieses Blatt in die Presse geht, 140 Leichen. Sie wurden alle ins Allgemeine Krankenhaus gebracht. Die Leichen, die zuletzt aus dem brennenden Theater geschafft wurden, waren so ineinander verschlungen, daß es zweifellos ist, daß die Unglücklichen miteinander gerungen haben, um zuerst die Türe zu gewinnen.

FREMDEN-BLATT
Wien, 9. Dezember 1881

Ein Wiedersehen

Ein Genrebild aus dem Wiener Nachtleben

Aller Anfang ist schwer, und einem Erzähler mag es ebenso gestattet sein, damit zu beginnen, womit Leute anderen Schlages ein Gespräch einleiten, nämlich mit dem Wetter, nur ehrlich soll es dabei zugehen. Wenn einer niederschreibt: »Es war an einem stürmischen Novembertage«, so hat das einen starken Anschein der Wahrscheinlichkeit für sich, der November ist eben ein Monat darnach; wenn aber einer schreiben würde »es war an einem herrlichen Maimorgen«, oder gar »an einem lieblichen Ostertage«, dann ist vorauszusetzen, daß er mehr seinen Phantasiegebilden Rechnung trägt als den wirklichen Verhältnissen, denn wer erinnert sich seit Jahren zu den angegebenen Zeiten herrlicher Morgen und lieblicher Tage? Glaubwürdiger erschiene jedenfalls ein frostiger Maimorgen und ein abscheulicher

Ostertag. Will der Erzähler durchaus in uns den Glauben an eine bessere Witterung erwecken, so muß er ehrlicherweise diese als einen Ausnahmsfall kennzeichnen und daher etwa schreiben: »An einem Maimorgen von einer Herrlichkeit, deren wir seit lange in solcher Jahreszeit entwöhnt sind...« »An einem Ostertage, dessen Lieblichkeit ganz überraschend das rauhe Frühjahr unterbrach...« oder wie es just einer damit halten will. Gibt der Erzähler diese meteorologischen Berichte lediglich nur, um über die ersten Zeilen hinwegzukommen, ohne irgend welchen Bezug auf ein nachfolgendes Ereignis, das gutes oder schlechtes Wetter unumgänglich erfordert, dann mache er lieber gar keines, schreibe getrost: »Es war um die oder jene Zeit des Jahres und Tages« und überlasse es jedem Leser selbst, sich damit nach den bezüglichen neuesten Erfahrungen abzufinden.

Es war zur Osterzeit, als der Most-Bartl seine Arbeit verlor, was ihm übrigens auch zu jeder anderen heiligen Zeit des Jahres gleich unangenehm gewesen wäre. »Most-Bartl« war kein Spitzname, etwa einem beigelegt, der wohl wußte, »wo der Bartl den Most holt«, darnach sah der alte, kleine, schmächtige Tischlergeselle gar nicht aus, mit seinen fünfzig Jahren auf dem von Arbeit gekrümmten Rücken und dem rundlichen, etwas geröteten, gutmütigen Gesichte unter dem fast weißen Haarschopfe; er hieß Bartholomäus Most, und da es noch einen Most in der gleichen Werkstätte gab, Bastian war der getauft, so wurde er, um jede Irrung in der Person auszuschließen, Most-Bartl und sein Namensvetter Most-Bastl gerufen. Sieben Jahre hatte er bei einem und demselben Möbelfabrikanten in Arbeit gestanden. Seit die Gewerbefreiheit jedem jedes zu treiben erlaubt, ob er es nun versteht oder nicht, nennen sich alle, die Einrichtungsstücke für Wohnungen feilhalten, Möbelfabrikanten; die Händler haben diese Bezeichnung aufgebracht, entweder aus Bescheidenheit, weil sie sich füglich nicht gut Tischler nennen konnten, oder in guter Einsicht, daß man sie auch nicht dafür genommen haben würde, und die Tischler wollten nicht zurückbleiben, entweder aus Eitelkeit, denn »Möbelfabrikant«, das klingt doch nach etwas, oder gleichsam zum Ersatz; für den durch so vielfache Konkurrenz verkürzten Erwerb tröstete doch der verlängerte Titel. Der Möbelfabrikant, dem der Most-Bartl so lange Möbel fabrizieren geholfen, hatte seinerzeit so großartig, als nur in seinen Kräften stand, angefangen und fünfzig Arbeiter beschäftigt, denn, wie billig, wollte er als Fabrikant von Gesellen nichts wissen. Diese begannen sich auch bald als Arbeiter zu fühlen und bei günstiger Gelegenheit zu streiken, während ihr Arbeitgeber jede ungünstige nützte, das Personal zu verringern und die Löhne herabzudrücken. Der Most-Bartl, als ein Ordnung und Friede liebender Mensch, hatte gegen diese Auflehnung wider den Brotherrn stets seine Bedenken, und er fand es nur zu erklärlich, daß der, dadurch gereizt, wenn er seinerseits Trumpf in die Hand bekam, nicht zögerte, denselben ebenso rücksichtslos auszuspielen; dagegen war der Most-Bastl ein anderer Mann, der besuchte sozialdemokratische Versammlungen und fand an Reden rotester Färbung Gefallen, er stand nicht an, den Arbeitsgeber als einen echten »Burschoah« zu bezeichnen, und nannte ihn einen »Tyrannensauger«; ob er dieses ungeheuerliche Wort aus einer Rede aufgegriffen und fertig mit in die Werkstätte gebracht oder, im erregten Gemüte das Bedürfnis nach gesteigerter Ausdrucksweise fühlend, aus zwei verderblichen Begriffen diesen verderblichsten zusammengezüchtet hatte, gleichviel, er warf diese entmenschende Schmähung breit aus dem Munde – was er dabei dachte, ist sein Geheimnis –, und die Gesellen hatten heiteres Verständnis genug dafür, daß sie von zeitab den Möbelfabrikanten lachend den »Tyrannensauger« hießen. Zu Ostern nun verging aber allen zusammen das Lachen, den Arbeitern wie dem Arbeitsgeber. Letzterer war mit seinem Kapitale zu Rande gekommen, er mußte das gesamte Personale entlassen und behielt nur einen einzigen, der eine Art Hausknechtstelle zu versehen hatte, damit über dem geringen Vorrate im Magazine doch ein möbelkundiger Mann wache.

Vielleicht nicht so hart wie andere, doch hart genug traf den Most-Bartl dieser Schlag, er hatte sich eine Kleinigkeit erscharrt und erspart, die mochte ihm freilich über die erste böse Zeit hinweghelfen, was aber dann? »Nun, wie Gott will«, sagte er. Er sagte sich aber auch, indem er sich entsann, was er seinerzeit bei dem Verluste seiner Eltern empfand und späterhin oft aus fremder Notlage entnahm, daß die Ergebung in den Willen Gottes, so christlich sie auch sein mag, für den schwachen Menschen wenig Einladendes habe und meist von sehr schmerzlichen Empfindungen begleitet sei; daher wollte er nicht untätig zusehen, sich das Elend langsam näher rücken und zuletzt bedingungslos auf den Kopf fallen lassen; er dachte daran, sich Zwischenverdienste zu schaffen, denn von Nebenverdienst konnte keine Rede sein, wo kein Hauptverdienst vorhanden war. So saß er denn, arbeits-, doch nicht beschäftigungslos, in seiner Wohnung, in einer entlegenen Gasse eines Vorortes, in einem alten zweistöckigen Hause, das außen graue Mauern und innen graue Wände hatte, dessen kleine Fenster in ganz unregelmäßigen Abständen die Fronte durchbrachen, und dessen Stuben zwar niedrig, dafür aber desto geräumiger waren.

Wohnung hatte er allerdings keine im Hause, bisher bedurfte er ja auch nur über Nacht eines Unterstandes, und gegen eine Beschränkung auf die Räumlichkeit, auf welche er eigentlich ein Anrecht hatte, würde sowohl er als auch die Mietsfrau Einsprache erhoben haben, er hätte nämlich all seine Zeit im Bette verbringen müssen, denn er stand in dem

bescheidensten Mietsverhältnisse, in dem eines Bettgehers, und als einem solchen, dem nun plötzlich einfiele, auch tagüber in der Stube herumzusitzen, hätte ihm sicher die Kündigung bevorgestanden, wäre er eben nicht die langen sieben Jahre her und darüber dort eingemietet gewesen, stets pünktlich im Zahlen und solid im Betragen; darum sah auch jetzt die Vermieterin ganz von seiner Eigenschaft als Bettgeher ab, betrachtete ihn als guten alten Freund, dem gegenüber es nicht schön gehandelt wäre, wenn man ihn seine herabgekommene Lage fühlen ließe, und daher kam es, daß nun die alte Frau ohne ein verdrießliches Fältchen im Gesichte mit ihm an demselben Tische saß und bei dem Scheine derselben Lampe, bei dem er arbeitete, emsig strickte.
Er tat sich etwas auf seine Findigkeit zugute, die ihn darauf führte, sofort die Gelegenheit beim Schopfe zu fassen und auszunützen und zu Ostern für Ostern zu arbeiten. Seit frühem Morgen, die kurze Unterbrechung zur Mittagsstunde abgerechnet, hatte er darüber gesessen, jetzt schob er ein Töpfchen mit Leim, Holzspäne und Wollflocken beiseite. »Fertig«, sagte er aufatmend. »Schaun Sie sich's einmal an, Frau Zeisl.«
Die Angeredete legte die Strickerei vor sich hin, schob die Brille einstweilen über die Brauen hinauf und rückte an dem Schirm der Lampe, daß er schräge auf der Kugel saß und das volle Licht auf ein Brett fiel, das rings ein aus Holzleistchen zusammengeleimter Zaun umgab, der nach einer Seite hin ein offenes Tor hatte; aus der Mitte ragten zwei Stäbchen auf, deren oberes Ende mit grünem Papier beklebt war, und zu Füßen dieser mutmaßlichen Bäume standen zwei Dutzend Osterlämmer, jedes einzeln käuflich, versteht sich; die kleine Herde war nur in dem feinen Gärtchen untergebracht, weil der Most-Bartl ganz gut wußte, was es ausmacht, wenn man den Leuten die Ware in geschmackvoller Weise vor die Augen bringt.

Frau Zeisl griff eines der Lämmchen auf und hielt es nahe an das Licht. Vier glatt geschnitzelte Holzstäbchen bildeten die Beine, darüber saß ein flaumiger Wollbausch, aus dem zwei schwarze Perlen als Äuglein glitzerten, und an der Seite klebte ein Span, der oben an einem Querhölzchen einen kirschroten Papierstreif baumeln hatte.
Frau Zeisl setzte behutsam das Lämmchen wieder an seine Stelle zurück. »Das ist so natürlich«, sagte sie, »als man nur was sehen kann.«
Für ihr Urteil war wahrscheinlich die Wolle ausschlaggebend, und mit der hatte es allerdings seine Richtigkeit, die war echt. Da man nur den Beweggründen ungünstiger Urteile nachspürt und nur ungünstige Beurteiler laut verdächtigt oder schweigend verachtet, während man der Gunst und den Gönnern sich stets, je nach deren Rangstufe, zu stillem bis zu ersterbendem Danke verpflichtet fühlt, so ergab sich auch für den Most-Bartl kein Anlaß, bei dem Lobe seiner Quartierfrau etwas zu denken oder zu sagen; aber ermutigt fühlte er sich durch diesen ersten Erfolg, er erhob sich, schlug einen Bogen Packpapier um seine Osterschäferei, doch nur lose, damit er sofort jeden in selbe Einblick nehmen lassen konnte, und ging – wie er sagte – sein Glück versuchen.
Er entschloß sich, seine Ware in den Gasthäusern feilzubieten, und da er keinen Hausierpaß besaß, so wußte er wohl, daß dieser Gang für ihn nicht ganz gefahrlos sei, und ehe er nach der Türklinke einer Gaststube griff, sah er sich erst vorsichtig um, ob sich etwa ein Wachmann in der Nähe herumtreibe. Er rechnete darauf, Abnehmer unter jenen leichtsinnigen Familienvätern zu finden, die Trunk und Spiel und Kannegießerei bis nach Mitternacht an dem Stammgasttische festhält, und die sich dann durch so ein »Mitgebrachtes« vor der vernachlässigten Familie das Ansehen geben wollen, als hätten sie auch »auf zu Hause« nicht vergessen.

O Most-Bartl, in solch arger Zeit gedenkst du die Heuchelei zu unterstützen? Du gehst nicht nur einen gefährlichen, du gehst auch einen üblen Weg. Daß es ein übler war, gab er bald selbst zu, aber für die allwaltende Vergeltung, die darin lag, fehlte ihm das Verständnis.
Schon im ersten Gasthause geriet er an einen Tisch, an welchem ein Mann saß, dessen große, krumme Nase ihm gleich nicht gefiel. Dieser Gast stellte eines der Lämmchen vor sich hin auf die Platte. »Was ist das?« fragte er, und um einen guten Spaß zu machen, nannte er das Ungleichartigste. »Wohl ä Elefant?«
Der Most-Bartl stellte das Lamm etwas unsanft an seinen Platz zurück. »Mein bester Herr«, sagte er, »daß Sie sich auf so was nicht verstehen, das hab ich Ihnen gleich angesehen; Sie haben eben nicht die Schulen durchgemacht, um zu wissen, was ein Osterlamm ist.«
»Ein Osterlamm? Mein, wir Juden haben ja auch ein Osterlamm.«
»Mein Herr«, sagte der Most-Bartl mit Würde, »Sie glauben vieleicht an das Lämmerne, an das Gotteslamm mit der Osterfahne glauben Sie nicht, daher hat es für Sie keinen Wert, und Sie brauchen auch keines zu kaufen, aber darum keine Religionsstörung! Gute Nacht!«
Er verließ beleidigt das Lokal. Er fand noch verschiedene Male Anlaß, das an anderen Orten zu wiederholen, denn auch die Urteile aus christlichem Munde klangen lieblos und spöttisch; nachdem er mehr als ein Dutzend Gasthäuser fruchtlos abgegangen, war sein Stolz gebrochen, und seine Ware fing ihm an leid zu tun.
»Es is schad drum«, murmelte er, indem er das Brett an sich drückte, »es is schad. Das habt ihr nit um mich verdient.«
In einer kleinen Schenkstube saßen Fiaker um einen Tisch und führten ein lebhaftes Gespräch über die »Nivellisten« in Rußland.

Der Most-Bartl pflanzte sich mit seiner Schäferei vor ihnen auf, und da man ihm anfangs kein Gehör schenkte, wurde er immer lauter mit seinem Anbot.
»Ei, so gib so ein Vieh her, daß ein Ruh wird«, sagte einer. »Da hast dein Geld, und jetzt fahr ab, verschleierter Bettler.«
»Mein Herr, ich bin kein Bettler nicht.«
»Was denn nachher?«
»Lampelfabrikant«, lachten einige.
»Da schauts nur her«, sagte der Käufer, »wie dös Ding gmacht is! Damit schreckt mer eher die Kinder, als daß man ihnen ein Freud macht.« Er wandte sich zum Most-Bartl. »Nimm's wieder mit, ich schenk dir's.«
»Halt aus, Schackerl«, schrie einer über den Tisch, »das muß erst überstempelt werdn, daß kein Mißbrauch gschieht.« Damit zermalmte er das unschuldige Lamm mit der Faust.
Tief aufseufzend trat der Most-Bartl auf die Straße hinaus. Jetzt begann er sich seiner Ware zu schämen. Zögernd und mit Überwindung setzte er den Fuß über die Schwelle der wenigen Gasthäuser, die er noch offen fand, denn über seine lange Wanderung war die Zeit bedeutend vorgerückt und jetzt stand er, stundenweit von seinem Unterstandsorte, um zwei Uhr morgens auf einer der Brücken, die über den Donaukanal führen. Er stellte das Brett vor sich auf das Geländer.
Nur das eine einzige Lamm, das er unter roher Faust zusammenbrechen sah, hatte er verkauft, wie beneidete er dasselbe, das nun alles überstanden hatte! Dafür richtete sich sein ganzer Groll gegen die überlebenden.
»Ihr gottverfluchten Vieher«, begann er, »nit die Woll zahlt sich aus, die ich auf euch verwendt hab! Müh und Arbeit habt ihr mir gemacht, Schimpf und Spott habt ihr mich dafür leiden lassen, aber Undank ist der Welt Lohn! Kanaillen!«

Er schlug gegen das Brett, und durch das offene Pförtchen, das gegen die Wasserseite lag, stürzten sich sofort etliche der unglücklichen Geschöpfe, im Gefühle verfehlten Daseins, in den Strom.

Bald wird sich in den Wellen der Leim gelöst haben, gesondert werden die Holzgerippchen und die Wollflocken dahintreiben und die Perlen zum Grunde sinken. Nichts geht verloren im weiten All!

Einen Augenblick dachte der Most-Bartl, ob es nicht auch gleich das beste wäre, den Lämmern nachzuspringen, aber dann besann er sich, daß der Effekt doch nicht der gleiche sein dürfte, jene blieben obenauf, während er mutmaßlicherweise unterginge.

»Ei, so lernts alle mit einander schwimmen«, sagte er ingrimmig, und Paar um Paar griff er sie auf und schleuderte sie in die Wogen.

Da wurde es auf der Brücke laut, eine lustige Gesellschaft kam vom anderen Ende her. Voran am Arme zweier geschniegelter junger Herren schritt eine Dirne, auffallend geputzt, schlecht geschminkt, aber mit den gottlosesten Augen von der Welt im Kopfe. Mehrere Pärchen folgten nach; das lag aber auf der Hand, die an der Spitze waren die Tonangebenden. Nebenher torkelte ein junger Mensch, der Kleidung nach dem Arbeiterstande angehörig, er paßte offenbar nicht in diesen Kreis, in den ihn vielleicht der Zufall führte oder – ein Unstern bannte.

Wiederholt taumelte der Trunkene an einen der Begleiter der Glutäugigen, was jedesmal mit Geschimpfe und Gelächter aufgenommen wurde.

»Kathel, Kathel«, lallte er, »das sag ich dir schon, von mir aus kannst allein z' Haus gehen.«

»Das merk ich wohl«, lachte die Dirne, müßt *ich* dich höchstens führen.«

»Ich mag dich nit«, fuhr weinerlich der Bursche fort, »weißt, denn du haltst es mit alle.«

»Geh, Tschapperl, was d' redst«, sagte sie. »Was geht's denn dich an, und was tut's dir denn? Gern hat mer doch alleweil nur ein und nit mehr auf einmal, und wann d' Reih an dich kommt, bist du der eine. Heut aber noch nit.«
Das eifernde Gestammel des Trunkenen wurde von dem lauten Gelächter des Schwarms übertönt, der jetzt in die Nähe Most-Bartls gekommen war, und als man das Treiben des Alten wahrnahm, da griffen ein Halbdutzend Hände zu und warfen, was noch vorhanden war, dem Vorangegangenen nach.
»Recht so, recht so«, lachte heiser Most-Bartl, »soll alles hin sein!« Damit warf er das Brett hinterher, daß es in einem weiten Bogen von der Brücke niederschoß.
Die Nachtschwärmer strichen weiter. Ab und zu hallte noch ein Lachen oder grellte ein Schrei aus der Ferne. Auf der Brücke war es so stille geworden wie zuvor. Der Most-Bartl lehnte über dem Geländer und sah in das Wasser, plötzlich fuhr er empor, er merkte sich nicht allein, ein altes Weib hatte sich aufdringlich nahe an ihn herangeschlichen.
»Nur nit erschrecken«, kicherte die Alte, »mußt nit erschrecken, wir sein ja gut Freund, wenn du mich auch nit gleich wieder erkennst.«
Most-Bartl betrachtete das Weib, wie es da vor ihm stand in grobem Schuhwerk und schlumpigem Rock, ein zerknülltes Umhängtuch um Kopf und Leib geschlagen und auf dem Rücken verknotet. Das Gesicht war fahl und aufgedunsen, die Augen hatten rote Ränder. Das Wolltuch hauchte auf ein paar Schritte den Geruch von Tabaksqualm und dann von noch etwas Schärferem, Stechendem aus – Fusel –, also eine Branntweinsäuferin! Mit Ekel wandte sich der alte Tischlergeselle von ihr ab.
»Hihi! Aber Schatzerl, Schatzerl«, lachte das Weib, »besinn dich nur ein wenig. Beinah wär mir's mit dir nit besser ergangen, aber jetzt leg ich mein Hand ins Feuer, daß du kein anderer bist wie der Bartl, der Bartl Most.«

Der Alte trat auf sie zu und sah ihr noch einmal scharf ins Gesicht. »Heilige Mutter Anna«, schrie er, »wirst doch du nit die Kathrin sein?!«
»Freilich bin ich's.«
»Um Gotteswilln, was treibst du dich denn jetzt, um solche Zeit, noch herum? Was suchst denn?«
»Mein Mädl tu ich beaufsichtigen.«
»Dein Mädl?«
»No, du weißt doch, mein Kathi. Mußt s' ja eh vorhin gsehen habn, wie sie mit die andern bei dir vorbeizogen is; die Fescheste von allen.«
»Die? Und du laßt ihr das hingehn?«
»Ei mein, hat mer selber nix ghabt in jungen Jahrn, soll 's Kind sein Willn habn, und lebn will mer ja auch.«
»So denkst du? Was sagt denn dein Mann dazu?«
»Der? Den habn wir vor drei Vierteljahren eingrabn.«
»So? No frei h'raus, da kann mer wohl auch sagn, es is wieder ein Vater z' fruh für sein Kind gstorben.«
»Du Hansnarr! Weißt doch, daß er ein Lump war, und der is er blieben. Meinst denn, der hätt nit mitghalten? O, wohl hat er sich gut gschehen lassen, von dem Geld, was 's Madel ins Haus bracht hat, war nur allweil der Verdruß, daß 's z'wenig bringt.«
Wieder trat der Most-Bartl paar Schritte zurück. »Dann ist er kein Vater gwest, und du bist kein Mutter«, sagte er rauh.
»Geh zu, geh zu«, rief das Weib, »werdn wir uns doch nit streitn wolln, wo mer uns ein halbe Ewigkeit nit gsehn habn, und d' andere Hälfte müssen wir just auch nit da auf der Brücken stehen bleibn; geh ein Stückl mit mir und für mich.« Sie wankte auf ihn zu und hing sich schwer an seinen Arm. »Ich bin schon ein bissel schwach auf 'n Füßen, nit allweil, so zeit- und randweis halt, wenn ich grad mehr gtrunken hab.« Sie lachte. »Ei mein, bin schon lang nit mit so ein

soliden Herrn gangen, wie du bist – hihihi –, am End bist du bis auf'n heutigen Tag gar noch ein Junggsell! Ei, so gib doch Obacht, du stoßt ein ja ins Rinnsal.«
Dem Most-Bartl kam es wohl so vor, als hätte ihn die Trunkene selbst nach sich gezogen, aber er getraute sich's nicht zu behaupten, es konnte auch anders gewesen sein.
»Wenn ich manchmal nachdenk über das Geschehne«, fuhr das Weib fort, »dann denk ich auch, es hätt just nit so kommen müssen, wie es gekommen ist, wer hat denn aber Schuld, daß 's kommen is? Doch niemand anderer wie du!«
»Wie ich?« brummte der Most-Bartl. »Ich doch nit.«
»Halts Maul, laß mich reden. Zwei so alte Tiere, wie wir sein, können alles bereden, einbringen können wir nichts mehr. Weißt noch, wie da ehrndermal noch 's Glacis war und wir uns auf'm Rasen h'rumgebalgt haben? Damal schon war dir jeder Vierte-Klaß-Bub an Keckheit überlegen. Und wie du nachher freigesprochen warst – Herrgott h'nein –, was bist du für ein sauberes Tischlergsellerl gwest! Du hast mir nit wenig in d' Augen gstochen, aber dergleichen wolltst nix tun ...«
Der Most-Bartl lachte laut auf, es klang ganz abscheulich; so mag ein hungernder Bettler lachen, dem eine Kupfermünze zugeworfen wird, die längst schon außer Verkehr ist. Der Most-Bartl mußte lachen, weil er nun hätte sagen können: »Ich hab dich ja auch gerne gesehen, lieber, als du denkst, aber ich war blöde«, und das nicht zu sagen vermochte, nicht um die Welt, zu dem Geschöpfe, das jetzt an seinem Arme hing.
»Gelt, da lachst, alter Schnipfer?« schrie das Weib. »Ja, jetzt is *tempo passati,* wie unser Nachbar, der Mediziner, sagt! Gscheit sollt mer auf d' Welt kommen, dumm wird mer eh wieder drauf; wär gleich besser, man bleibet's all sein Lebtag, bis mer's zum Gscheitsein bringt, nützt's ein nix mehr. Du, scheint mir, hast doch 's Glück und bist dumm bliebn.

No, mußt dich nit beleidigen, damals war ich auch nit anders, wir hätten ganz gut zsammtaugt. Du aber hast nit reden wollen, und ich hab glaubt, ich bring dich dazu, wenn ich dich eifern mach und mich aus Gspaß mit'm Kaspar einlaß, aber der hat kein Spaß verstanden, der war bei 'n Frauenzimmern wie der Teuxl, hat ihm eine 'n klein Finger zeigt, hat er bald d' ganze Hand ghabt und mehr auch; daß aber in denen Dingen für ein Weibsbild kein Spiel gilt, daß das just so is, als ließ mer ein Kind beim Ofen zündeln, dös hab ich eben erst erproben müssen. So is mit einmal aus'm Gspaß Ernst wordn, und wie ich in den Fall kommen bin, wirst ja wissen, was meine Eltern für einen Lärm gschlagen haben. Daß ich leichtsinnig war – ich leugn's nit –, das habn s' gwußt, und daß der Kaspar ein Lump is, das haben's auch gwußt, aber 's Kind war einmal da, und mein Vater hat alles aufgwendt, auf Bitten und Drohn hat er sich verlegt, nur daß er uns zsammzwingt und wir uns heiraten, damit die Ehr der Familie wiederhergestellt is! No, und einmal unter ein'm Dach mit *dem* Mann, da konnt an mir nix Guts mehr verbleibn und aus'm Kind nit Guts werdn. Oh, wie oft schon hab ich mir meine alten Leut nur auf ein Viertelstund aus'm Grab gwünscht, daß s' doch wüßten, wie d' Ehr hergstellt is – auf'n Glanz!«
Die Stimme des Weibes klang umflort. Der linke Jackenärmel schlüpfte unter dem Tuche hervor und strich über die Augen. Dann begann sie wieder: »Was hätt es ihnen denn auch gemacht, wenn s' mich samt 'm Kind bei ihnen bhalten hätten? Fürs Kind wär's 's beste gwest, und ist denn dös gar so was nie Erlebts, daß ein Frauenzimmer, was ins Unglück kommen is, wenn sich's darnach ehrlich verhalt, doch noch ein Mann kriegt? Und grad nach so was kommt entweder keiner mehr oder ein recht Braver, so daß sichs Warten doch auszahlt. Wer weiß, wär er mir ausblieben? Was? Und ich und mein Kind könnten jetzt in einer Achtung stehn – und nit so –«

Der linke Jackenärmel war wieder auf dem Wege nach den Augen.
Der alte Tischlergeselle war weichmütig geworden, er suchte mit der Rechten die Hand des Weibes und drückte sie.
»Ei mein, gar d' Hand tust mir drucken?« sagte sie. »No, dös is schön von dir. Schau nur, daß d' auf keine Einfäll kommst – hihi –, da zieht er die Pfoten wieder zruck, der dalkete Ding. Brauch ja dein Händdrucken nit, und dein barmherzigs Gschau kannst auch für dich bhalten! Denk nur nit, daß ich mich kränk, deßtwegen lebn wir noch allweil frisch und munter. Meinst vielleicht, was mir aus die Augen lauft, wär Wasser? Branntwein is 's, Branntwein«, kreischte sie lachend.
Da riß sich der Most-Bartl los und lief, gefolgt von ihren Scheltworten, die Straße dahin.
Fünf Uhr morgens war es, als er vor dem noch versperrten Haustore anlangte und sich müde auf einen der Prellsteine setzte. Er rückte den Hut aus der Stirne und preßte beide Hände gegen selbe.
»Wärst lieber heimblieben, Most-Bartl«, seufzte er, »wär eh nix dabei verlorn gwest, und grauslicher hättst nit träumen können, wenn dich auch die Trud gedrückt hätt. Ich darf mich nit beklagen«, – er schüttelte den Kopf –, »nit beklagen darf ich mich. Gegen den Hunger kann mer aufkommen, wie denn aber gegen *das* Elend, das den Menschen in die Schul nimmt, wo er sich selber verlernt?!«

LUDWIG ANZENGRUBER

»Wie sich eine Grabennymphe jeden Monath ins Besondere zu betragen habe.«

Januar. »Dieser Monath ist euch sehr günstig, und der Neujahrstag allein kann euch für ein paar Wochen eure Revenuen versichern. Die große Hofgalla zieht außer euren gewöhnlichen Verehrern eine Menge Fremde nach der Stadt. Ihr dürfet euch bloß frühzeitig in der Burg einfinden, und allen, denen ihr durch eure Blicke au dessous die Zähne lang gemacht habt, auf Visitkarten eure Adresse geben ... Außerdem ist euch der Monath Jenner auch deßwegen günstig, weil die Witterung gemeiniglich trocken, und die Sonne

Carl Schütz: Ansicht vom Graben gegen den Kohlmarkt.

schon um 4 Uhr untergeht... Das beste Wild für diesen Monath sind: Thürhüter, Heizer, Marqueurs, auch Livré bedienten bey Präsidenten und Hofräthen, denn alle diese bekommen ansehnliche Neujahrsgeschenke, und haben, wenigstens in den ersten Tagen den Beutel gespickt...«

März. »Die gewöhnliche Jagd fängt diesen Monath zwischen 5 und 6 Uhr an. Ihr könnt aber andere Streifungen vornehmen. Der günstigste Ort dazu ist Hernals. Sonst möget ihr auch den Fastenpredigten beywohnen... Vormahl war dieser Monath einer der einträglichsten; allein Kaiser Joseph, der die Schwärzer, Dienstverkäufer und so viele andere brave Leute um's Brod gebracht, hat nun auch durch die Erlaubniß, in der Fasten Komödien aufzuführen, eure Einkünfte ansehnlich geschmälert; so lange indessen Fastenpredigten gehalten werden, könntet ihr immer noch euren Schnitt machen..., denn sogar die Mönche sollen es eingestehen, daß sie in der Fastenzeit am meisten vom Fleischteufel angefochten werden.«

Juny. »Augarten und Prater blieben noch für diesen Monath gute Jagdbahnen, besonders wann musikalische Academien und Feuerwerke gegeben werden. In diesem Monath fangen auch die sogenannten Kirchtäge an, wo immer Abends dreymal so viel ›geludert‹ wird, als Vormittags gebethet wurde... Die Abendjagd kann diesen Monath vor acht Uhr nicht anheben.«

July. »Augarten und Prater sind in diesen Monath der vielen Gelsen (Schnacken) wegen zu eurem Unternehmen nicht mehr sehr dienlich; dafür hat aber das Belvedere für euch einen desto bequemeren Jagdboden. Besonders ist euch der obere Theil des Gartens günstig, weil er mit schönen Fruchtfeldern umgränzet ist... Diesen Monath gibt es auch der Magdalenen und Annen wegen verschiedene Nachtmusiken... Am 31. möget ihr euch in der Jesuitenkirche einfinden, wo immer noch starker Zulauf ist.«

Sebastian Mansfeld: Grabennymphe mit Kunde.

August. »Die Limonadehütten bleiben auch diesen Monath, besonders um die Hundstage herum, für euch der beste Anstand... Ihr werdet nicht übel thun, wenn ihr in der Gegend, wo die kalten Bäder errichtet sind, herumstreifet... Falls ihr zu Haus keine reinlichen Better habt, oder zu sehr von Wanzen gequält werdet, so könnet ihr diesen Monath auf der Bastey euer Nachtlager aufschlagen... Ich kann euch versichern, daß die bravsten Herren öfters Nachts auf der Bastey liegen.«

September. »Die große Hitze ist nun meistens vorüber, und die Männer bedürfen, um Männer zu seyn, keines kalten Bades mehr ... Wenn ihr meinem Rathe folgen wollt, so werdet ihr euch öfters um die Gegend sehen lassen, wo große Kanzleyen sind. Es ist eine bekannte Wahrheit, daß Leute, die viel sitzen, den Adam ungleich stärker verspüren.«

TASCHENBUCH FÜR GRABENNYMPEN
Auf das Jahr 1787

Eine kleine Physiognomik für Grabennymphen

»Eine kleine Physiognomik ist zu eurer Kunst unentbehrlich. Das heißt, ihr müsset beym ersten Anblick wissen, ob dieß oder jenes Stück Wild den Schuß verdiene oder nicht. Ich will euch also die Hauptkennzeichen hier kurz mittheilen. – Alte Herren, die in einem Capot eingeschlagen, den Hut tief ins Gesicht gedrückt, ungefähr eine halbe Stunde nach Sonnenunter mit langsamen Schritten den Graben oder Kohlmarkt auf und nieder gehen, und so oft eine von euren Schwestern vorbey streift, ein kleines Hüsteln bekommen, sind schußmäßig. – Welsche Abbés, die, indem ihr vorbeystreichet: o che bella ragazza! was für schöne Madele, leise bei sich rufen, sind schußmäßig. Offiziere, die außer einer weissen Hose alle übrigen Militärzeichen abgelegt haben, und im Vorbeygehen an euch anstoßen, oder mit dem Stock auf den Hintern schlagen, sind schußmäßig. Das Hinternschlagen (!) dienet euch zugleich zum Zeichen, daß

Joseph Schaffer: Die »Jungfernschaft« im Bierhaus.

sie Cavaliere sind. – Diejenigen Herren, die sich zwar das Ansehen der Geschäftigkeit geben, euch aber ein paarmahl den Weg abzuschneiden suchen, und euch nur mit halben Blicken ansehen, sind junge Ehemänner, die Zeugen scheuen. Ihr dürfet sie also nur in ein Seitengäßchen locken, dann sind sie hochschußmäßig. – Männer, die in der Kirche einen langen Rosenkranz haben, dabey aber bald nach dem Himmel, bald nach eurer Schnürbrust und bald noch mehr abwärts schielen, sind größtentheils heimliche Sünder, aber eben deßwegen um so schußmäßiger; nur müsset ihr etwas

Vorsicht brauchen, und ihrer Reputation schonen. – Abbés oder andere saubere Herren, die bey eurem Anblick tiefer ins Gebüsche, oder gegen die Donau sich verirren, und öfters umsehen, ob ihr ihnen nachfolget, dabey schüchtern links und rechts herum blicken, sind erzschußmäßig, und sollten sie auch ein Buch, oder selbst ›das Brevier‹ in der Hand haben. – Stallmeister und Bereiter sind auch zum Theil schußmäßig. Es finden sich aber viele Liebhaberinnen zu diesem Wild, und eure unprivilegirten Broddiebinnen schießen euch viele vor der Nase weg. – Cavaliere, die in der Michaelskirche die ganze letzte Messe hindurch plaudern und schäckern, oder wenn sie kutschiren, mit der Peitsche nach euch hauen, sind schußmäßig. – Kaufmannsdiener oder auch ihre Prinzipale, die euch tief in die Hand drücken, und bey einer Elle ein Viertel gratis geben, sind schußmäßig. – Schußmäßig sind endlich: alle Herren, die ohne Fernglas nicht mehr sehen können; am schußmäßigsten aber sind diejenigen, die euch gnädige Fräuleins nennen, und sich die Gnade ausbitten, euch nach Hause begleiten zu dürfen. Das sind entweder Anfänger, oder Fremde, die den Brauch nicht wissen. Diese müsset ihr ja nicht entwischen lassen, denn so ein Wild wiegt oft sechs andere auf.« …

TASCHENBUCH FÜR GRABENNYMPHEN
Auf das Jahr 1787

Wien

Da Wien ohnedem eine große Menge Einwohner in sich faßt, und die Anwesenheit des Pabstes noch mehrere dahin gelockt hatte; so kann man sich das Gewühle denken, das die Cacagna des Baron von Breteuil verursachte, die er wegen der Geburt des Dauphins gab. Dieser Botschafter hatte im Prater zwey Häußer aufführen lassen, von deren Dächern roth und weiser Wein rann. Hier sahe man nun Eimer, Kannen, Töpfe, Hüte, ja sogar Mützen an Stangen gebunden, um den Wein darin aufzufangen; und jeder trachtete die andern Gefäße wegzustoßen, und das seinige zu füllen, wobey natürlicherweise das meiste auf die Erde lief. Hatte auch einer sein Geschirr voll, so gehörte es doch nicht ihm, sondern demjenigen, der es am ersten von der Stange herunterreißen konnte; war aber jemand so glücklich, ein Geschirre voll zu bekommen, so ging er wie im Triumph herum, und both ihm seinen Bekannten umsonst, Fremden aber für einige Kreuzer zum Trinken an. Außer diesem wurde eine große Menge Brod und Fleisch ausgeworfen, welche beyde Artikel 400 Center betragen haben sollen. Um diese Verwirrung mit anzusehen, gieng ich mit Herr Krausen, einem Pieristen, der Informator der Martinellischen Kinder war, in den Prater. War es nun Zufall, daß der Kaiser nebst dem Pabste eben dazu kamen, oder wollten sie wirklich den Spas mit ansehen, genug, sie fuhren da vorbey in das am Ende des Walles befindliche Lusthaus. Kaum hörte man, daß der Pabst käme, so wendete sich alles nach der Chaussee, um den Seegen zu erhalten. Diejenigen, die das Fleisch auswarfen, hielten unterdessen ein wenig inne, allein der Wein rann ohne Aufhören fort; und gleichwohl sahe ich nur 2 Männer, welche, während daß die andern den Seegen hohlten, ihre Eimer mit Wein anfüllten und in Sicherheit brachten. Als ich in die Stadt zurückkam, äußerte jemand das Verlangen, ein Stück von dem Fleische zu haben, welches man noch immer auswarf, und ich mußte mich anheischig machen, eins davon zu hohlen. Ich nahm mir vor, mein Versprechen zu halten, und keine Rippenstöße zu achten, gieng wieder hinaus, und drängte mich so viel ich konnte, unter das Getümmel. Nicht lange hatte ich gewartet, als ein Stück Braten auf mich zugeflogen kam; sogleich streckt ich meine Hände aus, es traf aber einen vor mir stehenden Soldaten dermaßen auf den Kopf, daß ihm der Hut auf eine Seite fuhr, worauf es sodann mir auf die Brust fiel. Hier hielt ich es so fest, daß es mir einen ziemlichen Fleck im Kleide verursachte; demohngeachtet griff der Soldat um sich, mir es wegzunehmen. Weil ich bey dem ganzen Handel bemerkt hatte, daß überhaupt das Recht des Stärkern gegen den Schwächeren ausgeübt wurde, so ließ ich mich in Vergleich ein, und der Soldat trat mir gegen Erlegung eines 17 Kreutzerstücks sein angemaßtes Eigenthumsrecht gutwillig ab. Nun hätte ich vielleicht besser gethan, im ersten besten Gasthofe ein Stück Braten zu hohlen, welches mir nicht so viel gekostet haben würde, als ich für das Fleck auszumachen geben mußte; ich dachte aber, man müsse sein Wort auch in den kleinsten Dingen halten, besonders wen man solches dem schönen Geschlechte gegeben hat. Nach diesem gab der Bothschafter im Prater ein Feuerwerk, wofür Herr Stuber 6000 Gulden bekam; den fremden Abgesandten aber ein kostbares Souper nebst einer prächtigen Illumination. Alles dieses soll dem Abgesandten einen Aufwand von 6000 Thlr. verursacht haben. Der Wald, in welchem diese Feyerlichkeiten abgehandelt wurden, und bey Lebzeiten der Maria Theresia für jeden vom Mittelstande und der Volksklasse unzugänglich war, aber gleich beym Antritte der Regierung Josephs frey gegeben wurde, dient jetzt jedermann zum angenehmsten Belustigungsort. An

Sonn- und Feyertagen ist der Zulauf dahin außerordentlich. Fast unter jedem Baume findet man eine Bude, entweder sich da mit verschiedenen Spielen zu belustigen, oder mit Speise und Trank und noch mit etwas zu ergötzen. Alles dieses ist so vermischt, daß man Caroussell, Billards, Kegelbahn, Traiteurs und mathematische Waaren untereinander antrifft. Dies letztern sind so beschaffen, daß die, so das Gewicht ihres Individuums zu wissen wünschen, nur auf ein schräg an der Waage angebrachtes Bret zu treten brauchen, durch dessen Druck der Weiser auf die Zahl gerichtet wird, welche die Pfunde anzeigt; bey jeder dieser Waagen steht ein Harlequin, welcher das Gewicht der Personen mit lauter Stimme ausruft. Da sich nun die Schönen, die dem Unterschiede des Gewichts am meisten ausgesetzt sind, auch am meisten wiegen lassen, so ruft er ohne Unterlaß: die Mamsell wiegt mitsamt dem Planschet, Kopfputz, oder gesticktem Unterrocke, so und so viel Pfund; wodurch mehrere angelockt werden, sich auch für einen Kreutzer wiegen, und ihre Schönheit ausrufen zu lassen.

JOHANN CASPAR STEUBE

Die Stadt erwacht

Erst gegen den Morgen hin wird die Stadt stille, und es gibt nur eine kurze Zeit nach Mitternacht und vor dem Morgen, in welcher es in der Stadt Nacht ist. Da liegt sie unten wie tot und starr. Und wenn man auf dem Turme hoch oben ist, von den prangenden Sternen umgeben, von der umliegenden Landschaft nichts im einzelnen gewahrend, sondern nur die dunkle Scheibe derselben erblickend, die von der lichten, sternflimmernden Himmelsglocke geschnitten wird, und wenn man dann niedersieht in die schwarzen Klumpen der verschiedenen Häuserdurchschlingungen, in denen sich die Nachtlichter wie trübe irdische Sterne zeigen, so erscheint einem erst recht das menschliche Treiben, das hier eine Größe darstellen will, als Tand. Von Lauten hört man in dieser Zeit gar nichts als den Glockenschlag der Turmuhr, dem die Schläge von anderen Türmen antworten, und in Sommernächten zuweilen den Ruf einer Nachtigall, welche ein Liebhaber vor seinem Fenster hängen hat, welcher Ruf wahrscheinlich ein Not- oder Angstruf in diesem Steinmeere ist. Die Menschen schlafen indessen in diesem Steinmeere, und wenige von ihnen werden zu dieser Stunde je einmal von dieser Stelle auf die Stadt niedergeschaut haben. Der Türmer tut es sehr oft, aber er ist des Anblickes schon gewöhnt.

Endlich, noch lange vorher, ehe sich durch die erste Himmelslichtung das Nahen des Tages ankündigt, ertönen seine ersten Schalle für die Stadt Wien. Man hört ein fernes Rasseln durch eine Gasse, als ob Kriegsgeschütze im strengen Laufe führen. Es sind die ersten Wägen, welche beginnen, diesem ungeheuren Magen seine tägliche Nahrung zuzuführen. – Dieses Rasseln verliert sich entweder in einer fernen Gasse, oder es hört plötzlich auf, da der Wagen hält, und dann ist es wieder stille. Aber es wiederholt sich, die Zwischenräume werden kürzer, und es mischt sich das Rollen anderer Wagen hinein.

Indessen fängt der Himmel an, im Osten lichter zu werden, und die dunkle Landschaftsscheibe löset sich, wenn vorerst auch nur in einzelne größere Teile. Gegen Norden ziehen und ruhen Nebel. Dort ist die Donau, und die dunkleren Streifen, die im Nebel liegen, oder mit ihm zu gehen scheinen, sind Auen, durch welche der schöne Strom wallet. Allmählich wird der Himmel im Morgen immer klarer, die Sterne blassen, und die Rundsicht beginnt deutlicher zu werden. Jenseits des Nebels ist ein fahlroter Hauch hinaus; es ist das Marchfeld. Rechts von ihm, unter der hellsten Stelle des Himmels im Osten, schneidet sich der Rand der Scheibe am schärfsten von der Luft; dort sind die Karpathen, sind die ungarischen Höhenzüge, und ist die ungarische Grenze. Die Berge im Westen, welche jetzt fast unschön schwarz in den Himmel ragen, sind anmutige Höhen, auf denen meistens Laubwald steht, die gegen ihren Fuß herab Reben hegen, in denen Landhäuser, Dörfer und Schlösser herum gestreut sind, und durch die tausendfach verschlungene Wege laufen. Diese Höhen sind fast ein ungeheurer Garten, welcher in einiger Entfernung in einem großen Bogenteile um die Stadt liegt. Nach und nach wird der Morgenhimmel golden, die Sterne sind erloschen, und der Süden tritt auch in die Rundsicht ein. Dort steht ein Berg, scheinbar nahe, mit bleigrauem Lichte auf dem Schnee, den sein Rücken hie und da trägt. Er ist der Schneeberg, eine Tagereise von Wien, das letzte Haupt in jener Bergkette, welche von der Schweiz ausläuft, durch Tirol und Salzburg geht, zwischen Österreich und Steiermark hinzieht, manchen Gipfel mit Eis und Schnee zeigt, und hier gegen Ungarn hin mit einem Male ein Ende nimmt. Der Himmel wird röter, und legt auch schon ein ganz schwaches Rot auf die Steine und Rippen des Turmes in der Gegend, in welcher wir stehen. Selbst durch Teile der Stadt läuft hie und da ein graues Schimmern, sie wird immer größer und streckt ihre Glieder, sie gleichsam im Morgenschlummer dehnend, über Hügel und Täler hinaus. Der Himmel wird nun glühend rotgelb. Die Nebel sind von der Donau verschwunden, und sie geht nun wie ein stiller goldener Bach dahin. In der Stadt blitzen hie und da Funken auf, es sind Fenster, an denen sich die Glut des Morgenhimmels fängt. In ihren

Gassen wird das Rasseln häufiger, in anderen, verworrenen Tönen beginnt es sich zu regen, und dort und da erbrauset es sanft wie Atemzüge eines Erwachenden. Auch einzelne Rauchsäulen steigen gegen den Himmel. Jetzt geht sachte ein anschwellender Blitz auf das Steinwerk unsers Turmes. Die Sonne ist es, welche die ersten Strahlen auf ihn sendet. Die Stadt trifft sie noch nicht. Bald wird auch sie begrüßt, und dieser Anblick ist unbeschreiblich schön. Von den tausend und tausend Fenstern glänzt es wunderbar. Zuerst entzündet sich irgend ein Teil, dann verbreitert sich der Brand, von Gasse zu Gasse lodert es gleichsam, endlich glüht alles, und darüber funkeln die Turmkreuze und Kuppeln.

ADALBERT STIFTER

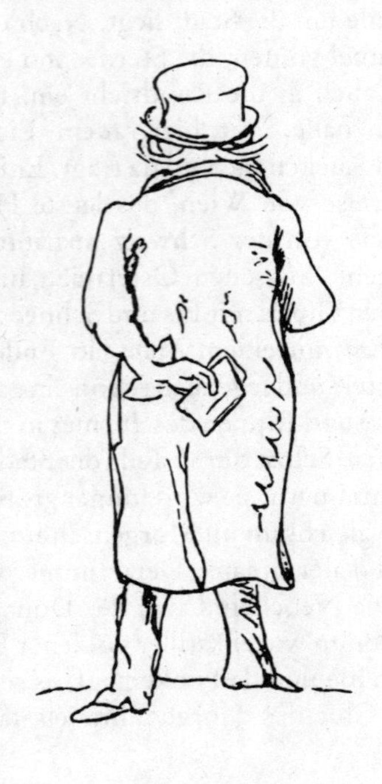

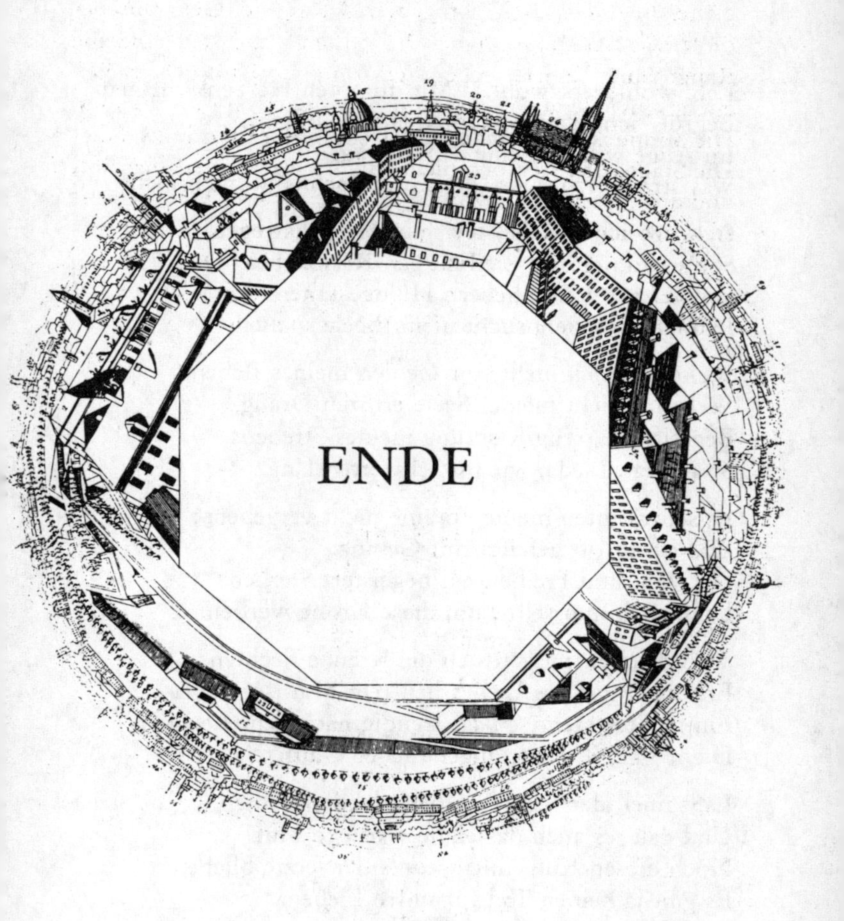

ENDE

Abschied von Wien

Leb' wohl! leb' wohl! – Mit dumpfen Herzensschlägen
Begrüß' ich dich, und folge meiner Pflicht.
Im Auge will sich eine Thräne regen;
Was sträub' ich mich, die Thräne schmäht mich nicht.

Ach, wo ich wandle, sey's auf Friedenswegen,
Sey's, wo der Tod die blut'gen Kränze bricht,
Da werden deine theuern Huldgestalten
In Lieb' und Sehnsucht meine Seele spalten.

Verkennt mich nicht, Ihr Genien meines Lebens,
Verkennt nicht meiner Seele ernsten Drang.
Begreift die treue Richtung meines Strebens,
So in dem Liede, wie im Schwerterklang.

Es schwärmten meine Träume nicht vergebens;
Was ich so oft gefeiert mit Gesang,
Für Volk und Freiheit ein begeistert Sterben,
Laßt mich nun selbst um diese Krone werben.

Wohl leichter mögen sich die Kränze flechten,
Errungen mit des Liedes heit'rem Muth!
Ein rechtes Herz schlägt freudig nach dem Rechten.
Die ich gepflegt mit jugendlicher Gluth,

Laßt mich der Kunst ein Vaterland erfechten,
Und gält' es auch das eigne wärmste Blut. –
Noch diesen Kuß! und wenn's der letzte bliebe,
Es gibt ja keinen Tod für unsre Liebe.

THEODOR KÖRNER

Die Dichter und Sänger

Die Maler und Zeichner